긴급출동
학교119

위기에 빠진 학생, 학부모, 교사들을 위한 솔루션
현직 교감이 들려주는 학교 생존술

저자 **김창완**
일러스트 **김나연** · 그림 **박흥서**

도서출판 **지성人**

저자
김창완 프로필

1990. 2.	인하대 화공과 졸업
1990. 3.	안산강서고 교사
1991. 3.	인하사대부중 교사
2021. 3.	인천시교육청
	대안교육지원센터 근무
2022. 9.	인하사대부중 교감

〈저자 약력〉
- 인천지역 교사 민형사 무료법률상담(1991년 ~ 현재)
- 이명박대통령 국정연설 출연(2012년 12월 9일)
- 전국 생활교육 교사 단톡방 법률상담 (2019년 ~ 현재)
- 교사 연수 총 20회 이상 출강(2015년 ~ 현재)
- 학생 연수 총 20회 이상 출강(2015년 ~ 현재)
- 인하대학교 무료기숙사 설립 및 운영(2017년~현재)
- 인천시교육청 생활교육 지원단 강사 출강(2019년~2020년)
- "트럭운전사 교단에 서다" 에세이집출간(2021년 1월)

긴급출동 학교119

2025년 5월 30일 초판 1쇄 발행

지은이 **김창완**
그 림 **박홍서**
Illust **김나연**
펴낸이 **엄승진**
편 집 **이상민**
펴낸곳 도서출판 **지성인**
　　　서울 영등포구 여의도동 11-11 한서빌딩 1209호 / Jsin0227@naver.com
연락처 T. **02-761-5915** F. 02-6747-1612

ISBN 979-11-89766-59-7 13330
가 격 25,000원

※ 잘못 만들어진 책은 본사나 구입하신 곳에서 교환하여 드립니다.
※ 책은 저작권법에 의해 보호를 받는 도서이오니 일부 또는 전부의 무단 복제를 금합니다.

"이 세상에 나쁜 아이는 없다"
"이 세상에 나쁜 학부모도 없다"
위기의 학교현장에서 싸우지 않고 학교를 지키는 솔루션!
"학생, 학부모, 교사 모두가 행복한 학교를 위한 스페셜 비법"

prologue

훌륭한 학교를 향한 여정

학교는 단순히 지식을 전달하는 공간이 아니다. 이곳은 학생들이 자신의 꿈을 발견하고, 사회적 책임감을 배우며, 더 나아가 자신만의 목소리를 찾는 곳이어야 한다. 훌륭한 학교란, 학생·교사·학부모 그리고 지역사회가 하나의 공동체로 연결되어 성장하는 공간이다. 이러한 학교는 더 나은 세상을 만들기 위한 토대를 제공하며, 그 토대 위에서 학생들은 자기의 꿈을 펼쳐나간다. 이는 하루아침에 이루어지는 일이 아닐 것이다. 그것은 지속적인 헌신과 협력 그리고 변화를 두려워하지 않는 도전의 결과로 만들어질 것이다.

우리가 흔히 '좋은 학교'라고 말할 때 떠올리는 것은 어떤 모습일까? 높은 시험 성적? 잘 정돈된 교실? 아니면 대학 입시의 성공률? 그러나 진정으로 훌륭한 학교란, 학생 개개인이 자신의 잠재력을 발휘하고, 실패를 두려워하지 않으며, 타인과 협력하는 능력을 배우는 곳일 것이다.

또한 교사들이 단순한 지식 전달자가 아니라 멘토와 가이드로서 학생들의 성장을 지원하며, 학부모와 지역사회가 적극적으로 학교의 비전에 동참하는 곳일 것이다.

이 책은 훌륭한 학교를 정착시키기 위해 우리가 고민해야 할 방향과 태도, 그리고 실천적 접근을 탐구한 책이다. 교육 현장에서 느낀 현실적인 고민과 사례를 바탕으로, 더 나은 학교를 만드는 데 필요한 요소들을 정리 소개하면서 그 해결책까지 제시하였다.

'어떻게 하면 학교가 진정한 배움과 성장의 터전이 될 수 있을까?'라는 질문에 대한 답을 찾기 위한 작은 발걸음이다. 프롤로그에서는 우선 훌륭한 학교의 의미를 정의하고, 이를 이루기 위해 필요한 핵심 가치를 제시하였다. 나아가, 각 장에서 다룰 구체적인 주제들을 간략히 소개하며, 독자들에게 이 여정에 동참할 것을 제안하였다.

　세상이 빠르게 변화하고 있다. 기술이 발전하고, 사회 구조가 변화하며, 학생들이 마주하는 도전은 과거와 비교할 수 없을 만큼 다양하고 복잡해졌다.
　이런 시대에 학교는 과거의 방식을 그대로 고수할 수 없다. 혁신과 창의성을 바탕으로 새로운 교육 패러다임을 모색해야 한다. 이 여정은 단순한 시스템의 변화가 아니라, 우리 모두가 함께 만드는 문화와 가치를 재정립하는 과정이어야 한다.
　이 책이 교육에 관심을 가진 모든 이들에게 작은 영감을 줄 수 있기를 바란다. 교사에게는 새로운 동기와 열정을, 학부모에게는 학교와의 협력의 중요성을, 그리고 학생들에게는 스스로의 성장 가능성을 발견할 수 있는 희망의 선물이기를 기대한다.

"훌륭한 학교는 건축물이 아니라, 그 안에 있는 사람들로 이루어진다."

　이 문장을 마음에 품고, 우리가 함께 만들어갈 더 나은 교육의 미래를 상상해 본다.
　훌륭한 학교는 학생들을 세상으로 보내는 데 그쳐서는 안 된다. 학교는 학생들이 세상 속에서 빛날 수 있도록 도와야 한다. 그리고 그 과정에서 학부모·교사·지역사회 모두가 함께 성장할 것이다. 이 책은 단순한 성공 사례를 나열하는 데 그치지 않고, 궁극적으로 독자들이 자신만의 교육 철학을 발견하도록 돕는 작은 씨앗이 되고자 한 것이다.
　이제 우리는 그 여정을 시작하려 한다. 학교와 교육, 그리고 삶에 대한 깊은 대화를 통해 무엇이 우리 아이들과 세상을 더 나은 방향으로 이끌 수 있는지 함께 고민해 보면서 해결책을 모색하려고 한다.

　이제 그 첫걸음을 내딛는다.

2025. 5. 15.

김 창 완 인하사대부중 교감

먼저 읽은이의 글

35년 숙성된 보약

『긴급출동, 학교119』는, 필자의 35년 학교 경력과 경험담이 담긴 책이다. 흔들리는 학교 곧 학생과 학부모, 그리고 선생님의 관계가 예전과 같지 않다는 데 문제의 출발점이다. 예전에는 '스승의 그림자도 밟지 않는다.'는 격언이 있을 정도로 군사부일체(君師父一體)의 선생님은 존경의 대상이었다. 하지만 현대 문명의 발달로 새로운 정보가 쏟아져 나오는 시대에 선진 문물을 선생님보다 먼저 접하는 MZ세대로 인해, 스승의 권위마저 흔들리고 있는 것도 사실이다.

필자는 이런 현실에 꿀팁을 책에 녹여냈다. 정서적으로 아니면 물질적으로 결핍하고 부족한 어린 학우들을 어떻게 보듬어 줄 것이며, 흔들리는 교실과 교단을 어떤 방법으로 바로잡고 유지할 것인가를 아주 사실적이면서 구체적 경험담으로 솔루션을 제시하였다. 필자가 제시한 해결책은 35년이라는 교사와 교감으로서의 경험담에서 나온 것이기에 어느 하나 허투른 것이 없다. 특히 필자가 진단한 문제점과 해결책까지 제시한 '진로지도'와 '부적응학생 대책'은 현시대에 꼭 필요한 것이면서 실행으로 옮겨야 할 해결책이었다. 교육청 관계자나 담당 선생님, 더 나아가 교육과 관련 있는 관계자는 반드시 참조해야 할 사항이다.

곁에서 오랫동안 지켜봐 온 필자는 학생들에 대한 애정은 당연하고 검소하면서도 부지런하며 타인에 대한 배려는 물론 나보다 못한 이들을 위한 선행을 몸소 실천해 온 교육자이다. 고향 봉화에서 애써 지은 벼농사가 판로에서 '쌀이 제값을 받지 못한다.'는 소식을 접하고 그 쌀을 직접 구매하여 어려운 이웃과 대학생을 도와주었을 뿐만 아니라, 지방에서 올라온 경제적으로 힘든 대학생들을 위해 무료 기숙사를 운영하기도 하였다. 또한 매학기 장학금을 쾌척하여 일부 학우들이 경제적 어려움 없이 학업에 정진할 수 있도록 도움을 주고 있다. 산교육의 실천가이다. 아마 지금도 방황하고 있는 어린 학우들을 현장에서 지도하고 있을 것이다.

그래서 더 존경스럽다.

　아무튼 『긴급출동, 학교119』는, 학생은 물론 학부모와 선생님들에게 도움이 될 것이다. 잠시 길을 잃고 방황하는 어린 학우들에게는 반성의 계기가 될 것이며, 어린 자녀에 대한 사랑하는 마음이 넘쳐 잠시 이성을 잃은 학부모님들에게도 생각의 시간을 벌어 줄 것이다. 그리고 현장의 선생님들에게는 최대한 마찰을 피하면서 학생과 학부모, 그리고 교사 본인 모두에게 윈윈할 수 있는 해결책으로 도움을 받을 수 있을 것이다. 모두가 행복하면 학교도 산다. 학교가 살아야 미래도 있다.

윤인현 인하대 교수

contents

① 흔들리는 학교

1교시 • 위기의 아이들 … 10
2교시 • 학교폭력으로 흔들리는 학교 현장 … 58
3교시 • 악성민원 어떻게 대처할까? … 77
4교시 • 교사들을 괴롭히는 고소사건 어떻게 대처할까? … 109
5교시 • 학부모와 같은 편 되기 … 135
6교시 • 행복한 교사는 무엇이 다른가? … 145

② 희망을 주는 학교

1교시 • 훌륭한 초등학교는 무엇이 다른가? … 160
2교시 • 실내형 초등학생 성공전략 … 195
3교시 • 훌륭한 중학교는 무엇이 다른가? … 208
4교시 • 좌충우돌 중학생 성공전략 … 233
5교시 • 훌륭한 고등학교는 무엇이 다른가? … 249
6교시 • 훌륭한 교육청은 무엇이 다른가? … 277

책을 마무리하면서 … 309

1부 흔들리는 학교

도파민과 중독

도파민과 뇌의 보상 시스템

도파민과 중독은 매우 밀접한 관계가 있다. 도파민은 새로운 것을 탐색하거나 성취하는 과정에서 뇌에서 '보상'을 담당하는 신경전달물질로, 우리가 기쁨을 느끼거나 보상을 경험할 때 분비된다. 이 과정은 우리가 어떤 행동을 반복하게 만드는 원동력이 된다. 예를 들어, 게임을 하거나 맛있는 음식을 먹을 때, 혹은 SNS에서 '좋아요'나 상대방으로부터 호감 가는 댓글을 받았을 때 도파민이 분비된다. 그로인해 우리는 기분이 좋아지게 되는 것이다.

도파민 중독의 원인

소셜 미디어와 디지털 장치
- 지속적인 알림, "좋아요" 등의 피드백이 도파민 자극.
- 끊임없는 스크롤로 "즉각적 보상" 추구.

게임과 도박
- 목표 달성이나 보상이 주어질 때 도파민 분비가 극대화됨.

음식
- 고당, 고지방 음식은 강력한 도파민 자극 유도.

쇼핑
- 물건을 구매할 때의 쾌감이 도파민 촉진.

포르노그래피
· 강렬한 시각적 자극으로 뇌의 보상 시스템을 과도하게 활성화.

중독은 바로 이런 도파민의 과도한 자극에서 비롯된다. 처음에는 적당히 즐길 수 있던 활동이 반복되면서, 점점 더 강한 자극을 추구하게 되는 상태이다. 예를 들어 처음에는 가벼운 게임을 즐기던 사람이 점점 더 많은 시간을 게임에 투자하게 되는 경우이다. 이러한 반복적인 자극이 뇌에 '보상'을 주고, 뇌는 이를 반복적으로 추구하려 하며, 결국 그 행동을 멈추기 어려운 상태에 이르게 된다.

도파민 중독의 증상

- 특정 활동에 지나치게 몰두하여 시간과 에너지를 소비.
- 활동을 멈추면 공허감, 불안, 스트레스 등의 금단 증상.
- 이전보다 더 강한 자극을 필요로 함(내성).
- 삶의 중요한 부분(일, 관계 등)에 부정적인 영향을 끼침.

도파민 중독의 주요 특징은 자극이 없을 때 불안하거나 우울감을 느끼는 것이다. 도파민의 '보상 시스템'이 과도하게 자극되면서 뇌가 자연스러운 자극을 느끼지 못하게 되는 것이다.

이와 같이 외부에서 주기적으로 뇌세포를 자극하던 것이 갑자기 늦춰지거나 중단되면 뇌세포 안에서 난리가 난다. 갑자기 집중이 안 되고 어지럽고 온 몸이 꼬이고 뒤틀리는 등의 다양한 부작용이 일어난다. 이른바 금단 현상이 일어나는 것이다.

금단 현상을 없애기 위해서는 뇌세포가 학수고

대하는 기존의 자극물질(흡연·음주·음식·게임·영상·도박·스마트폰 등)을 어쩔 수 없이 투입할 수밖에 없게 된다. 그것이 중독으로 이어질 가능성이 높아진다.

과거 아날로그 시대에는 중독의 종류가 음주·흡연·도박 등이 주류를 이루었는데, 인터넷이 등장하고 2010년 이후 스마트폰이 등장하면서부터는 감히 상상을 초월하는 다양한 도파민과 중독 증세가 나타나고 있다.

스마트폰 출몰

2000년대가 되고 대한민국에 전쟁은 일어나지 않았지만, 사회의 변화는 전쟁에 버금가는 벤처 열풍에 이어 IT 혁명으로 이어졌다.

특히 초고속 인터넷 보급과 바야흐로 이동 통신의 시대가 활짝 열리게 된 것이다. 1990년대만 하더라도 011, 017에 국한되어 있던 통신사가 016, 018, 019로 확대되면서 전국민 1인 1휴대폰 시대가 활짝 열리고 말았다. 1990년대초 휴대폰 가입 비용이 300만 원(교사 급여 40만 원)에 달하던 시절에는 감히 꿈도 못 꾸었던 것이 눈앞에 현실로 다가왔다. 너도 나도 열광하고 가입하기 바빴다. 이때까지만 해도 휴대폰 보급이 학교 현장에 어떤 악영향이 미칠 것인지 걱정하는 사람은 아무도 없었다. 걱정은커녕 대부분의 학부모님들은 적극적으로 환영 일색이었다. 왜냐하면 과거와는 달리 맞벌이 부부가 늘어나면서 학교 방과 후에 자녀들과 실시간으로 소통하기에 최상의 통신 수단이 등장했기 때문이다.

그러던 중 휴대폰의 폐해가 나타난 것은 2G 폰 시대가 저물고, 2010년대 이후 이른바 스마트폰 시대가 열리면서 본격적으로 대한민국의 청소년들이 요동치기 시작하였다.

대한민국의 청소년들은 마치 브레이크 없는 폭주기관차처럼 폭풍 질주하기 시작하였다. 불법 영상·유해 영상·비교육적 퇴폐 영상 등이 아무런 여과 없이 전송하고 전송 받고 공유하고 난리가 났는데도 정작 학생들의 보호자는 물론이고 학교 선생님들조차도 그 엄청난 폐해를 짐작도 못하고 있었다.

스마트폰이 청소년 건강에 미치는 부정적 영향도 속속 드러나고 있다.

미국의 심리학자 하이트는 2010년 스마트폰 보급 이후 청소년들의 우울증과 자살률이 급증했다고 밝혔다.

지난해 말 영국 옥스퍼드대 출판부는 '올해의 단어'로 '뇌 썩음(brain rot)'을 선정했다. 청소년들의 SNS 중독 경고음이 커지며 자극적인 콘텐츠 과잉 소비로 지적 퇴화가 심각해진다는 위기의식에서다.

영국은 지난해 교내 스마트폰 사용을 금지하는 지침을 내렸다. 또 모든 학교가 '휴대전화가 없는 지대'가 돼야 한다고 규정한 법안도 최근 발의됐다. 호주는 지난해 11월 전 세계에서 처음으로 16세 미만 청소년의 SNS 이용 금지법을 제정했다고 한다.

전 세계적으로 청소년의 스마트폰 사용을 제한하자는 움직임이 거세지고 있는데도 정작 대한민국 정부의 스마트폰 중독 관련 예산은 감소하고 있다.

세계 각국이 스마트폰 중독으로 인한 상황이 급박하게 돌아가는 만큼 우리나라도 통신사는 물론이고 교육청·교육부·정부기관까지도 실효성 있는 대책을 세워주기를 기대한다.

스마트폰으로 무너지다

스마트폰 보급률이 높아짐에 따라 편리한 정보 접근성과 소통이 가능해졌지만, 과도한 스마트폰 사용으로 인한 다양한 사회적 문제도 나타나고 있다.

스마트폰의 파격적 혁신적 기능은 이제 단순한 휴대폰 기능을 넘어선 지 오래다. 남녀노소를 막론하고 스마트폰을 널리 사용하고 있다. 학교 현장에서도 예외는 아니어서 2010년도에 약 30%, 2011년도 50%, 2012년도부터는 거의 95% 이상의 학생들이 지니고 있다. 필자도 처음에는 참 신기하다는 생각을 하면서 지켜보기만 하였는데… … 스마트폰으로 인한 폐해는 점차 확산되어 가고 있는 실정이다. 스마트폰 과다 사용으로 인한 거북이목 증후군이라는 증세가 나타나고… 온갖 게임 콘텐츠가 제공되어 아이들은 언제 어디서나 게임을 즐길 수 있는 매우 환타지한 세상을 만나게 되었다.

스마트폰의 등장은 아이들의 TV시청이나 컴퓨터 게임 시간도 단축하여, 오직 눈만 뜨면 스마트폰에 몰입하는 생활로 접어들었다. 아이들은 사람들과의 인간적 소통이나 대화보다는 게임 속에 등장하는 캐릭터가 더 친근하고 익숙하다. 학교 선생님들은 아침에 학생들 스마트폰 회수해서 보관하기 바쁘다.

일부 아이들은 게임에만 그치지 않고, 인터넷에 나도는 온갖 저질 동영상을 주고받으며 올바른 성의식과 가치관 정립을 위협받는 실정이다.

청소년에게 스마트폰은 한 마디로 교육적으로 유익한 것보다는 백해무익한 기능이 훨씬 많이 포진하고 있는 괴물 같은 기계 장치라고 할 수 있다. 어른들의 무개념과 대기업의 상술로 인하여 아이들은 속절없이 중독 되어가고 있다. 아무도 걱정하지 않는 것 같다.

도대체 왜들 이러는 걸까? 아이들에게는 과거 2G 폰처럼 전화 기능과 문자 기능만 있어도 자녀들 소재 파악에 아무런 문제가 없다. 카톡기능+인터넷기능+게임기능이 추가되면서 아이들은 무너져가고 있다.

　필자는 예방수칙을 아무리 권장하고 교육해 보아도 실익은 거의 없다고 생각한다. 20세 이상 성인들도 중독에 빠지는 것이 다반사인데 청소년들에게 때와 장소를 가려서 사용하라는 것은 어불성설이나 다름없다.

　한편으로 대부분의 어른들(4~50대 부모님세대)은 스마트폰을 들고만 다니지, 다양한 기능을 실제로 다룰 줄 모른다. 그런데 어른들과는 달리 아이들은 첨단 기능들과 여러 콘텐츠를 순식간에 섭렵하고 탐닉하고 있는 현실이다. 스마트폰의 엄청난 첨단 기능과 화질은 이제 자라나는 청소년들에게 융단 폭격을 가하고 있다.

　지금 우리 대한민국은 PC방 보다 100배 이상 유해한 매체인 스마트폰을 어른들이 앞장서서 사주고 있다. 스마트폰에 중독된 아이들은 규칙적인 식사도 거르기 일쑤고, 학교 공부도 멀어지기 마련이다. 일단 내 손에서 스마트폰이 없으면 불안하고 초조하다. 더 이상 무슨 공부가 되겠는가?

　스마트폰이 청소년에게 미치는 폐해에 대하여 교육 관계자·학자·언론·정치권·각종 학부모단체 등 어떤 사람들도 규제 움직임이 없다. 미성년자에게는 스마트폰의 유해 기능을 법률로 차단할 수 있는 제도적 장치 설치가 시급하다. 왜들 가만히 계시는가? 스마트폰 생산하는 대기업과 도대체 어떤 관계인가?

　청소년이 스마트폰을 사용함으로써 가장 큰 피해를 보는 부류는 다음과 같다.
　- 한 부모 가정 자녀
　- 조손부모 가정 자녀
　- 맞벌이가정 자녀

　위의 내용에 적시한 것처럼 저소득층 자녀나 결손가정자녀들은 거의 무방비 상태로 노출되게 마련이다. 최대의 피해자인 셈이다. 학교 공부, 정상적인 공정한 게임이 될 수가 없다. 전업주부 슬하에서 각종 인터넷게임과 스마트폰 사용에 대하여 통제를 받은 자녀와 유해환경에 거의 무방비로 노출된 자녀의 학습 게임은 결과를 볼 필요도 없다.

　우리나라에서 극빈층에서 중산층으로 탈출할 수 있는 가장 확실한 방법은 학교 공부였다. 그런데 문명의 발달로 인하여 중산층으로 연결되는 사다리가 사실상 끊어진 것이나 다름없다. 이를 어찌할 것인가?

스마트폰 중독으로 인한 부작용

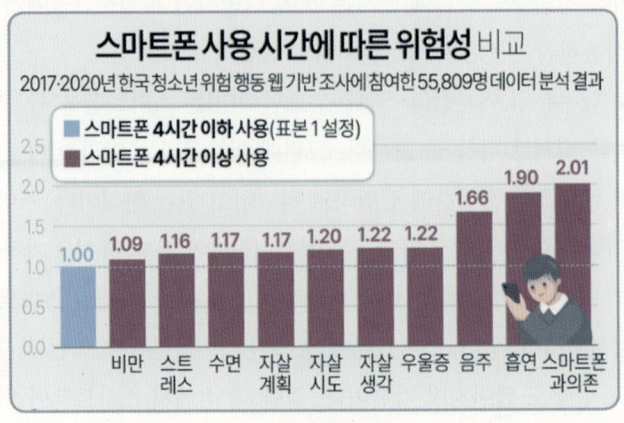

〈출처 : 연합뉴스〉

　청소년의 스마트폰 중독은 성인과 마찬가지로 여러 부작용을 초래할 수 있지만, 청소년기에는 신체적·정신적으로는 물론, 사회적으로 더욱 심각한 영향을 미칠 수 있다.
　공통적인 증상으로는 다른 활동과 대비해보았을 때 인터넷과 컴퓨터에 상당한 시간을 소비한다는 것이다. 또한 사용하는 시간을 줄이는데 어려움을 느끼고 오프라인 상황이 길게 지속되는 것에 불안감을 느끼며, 인터넷을 하고 싶다는 강한 충동을 느낀다. 실생활에서는 아무런 영향을 미치지 못하는 온라인상에서 일어난 부정적인 결과로 인하여 우울감이나 죄책감까지도 느낀다.
　우리 청소년들은 바야흐로 도파민의 시대 중심에 아무런 제재도 없이 무방비 상태로 노출되어 있다. 그 중심에는 15~60초 짜리 일명 '숏폼'이 차지하고 있다. 시간이 갈수록 자극적인 콘텐츠가 생산되고 아이들은 아무런 여과 장치없이 하루 평균 2시간 가량 소비하고 있는 것으로 집계되었다. 청소년들은 더 이상 머리쓰고 고민하지 않아도 스마트폰이 알아서 제공해 주는 각종 콘텐츠에 익숙해지고 있다.
　이른바 숏폼 콘텐츠에 중독이 되면 긴 문장을 거부하게 되고 '긴영상' 자체를 거부하게 된다는 것이다. 무서운 현실이 우리 아이들 눈 앞에 다가왔다.

인터넷게임 중독으로 무너지는 아이들!

게임으로 무너지는 새싹들

　요즘 초등학교 학생들 중 게임을 안 하는 학생들은 아마도 단 한 명도 없을 것이다. 대한민국은 드디어 게임천국을 건설하였다. 게임회사가 얼마나 돈을 많이 벌었기에, NC Dinos라는 프로야구단도 창단하였다. 컴퓨터로도 할 수 있고 스마트폰으로도 언제든지 게임을 할 수 있는 나라가 바로 대한민국이다. 이 문제의 게임으로 인하여 학부모들은 또 다른 어려움을 겪고 있다. 손 안에 들어온 인터넷으로 하루가 멀다하고 자녀들과 마찰을 빚고 가정에 불화가 생긴다. 엄마는 게임 때문에 자녀들에게 인심을 잃고 그로 인해 자녀들과의 관계는 더 소원해진다. 초등학교 저학년부터 시작된 게임은 레벨업이라는 상술로 인해 고학년이 되어서는 거의 중독에 빠지는 지경에 이른다. 이러한 현상은 엄마가 직장에 다니는 워킹맘의 자녀들일수록 더욱 심하게 나타난다. 학교에서 귀가 후 어른들의 통제가 못 미치는 시간을 틈타 아이들은 마음껏 게임을 즐기고 게임속 마법으로 빠져드는 것이다.

　학생들의 인터넷 게임 중독은 그 심각성이 매우 크다. 과도한 게임 몰입은 학생들의 정신과 신체에 악영향을 미치는 것은 물론이거니와 건전한 사회 활동에도 심각한 영향을 미칠 수 있다. 이로 인해 학업 성취도 저하·정신 건강 문제·대인 관계 악화 등 다양한 부작용도 발생한다. 특히 청소년기는 신체적, 정서적으로 중요한 발달 시기이기 때문에, 게임 중독은 그들의 미래와 전반적인 삶의 질에 큰 영향을 미칠 수 있다.

〈청소년들의 스마트폰 중독·인터넷게임 중독을 예방하기 위한 최고의 치료제는 친구들과 직접적인 상호작용이다. 많은 청소년들이 온라인 상에서 대화에 익숙한 트렌드에서 가정과 학교가 할 일은 우리 아이들이 최대한 많이 웃고 대화하고 뛰어 놀도록 하는게 중요한 과제다. 1년에 한번 학교운동회로는 턱없이 부족하다. 매일 매일 비지땀 잔뜩 흘릴 수 있도록 다양한 마당을 펼쳐주게 되면 게임 중독 예방은 물론이고 우울감을 떨쳐내는데도 최고의 처방전이 될 수 있다.〉

사례1) 엄마의 빈자리를 파고드는 게임 중독

전업주부는 자녀의 귀가를 기다리며 오후 일정을 챙기고 학업과 과제물 수행에 도움을 준다. 그런데 오후 8시 이후에 퇴근하는 직장맘들은 스스로의 공부는 물론이고 학원에 가지 않고 게임에 빠져드는 자녀를 오후 3시 ~ 오후 8시까지 컨트롤 할 수 없다.

민수 아빠는 회사에서 8시 퇴근, 민수 엄마는 직장에서 보름에 한 번 귀가한다. 민수는 유치원 때부터 6살 더 많은 형과 함께 자랐다. 민수 부모님은 열심히 산업 전선에서 뛰어다니며 경제적으로 안정된 위치에까지 올랐다. 2년 전엔 대지 70평에 지상 5층의 원룸을 건축하여 5층에는 민수네 가족이 거주하고 아래층에는 월세를 주면서 월 소득 600만 원 가량의 부수입도 올린다.

민수 아빠와 엄마 사이는 아무런 문제가 없다. 다만 아파트나 빌라 분양 일을 하시는 민수엄마는 지방에서 일을 하시는 경우가 대부분이라서 월 2회 정도 집으로 귀가하는 실정이다. 초등학교 시절 민수가 학교를 다녀오면 여섯 살 터울의 형이 밥도 챙겨주고 숙제도 시키며 생활을 하였지만 민수 형은 민수가 조금이라도 잘못하면 체벌을 가하였다. 여섯 살이나 나이 많은 형에게 감히 저항할 엄두도 못내며 지내던 민수는 초등학교 4학년 때부터 숨통이 트이기 시작했다. 민수 형이 고등학교에 진학하면서 야간 자율학습을 마치고 밤 10시에 귀가했기 때문이다.

민수는 4학년 때부터 본격적으로 게임에 몰입하여 레벨을 높여가면서 빠져들기 시작했다. 그러나 민수 형의 체벌이 완전히 끝난 것은 아니어서 횟수는 줄었지만 주기적으로 체벌은 계속되었다. 오후 3시부터 10시까지 민수는 많은 자유 시간을 형에 대한 복수심과 적개심을 게임으로 해소할 수 있었다. 게임의 레파토리는 거의 상대방을 때리거나 총으로 죽이는 게임이었다. 그때부터 민수는 학교에서 서서히 친구들을 때리거나 윽박지르는 등의 행동을 하더니 급기야 중학교에 입학해서도 폭력성향이 더해져서 징계위원회에까지 회부되어 사회봉사 5일을 다녀왔다.

민수의 사례에서 보듯이 초등학생이 귀가 후 오후 3시부터의 시간은 참으로 중요하다. 만일 민수가 전자게임이 없었던 7~80년대에 초등학교를 다녔다면 어땠을까? 게임으로 인하여 학교공부도 이젠 정상권에서 회복하기 힘들 정도로 떨어졌다. 아이의 인성 또한 많은 치료프로그램을 동원하였지만 민수 본래의 맑은 영혼은 아직 회복하지 못하고 있다. 어린 자녀들에게 엄마의 빈자리를 가장 확실하게 파고드는 녀석은 게임이다. 인터넷게임은 이렇게 우리 아이들의 성적뿐만 아니라 영혼을 병들게 하는 무서운 존재인 것이다.

사례2) 엄마의 빈자리를 이모가

윤재 엄마 아빠는 윤재가 5세 때 성격 차이로 인하여 이혼하였다. 윤재 어머니는 직장에서 밤 10시나 되어서야 귀가하신다. 오후 2시에 유치원에서 돌아온 윤재는 갓난애기 때부터 이모가 보살펴 주었다. 윤재는 이모의 보살핌 속에 온갖 재롱을 떨면서 유치원을 마치고 초등학교에 입학하였다.

시간이 흘러 초등학교 3학년이 되자 친구들은 서서히 게임에 빠지기 시작했지만 윤재는 엄마나 다름없이 정성으로 돌봐주는 이모 덕분에 착실하게 초등학교 생활을 우수한 성적으로 졸업하였다. 중학교 1학년인 윤재의 지능지수(IQ)는 105 정도로 평범한 편이었다. 윤재 엄마는 평일에는 직장에서 늘 늦은 시간에 귀가하다 보니 윤재와의 대화나 교감은 매우 미약한 수준에 불과하였지만 직장에 출근하지 않는 공휴일이나 일요일에는 어김없이 가까운 교외로 나가거나 놀이동산에서 즐거운 시간을 공유하였다. 무난한 중학교 시절을 마친 윤재는 불굴의 투혼을 발휘하여 서울대학교에 합격하는 쾌거를 올렸다. 필자는 윤재의 성장과정을 지켜보면서 초등학교시절의 기본기가 고3까지 이어진다는 것을 새삼 확인하였다.

시간	방과 후 활동 내역	비고
오후 2시 ~ 5시	친구들과 놀기	
오후 6시 ~ 8시	학습지 및 숙제하기	
오후 8시 ~ 9시	식사	
오후 9시 ~10시	동화책 읽기	
오후 10시~	취침	

윤재의 공부 방식은 결코 특별하지 않았다. 오후 2시에 귀가하여 이모의 보살핌아래 오후 스케줄을 소화하면서 무럭무럭 성장하였다. 중학교 1학년 때까지 이모의 보살핌 아래 학교를 다니던 윤재는 중학교 2학년 때 이모의 결혼으로 방과 후 혼자가 되었으나 흔들리지 않았다. 윤재는 그동안 잘 길들여진 습관과 규칙을 지켜가며 이모의 공백을 슬럼프 없이 이겨내며 명문 서울대학교에 합격한 것이다. 어머니가 직장에 다니실 경우에는 믿고 맡길 친지라도 계시는 것이 좋다는 것이다. 그렇지 않고 학교에서 귀가 후 오후 3시부터 이 학원 저 학원으로 자녀들을 돌리는 것은 아무런 효과도 없을 뿐만 아니라 피 같은 학원비만 날리는 것이 대부분이다.

게임을 제압하는 엄마의 힘!

위 제목에서 예시한 것처럼 요즘 초등학교 교육은 2~30년 전 초등학교와는 너무도 판이하게 다르다. 과거에 초등학교 학습은 학교에서 수업한 내용을 귀가하여 혼자서 숙제도 하고 심지어 예습 · 복습도 가능하였다.

옛날에 초등학생들은 직장에 다니시는 어머니께서 밤 늦게 귀가하셔도 자녀들은 숙제와 예습까지 완료하고 어머니를 맞이할 수 있었다.

그러나 2010년 이후에 초등학생들에게는 유혹하는 매개체들이 너무나도 많이 쏟아지고 있다. 게임은 기본이고 스마트폰 · 페이스북 · 유튜브 · 각종 메신저 등에 이르기까지 헤아릴 수 없다.

거기에 더하여 요즘 초등학교 학생들 과제를 살펴보면 어른이 옆에서 도움을 주지 않으면 숙제를 완수하기 어려운 경우가 많다. 초등학교는 알림장이라는 것이 존재한다. 다음 날 또는 이후에 계획된 학습계획을 알려주고 준비를 시킨다. 저학년일수록 어머니의 조력이 반드시 필요한 대목이다. 바로 이 대목이 전업주부의 자녀와 워킹맘 자녀들 간의 차이가 서서히 시작되는 분기점이라 할 수 있다. 눈에 보이지 않던 이 작은 미세한 간극은 초등학교 6학년 때 쯤에는 꽤 큰 틈새로 벌어지기 마련이다.

물론 예외는 있겠지만 종합적으로 분석해 보자면 엄마의 힘은 자녀들이 각종 매체의 유혹에 빠지는 것을 예방하는 것은 물론이고 체계적인 공부 습관과 학습 기본기를 형성하는데 절대적인 영향을 끼친다고 할 수 있다.

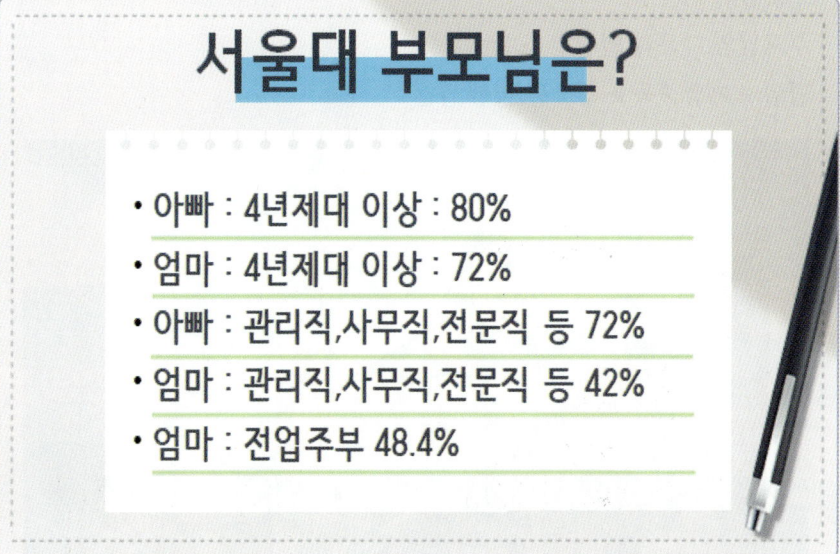

몇 년 전 서울대학교 입학생들을 상대로 부모님의 직업을 조사한 자료에 따르면 서울대학교에 합격한 신입생들의 부모님들은 사무직·전문직·관리직이 압도적으로 많았으며 특히 어머님들의 직업은 사무직·전문직·관리직·전업주부 비율이 무려 90.4%로 대단히 높게 나타났다.

이것은 곧 서울대학교 합격한 자녀들의 부모님들은 맞벌이를 하더라도 정시에 퇴근해서 자녀들의 학교 방과 후 생활지도에 지장이 없다는 것으로 이해될 수 있다.

부모님의 직업이 아이들에게 미치는 영향력은(?) 어머니들의 역할이나 영향력이 겉으로 드러나지 않아서 데이터로 나타나는 것은 없지만, 필자가 오랜 기간 교직 현장에서 면밀하게 분석해 본 결과는 그 어떤 공부 방식보다도 가장 강력한 요소는 학생들의 "어머니"라고 확신하는 바이다. 지금 이 시간에도 어머니들의 영향력은 보이지 않는 곳에서 아주 은밀하고 조용히 진행되고 있다.

기울어진 운동장(?)

부모님의 이혼
부모님의 다툼과 별거
방임 + 게임중독 + 청소년 비행 탈선

부모님의 이혼은 많은 청소년에게 심리적 충격을 주고, 그로 인해 엄청난 절망감을 느끼게 된다. 이 절망감은 제대로 처리되지 않으면 비행이나 탈선으로 이어질 수 있다. 이혼은 아이들에게 단순히 부모가 사라지는 것이 아니라, 그들이 알고 있던 안전한 가정의 구조가 무너지는 끔찍한 사건이다. 이런 충격을 어떻게 대처하고 처리하는 방식에 따라 청소년의 정서적 상태와 행동은 크게 달라질 수 있다.

부모님 이혼으로 인한 정서적 결핍

정서적 불안정
- 부모의 이혼은 심리적 충격을 주며, 청소년은 부모의 갈등을 목격하거나 그 갈등의 피해자로서 배신감과 불안을 느낄 수 있다.
- 이혼 후 부모와의 관계가 불안정해지거나, 정서적 지원이 부족해질 수 있다.
- 부모 중 한 명은 자녀와 정서적 연결을 유지하지 못할 수 있고, 그로 인해 아이는 소외감과 상실감을 크게 느낄 수 있다.

자기 존중감 저하
- 부모의 이혼으로 아이는 자신이 불완전한 가정의 일부라는 열등감이나 자기 비하를 느낄 수 있다.
- "내가 부모를 갈라놓은 건 아닐까?"라는 죄책감도 생길 수 있다. 이런 감정은 자아 존중감을 크게 낮추게 된다.

안정적인 환경의 상실
- 부모의 이혼 후, 집안의 생활환경이 불안정해지고, 청소년은 새로운 환경에 적응해야 할 어려움을 겪는다.
- 경제적 불안정과 주거지 이동이 발생하면 청소년은 학교 생활에서도 적응의 어려움을 겪고, 친구나 선생님과의 관계에서도 거리감을 느낄 수 있다.

가족 내 갈등과 폭력
- 이혼 후 부모 간의 갈등이 지속될 경우, 청소년은 가정 내 폭력이나 언어적

폭력을 목격하거나 경험할 수 있다.
- 부모 간의 갈등이 격화되면, 아이는 정서적 안정을 찾기 어려운 상황에 놓이게 된다. 이러한 상황은 우울증, 불안장애, 공격성 등을 유발할 수 있다.

이혼 후 절망감이 비행과 탈선으로 이어지는 과정

정서적 방임 및 관심 결핍
- 부모가 자신들의 문제에 몰두하거나, 자녀의 감정적 요구에 무관심하게 되면, 청소년은 정서적 방임을 경험을 한다.
- 부모의 이혼 후 관심 부족은 청소년이 외부에서 인정받고 싶어하는 욕구로 이어질 수다. 이들은 또래 집단에서 소속감을 찾으려 할 수 있는데, 그 과정에서 부정적인 또래와 연관될 가능성이 크다.
- 부모의 이혼으로 정서적 방임을 경험한 학생이 학교 폭력에 가담하거나, 게임 중독과 같은 사회적 회피 행동을 보이게 될 수 있다.

우울증과 분노 표출
- 부모 이혼 후 경험하는 우울감과 분노는 자아 존중감의 결핍으로 이어질 수 있다. 청소년은 자신을 무가치하고 불행한 존재로 느끼며, 이를 비행 행동으로 표출할 수 있다. 이들은 자기통제력이 부족해지고, 그 결과 법을 어기거나 비행적인 활동을 시작할 수 있다.

회피적 대처 방식
- 절망감을 처리하는 과정에서 회피적 대처를 택하는 청소년들이 많다. 부모의 이혼 후, 아이들은 감정의 부담을 피하려고 게임 중독, SNS 중독, 약물 사용 등과 같은 방법으로 현실을 도피하려 할 수 있다.
- 부모의 이혼 후 게임 중독에 빠진 청소년이 현실에서의 어려움을 피하기 위해 하루 종일 게임에 몰두하거나, 스마트폰에 과도하게 의존하는 경향이 나타날 수 있다.

정체성 혼란과 비행

- 부모의 이혼 후 청소년은 자기 정체성에 대한 혼란을 겪을 수 있다. 가족 내 불안정한 상황에서, 청소년은 자신이 누구인지, 무엇을 원하는지에 대해 혼란스러워하며, 이는 반항적 행동으로 나타날 수 있다.
- 부모의 이혼 후, 자아가 불안정해진 청소년이 가출하거나 반항적인 행동을 일삼으며 비행 청소년으로 변모할 수 있음.

이론적 해결책(?)

- 심리 상담과 치료 등의 정서적 지원 제공
- 멘토링 프로그램 등의 사회적 지지망 구축
- 건강한 대인관계를 구축할 수 있도록 친구 및 또래 그룹 지원
- 부모 교육 및 상담을 통한 부모와의 관계 개선
- 학교 내 상담 시스템 강화를 통한 학교의 역할 강화 등이다.

그렇다면 아이들이 절망하지 않고 탈선을 예방하는 최고의 비법은 무엇일까(?) 그것은 두 말할 필요도 없이, 부모님이 이혼하지 않거나 이혼 했더라도 다시 재결합하는게 최선이라고 할 수 있다.

법륜스님은 즉문즉설 코너에서 **'부부가 아무리 서로 맞지않고 힘들더라도 아이가 20세가 될 때 까지는 이혼하지 말고 참고 살라'**고 강조하신다.

이 세상에 태어난 모든 아이들은 사랑 받기 위해서 태어났는데, 자기들이 좋아서 결혼했고 자기들이 좋아해서 아기가 태어났으면 최소한 20세까지는 책임지는게 마땅하다.

부부가 결혼 생활하면서 맨날 좋을수야 없겠지만, 애기가 있는데도 서로 자기 갈 길 가겠다(?)고 이혼을 하는 것은 깊이 재고해주길 부탁 및 당부드린다.

아이들은 부모가 없는 세상은 아무런 의미가 없다는 생각을 하게 되면서 위에서 언급한 우울증과 분노 표출, 게임중독, sns중독, 가출 및 탈선으로 이어지게 된다.

최고의 해결책

아이들 뇌리를 감싸고 있는 우울감과 분노를 잠 재울 수 있는 최고의 해결책은 많이 웃고, 많이 뛰고, 많이 발산하는게 최고의 비법이다.

예를 들어, 체육 활동, 문화 활동, 자원봉사 등을 통해 청소년들이 자기 효능감을 느끼면서 탈선을 예방해야 된다.

- 봉사활동을 통해서 세상에는 나 보다 더 힘들고 불행한 사람이 있다는 것도 알게 하고 느낄 수 있도록 해야 한다.
- 각종 체험활동을 통해서 자신감 · 자존감을 키우면서 조금씩이나마 마음의 근육을 키워 나갈 수 있도록 해야 한다.
- 우울감을 벗어나기 위한 최고의 비법은 농구 · 야구 · 축구 · 풋살 등에 밤낮으로 미치도록 빠져드는 것이다. 어차피 헤어진 부모님의 재결합이 현실적으로 불가능하다면 주어진 현실을 받아들이면서 축구에 빠지고 공부에 빠지고 친구에 빠져서 자신의 인생을 힘차게 개척하길 바란다.

학원수업으로 위기에 빠진 아이들

7시 30분	08시 30분~16시	17시 ~ 22시
기상	학교	학원

　학원 수업으로 인해 위기에 처한 아이들은 다양한 문제를 겪고 있으며, 이는 단순한 학습적인 어려움을 넘어서 신체적 · 정서적 · 사회적 · 심리적 위기를 초래할 수 있다. 과도한 학원 수업이 아이들의 전반적인 삶에 심각한 영향을 미치는 상황에서, 이러한 문제들은 시간이 지날수록 더욱 심화될 수 있다.

과도한 학원 스케줄로 인한 스트레스 및 번아웃

　초등학교 저학년 때는 오후 2시 이전에 귀가하여 오후 3시~4시 피아노학원 또는 미술학원, 오후 4시~6시 태권도학원 등으로 다니는 것이 가장 일반적인 패턴이다.

시간	방과 후 활동 내역	비고
오후 3시 ~ 4시	피아노학원/미술학원	
오후 4시 ~ 6시	태권도	
오후 6시 ~ 8시	공부방 또는 학원	
오후 8시 ~ 9시	식사	
오후 9시 ~10시	학교 숙제/ 학원숙제	
오후 10시 ~	취침	

 몇 년이 지나서 고학년으로 올라가면 오후 3시에 귀가하여 아이들의 하루하루가 숨 막히는 스케줄로 인하여 여유를 찾아볼 수가 없다. 전문분야로 키울 계획이 없다면 미술·피아노·무용 등의 예체능은 초등학교 3학년 때까지 맛보기로 보내는 것으로 만족해야 된다. 물론 예체능으로 계속 육성할 계획이면 김연아 선수처럼 계속 레슨을 받으며 올인 해야겠지만 그것이 아니라면 약 3~4년의 맛보기 교육으로 마치는 것이 맞다. 왜냐하면 초등학교 아이들은 반드시 공차고 땀 흘리면서 놀 수 있는 시간이 필요하기 때문이다. 대부분의 아이들은 학원 때문에 놀 수 있는 시간이 없다고 호소하고 있는 실정이다.

 부모는 자녀가 초등학교 때 본인의 자녀가 무엇을 좋아하고 잘하는지(?)를 정교하게 파악할 필요가 있다. 초등학교 시절에 파악한 적성과 흥미 능력은 아이 인생에 절대적인 영향을 주기 때문이다.

 같은 운동선수라도 축구를 시킬 것인가(?) 야구를 시킬 것인가(?) 농구를 시킬 것인가(?) 테니스를 시킬 것인가(?) 탁구를 시킬 것인가(?) …. 어떤 종목을 선택하느냐에 따라서 성공 여부가 따르는 것처럼 자녀의 흥미와 적성을 정교하게 체크할 필요가 있다. 사람의 인생 전체 중에서 초등학교 시절은 적성과 흥미를 파악하는 시기이다. 절대로 모든 종목에 숨이 막히도록 올인하거나 혹사시켜서는 안 된다. 초등학교 시절에는 공부나 운동이나 기본적인 소양 정도만 닦아 놓으면서 기초를 다지면 된다. 무리해서 올인 할 시기가 절대로 아니다.

문제점: 하루 종일 학교 + 학원 → 휴식 시간 부족 → 체력·정신적 피로가 누적이

되면서 자신의 취약한 부분을 보완할 타이밍을 상실하게 된다.

해결책: 대다수 학생들은 국영수사과 이른바 주요 과목 전체를 학원 수업에 의존하는데 큰 착각이다. 아이들은 학원에서 선행한 부분을 학교에서 중복적으로 수업을 하면서 불필요하게 금쪽 같이 귀한 시간을 허비하게 된다.

학원이라는 곳은 학생 혼자서는 도저히 못 따라가는 특정과목에 대해서 교습을 받을 때 효과가 있는 곳이다.

따라서 학원을 보낼 경우에는 모든 과목을 학원에 의존할 필요가 없고 우선순위를 조정해서 도움이 필요한 1~2 과목에 집중과 선택을 해야 된다. 아이들을 월요일부터 금요일 밤 늦게까지 학원에 남겨서 공부시키는 행위는 아이가 지닌 자기주도학습 능력을 원천적으로 차단하는 비교육적행위라고 할 수 있다.

따라서 특정 과목에 집중하거나, 자기주도학습으로 전환 가능한 과목을 과감하게 선별해서 학생 개인의 상황과 수준에 맞게 정리할 필요가 있다.

학습 효율 진단: 학원에 간다고 해서 성과가 나는 것은 아닌 만큼, 학원에서 실제 성과가 나는지 면밀하게 체크해서 성과가 없다면 과감하게 정리하고 다른 방법을 모색하는게 낫다.

휴식시간 확보: 성장기 아이들에게 학교 방과후 오후 시간은 참으로 중요한 시간이다. 만일 아이를 학원에 보낸다면 주당 2~3회 정도를 권장한다. 학원에 가지 않는 4~5일은 아이 스스로가 계획하고 공부하고 게임도 할 수 있도록 시행착오를 겪을 수 있도록 그냥 놔둬야 된다.

학원 중심의 공부로 자기주도 학습 능력 저하

문제: 학원에 오래 다닌 학생들은 학원 선생님이 없으면 학생 혼자서는 아무것도 할 줄 모른다. 각 교과에 대한 문제 풀이에만 익숙할 뿐 자기 스스로 뭔가

를 계획하고 문제 해결을 하는데 어려움을 겪게 된다.

(학원 수업 없으면 공부 방법을 모름 → 시험기간에도 스스로 못함)

해결책: 계획 세우는 법부터 훈련 - 1학기 기말고사를 앞두고 공부 계획 세우는 연습도 중요하다.

1주일에 학원 2~3회 가는 가는 것을 감안 하더라도 저녁시간에 어떤 과목에 집중할건지 날짜별로 공부 계획을 세우고 책상 앞에 붙여놓고 공부하면 도움이 된다.

〈1학기 학기말고사 대비 공부 계획 예시〉

월	화	수	목	금	토	일
1일 영어	2일 수학	3일 과학	4일 영어	5일 수학	6일 과학	7일 문제풀이
8일 영어	9일 수학	10일 과학	11일 영어	12일 수학	13일 과학	14일 문제풀이
15일 영어+국어	16일 수학+사회	17일 과학+윤리	18일 국어+역사	19일 영어+국어	20일 수학+사회	21일 과학+윤리
22일 영어+국어	23일 수학+사회	24일 과학+윤리	25일 국어+역사	26일 영어+국어	27일 수학+사회	28일 과학+윤리
29일 기말고사	30일 기말고사					

학원 스케줄 외에 자기 학습 시간을 별도로 공부계획을 세워서 공부하면 공부가 재미있고 도전 정신이 샘 솟는다.

17시~18시	휴식 및 게임
18시~19시	주요과목 복습
19시~20시	휴식 및 석식
20시~22시	EBS시청 및 문제풀이
22시~23시	유튜브 30분+수행평가
23시~24시	주요과목 예습 및 복습
오후 12시 ~	취침

→ '복습'이나 '오답노트' 중심으로.

공부 기록 습관화: 오늘 뭐 했는지 짧게 기록하는 공부 다이어리 시작.

작은 성공경험 쌓기: 스스로 공부해서 성적 올린 과목 만들기 → 자기주도학습 자신감 생김.

친구 또는 부모와의 관계 문제 (성적 압박, 비교, 기대 등)

요즘 부모들은 누구라고 할 것 없이 아이가 어린 시절부터 집→학교→학원 루틴으로 국화빵 교육을 시키고 있다. 국화빵 루틴으로는 아이가 성장하는데 분명한 한계가 있고 문제점이 수두룩하게 나타난다.

부모는 아이가 공부를 자기주도적으로 할 수 있도록 기본적인 환경을 제공해 주는게 최선이다.

속도가 느리더라도 다른 학생과 비교하거나 부모의 욕구가 지나치면 아이는 자존감 붕괴와 동기 저하로 이어지게 된다.

아이에게 부모는 항상 기댈 수 있는 심리적·정서적 최고의지지 기반이 되어 주어야 한다.

아이와 수시로 대화를 하면서 아이가 지닌 고민 거리에 경청해야 된다.

학생의 목소리 존중: 학생이 진짜 원하는 학습 방향을 듣고, 반영.

학생의 상태를 먼저 진단 (지금 어떤 점이 제일 힘든지)

학원 수업을 줄일 수 있는지 검토

대안 학습 방식 탐색 (예: 온라인 강의, 스터디, 자습 등)

작은 성공 경험부터 만들어보기 : 특정교과를 어려워 하면 굳이 스트레스를 줄 게 아니라 쉬운 과목부터 시작하면서 자심감을 습득시키는게 중요하다. 공부가 다가 아니고 하루하루 공부를 준비하는 과정이 중요하다는 인식을 키워주는게 중요하다.

맞벌이 부모님과 정서적 결핍

맞벌이 부모님의 생활로 인한 정서적 결핍 문제는 현대 사회에서 매우 중요한 이슈다. 특히 부모가 바쁘게 일하는 상황에서 자녀는 정서적 지지와 관심을 충분히 받지 못할 수 있으며, 이는 청소년기의 심리적 안정과 사회적 인간관계 발달에 많은 영향을 미칠 수 있다. 정서적 결핍은 단순히 부모의 관심 부족을 넘어서, 아이들의 정신 건강과 전반적인 삶의 질에 심각한 영향을 미칠 수 있기 때문에 그 심각성을 충분히 이해하고 대처할 필요가 있다.

맞벌이 부모는 가정 내에서 아이들에게 충분한 시간을 할애하기 어려운 경우가 많다. 아이는 부모로부터 필요한 애정과 안정감을 충분히 받지 못하면 정서적 결핍을 경험할 수 있다. 부모가 바쁘다 보니 자녀는 정서적인 지원을 받지 못하고, 그로 인해 외로움·불안·우울 등을 느끼게 된다. 부모의 사랑과 관심은 청소년이 자신의 가치관을 형성하고 안정된 자아를 구축하는 데 중요한 역할을 하므로, 부모의 부재는 아이들에게 심리적 영향을 미칠 수 있다.

아침마다 전쟁

아기가 태어나서 3년은 아기에게 가장 중요한 시기임에도 우리네 현실은 그렇게 녹록치 않다. 아기와 엄마의 달콤하고 포근했던 시간은 그리 오래가지를 못한다. 엄마의 산후 휴가가 끝났기 때문이다. 그나마 산후 휴가를 받는 엄마들은 형편이 좀 나은 편이다. 영세 공장이나 식당 등에서 일하시는 엄마들은 무급 휴가이며, 휴가 후 다시 출근한다는 보장도 없다. 약 2~3개월의 짧은 휴가를 마치고 엄마들은 다시 직장에 출근해야만 되는 현실이 기다리고 있다. 오전 8시~9시 사이에 직장에 출근하시는 엄마들은 한바탕 전쟁을 치른다. 아직 잠에서 깨어나지 않고 곤히 잠들어 있는 아기들을 깨워야하기 때문이다.

각종 아기 용품을 주섬주섬 챙겨서 우는 아기 업고서 보육시설에 맡기는 일정은 숨막히는 전쟁이나 다름없다. 아기는 여전히 울고…

엄마 품에서 안 떨어지려는 듯 아기는 본능적으로 울어댄다. 거의 숨이 넘어갈 듯한 울음으로 자신의 의사를 표현한다. 우는 아기를 추스를 겨를도 없이 엄마는 직장으로 발길을 재촉한다.

채 1년도 안 된 갓난아기들에게는 정말 고통이 아닐 수 없다. 엄마들은 키우느라 고생을 하지만, 아기들은 크느라 고생이다. 이렇게 엄마와 아기와의 생이별은 거의 매일 일상화되어 있다. 필자의 지인은 매일 아침마다 맡기던 딸 아이가 발작을 일으키는 등의 부작용이 나타나는 바람에 결국 다니던 직장에 사직서를 제출하고 지금은 전업 주부로 지내고 있다.

개인 간에 편차는 있겠지만 적어도 아기에게 정서적으로 인격 발달에 긍정적이지는 않다는 것은 상식적으로 알려져 있다. 그렇다고 어쩌겠는가? 남편의 수입이 많지 않은 경우에는 부득이 맞벌이를 해야 하는 현실인 걸…

차제에 우리나라도 엄마와 아기가 직장 내 보육시설에 같이 출근했다가 같이 퇴근하도록 부작용을 줄일 수 있는 환경이 열렸으면 좋겠다. 만일 영세한 직장인 경우에는 지자체가 각 동네마다 거점 보육시설을 확보하고 공동으로 사용하도록 하면 좋을 것 같다. 그렇게 되면 일과 시간 중에도 틈틈이 아기를 돌볼 수 있고 아기의 정서 발달과 안정에도 도움을 줄 것 같다.

유전이냐(?) 환경이냐(?)

사람들은 모두가 자녀들의 두뇌가 총명하기를 기대한다. 그러나 그것이 어디 인력으로 될 문제인가? 다행스럽게도 인간은 평범한 두뇌가 가장 많고 지능이 매우 높거나 낮은 사람은 극히 소수라고 한다. 간혹 부모는 명문 대학을 나와서 출세를 하였는데 자녀는 3류 대학을 가는 경우를 종종 볼 수 있습니다. 공부라는 것이 지능이 좋다고 잘하는 것이 아니고 후천적으로 엄청난 노력을 기울여야 되기도 하지만 지능 자체가 부모보다 현저하게 낮은 경우에는 다인자 유전을 받기 때문이라고 알려져 있다.

그러나 확률적으로는 부모가 똑똑하면 자녀도 똑똑한 두뇌를 물려받을 가능성이 매우 크다고 한다. 그러면 인간의 두뇌, 곧 지능지수는 유전에 의해 결정될까? 결론은 반반이라는 것이다. 유전의 가능성도 있고 성장기에 적절한 자극과 교육 환경에 의해 변할 수 있다는 것이다. 미국에서 쌍둥이 750쌍을 대상으로 지능과 자율성에 대하여 2회 정도 테스트를 하였다. '생후 10개월째에 검사 결과는 부모의 경제력에 상관없이 가정환경에 따라 영향을 받는 것으로 결과가 나왔다.'고 한다. 반면 '생후 2년째 검사에서는 부모의 경제력에 따라 가정환경이 자녀의 지능에 영향을 주는 것으로 나왔다.' 아이가 세 살이 되기까지 고소득 가정의 아이들은 긍정적인 코멘트는 50만 번, 부정적인 코멘트는 8만 번 듣고 자란다고 한다. 그러나 저소득 가정의 아이들은 반대로 긍정적 코멘트를 8만 번, 부정적 코멘트를 50만 번 듣는 것으로 조사되었다. 곧 자녀는 출생 후 엄마와 아빠의 긍정적·교육적 자극을 받으면서 두뇌가 성장하고 지능지수에도 영향을 준다는 것이 과학적으로 입증되었다.

반면에 아이가 부모의 말을 알아듣지 못한다고 소리를 지르거나 부정적인 코멘트를 반복하게 되면 아이 두뇌 발달에 부정적인 영향을 끼친다는 것이다.

두뇌발달, 유아기에 끝나는 것이 아니다

신경세포의 연결회로는 만3세까지 가장 활발하게 발달한다고 알려져 있다. 곧 이 시기에 신경세포의 회로가 어떻게, 얼마나 형성되는가에 따라 두뇌의 발달 정도가 결정된다고 한다.

　어린이의 두뇌를 발달시키려면 당연히 이 시기에 발달시키는 것이 유리하다. 학자들은 이 시기의 뇌는 기본 골격인 전두엽·두정엽·측두엽 등이 형성된다고 한다. 이 시기의 어린이의 두뇌를 발달시키려면 어린이가 느끼고 감각한 대로 표현하므로 아이가 스스로 탐색하고 관찰하고 행동하도록 배려해야 된다는 것이다. 곧 신체의 다양한 부위를 활용하여 소리로 청각을 자극시키고, 흙을 만지게 하여 손을 자극시키고, 사물을 낙서하듯이 그리게 하여 시각을 자극시키고, 이것저것 어수선한 상태에서 무엇인가 만들어 보게 하여 뇌를 자극시키는 등의 활동이 어린이의 두뇌 발달에 지대한 영향을 미친다.

　역설적으로 이 시기에 지극히 제한된 공간에서 바깥출입도 거의 없이 TV만 본다든지, 가만히 누워서 낮잠만 잔다든지 하는 행위는 뇌세포가 자극을 받을 일이 거의 없으니 두뇌발달은 제한적일 수밖에 없다. 옛날 어른들이 낮잠 잘자고 안 보채는 아이를 "애기 순하고 착하다"고 칭찬하신 것은 뇌과학적인 측면에서 보면 칭찬이 아니다.

　이 시기는 무엇을 가르쳐 주는 공부보다는 자녀가 지닌 특유의 기질과 특유의 개성을 여러 가지 측면에서 잘 발산할 수 있도록 기다려 주는 것이 두뇌발달에 좋다고 한다. 그러기 위해서는 자녀가 발산할 때 잘 들어주어야 된다. 그런데 자녀의 발산을 가장 잘 들어줄 사람은 부모님 즉 가족들밖에 없다. 엄마는 아기의 어떤 소리도 들어주고 어떤 요청도 응해주는 만능 재주꾼이다. 더불어 항상 친절하시고 아기의 요구에 맞장구치면서 아기를 즐겁게 해주신다. 이렇게 엄마가 같이 놀아주는 것이 단순해 보이지만 뇌과학자들은 무서운 결론을 내리고 있다. "아기의 두뇌발달에 결정적인 영향을 준다"고 정리를 한다.

　위에서 언급한 것처럼 미국에서는 부자집 아기들이 훨씬 많은 자극과 긍정 속에서 두뇌발달이 가속화되는 것으로 보고가 되었다. 다시 말해 아기들 옆에 엄마가 항상 곁에서 대답하고 지켜보는 것이 최상이라는 얘기다. 더불어 아기들의 발산을 억누르거나 억제하지 말라는 얘기다. 그저 아이가 최대한 발산하게 배려하는 것이 두뇌발달에 좋다는 것이다.

가족의 역할 강화

맞벌이 부모도 가정에서 자녀의 정서적 요구에 관심을 기울일 수 있다. 일과 가정의 균형을 맞추고, 자녀가 심리적으로 건강하게 성장할 수 있도록 돕는 것이 부모의 중요한 역할이다.

결론적으로, 맞벌이 부모님의 영향으로 정서적 결핍을 겪고 있는 청소년들은 심리적·사회적·학업적 어려움을 겪을 수 있으며, 이는 장기적인 정신 건강 문제로 이어질 수 있다. 부모와의 관계를 개선하고, 자녀에게 정서적으로 안정감을 찾을 수 있는 지원책을 제공하는 것이 매우 중요하다. 이를 통해 청소년이 건강하게 성장할 수 있을 것이다.

정서적 결핍으로 절도하는 아이들

석준이는 초등학교 시절부터 남의 물건에 손을 대기 시작하였다. 처음에는 지우개나 연필 같은 학용품으로 시작하였으나 점점 품목이 확대되고 액수가 커지기 시작하였다. 석준이의 도벽은 중학교 입학 후에도 그칠 줄 모르고 이어졌다. 친구들의 지갑을 비롯해서 유명 메이커 운동화, 파커 점퍼 등 값비싼 물품들을 손대기 시작하였다. 학생부로 불려 와서 처음에는 딱 잡아떼던 석준이가 모든 것을 체념한 채 솔직히 시인하기 시작하였다. 나는 석준이 행동을 나무라거나 질책하지 않았다. 일단 기본적인 경위서를 작성 후 원인 분석을 하였다. 이 어린 아이가 왜 남의 물건에 습관적으로 손을 댈까(?) 단순히 돈이 필요하거나 메이커 운동화가 필요해서 훔쳤다고 생각하지는 않았다.

〈 수업이 없는 토요일 날 석준이와 함께 인천시 삼산동 농산물 도매시장에서 야채 판매 직업체험을 5시간 동안 진행하였다. 천 원짜리 야채 한 바구니를 판매하면서 땀을 흘린 노력의 대가를 피부로 느끼게 하였다. 〉

옛날 아이들은 너무나도 헐벗고 배고픈 나머지 절도를 했다면, 요즘 아이들은 절실하게 필요해서 절도를 하는 것이 아니라, 심리적이고 정신적인 불안한 측면이 절도로 이어지는 경우가 훨씬 많다. 역시나 석준이도 마찬가지다. 개별 상담을 해보니 석준이의 여리고 아픈 마음이 여실히 보이기 시작한다. 석준이는 초등학교 3학년 때 어머니와 헤어지고 아빠·할머니랑 같이 살고 있었다. 석준이는 어머니의 빈자리가 절도로 이어지고 있었다. 엄마 없는 세상은 학교도 다니기 싫고 집에도 가기 싫고 만사가 귀찮은 것이었다.

석준이는 중학교 입학 후 상습적으로 절도하고 결석하고 가출까지 하였다. 엄마가 안계시다고 이렇게까지 자포자기를 할까(?) 나는 좀 더 확실한 실체 파악을 위해서 가정 방문을 하기로 하였다. 담임 선생님과 함께 석준이네 가정 방문을 시도하였다. 석준이네 집은 산속에 있었다. 일반인들의 눈에 띄지 않는 완전 산속에 푹 파묻혀 있었다. 그런데 숲이 우거진 산속으로 들어가는 순간 더 이상 전진할 수가 없었다. 엄청난 큰 도사견이 지키고 있는 것이었다. 도저히 무서워서 들어갈 수가 없었다. 우리는 석준이 아버님께 휴대폰으로 연락드렸다. 석준이 아버님 도움으로 간신히 집 안으로 들어갈 수가 있었다. 마당에는 독일차 벤츠 1대와 현대차 에쿠스 1대가 주차되어 있었다. 석준이네 집은 일반적인 가정집이 아니라 굿을 하는 점집이었던 것이다. 석준이 할머니가 무속인이시고 석준이 아버님은 보조자 정도 되는 것 같았다. 석준이는 어린 시절부터 작두춤을 추시는 할머니의 굿하는 장면을 늘 보면서 성장하다가 어머니와 헤어졌던 것이다.

석준이네는 경제적으로 매우 여유 있어 보였다. 그런데도 절도를 멈추지 않는 것이었다. 나는 석준이 어머니 연락처를 어렵게 구해서 전화 통화를 시도하였다. 석준이의 방황과 일탈을 소상하게 말씀드린 후 부탁의 말씀을 드렸다. 매주 금요일 날 저녁마다 어머니 계신 곳으로 석준이를 보낼테니 석준이와 2박 3일간 시간을 보내시고 일요일 오후에 본가에 돌려보내시라고 말씀을 드렸다. 석준이 어머니께서도 흔쾌히 받아들이시고 협조해주시기로 하셨다. 석준이는 그 후 눈에 띄게 좋아지기 시작했다. 그리고 무사히 본교를 졸업을 하고 인천OO고등학교에 진학하였다. 석준이는 그 후 5월 15일 스승의 날이 되면 어김없이 필자를 찾아 왔다.

담임교사도 아닌 내가 이따금씩 문자 보내주고 관심 가져주었던 것이 나름 고마웠던 모양이다. 교직의 보람을 석준이가 안겨주었다.

정서적 결핍으로 소년원 가는 아이들

태민이는 아빠 얼굴을 단 한 번도 본적이 없다. 그 흔한 사진 1장도 없었다. 어렸을 때부터 늘 엄마와 단 둘이서만 생활했기 때문에 특별히 불편한 점도 못 느꼈다. 태민이는 축구에 흥미가 많아서 학교에서 방과 후에 축구 동아리에 가입하여 공 차는 것을 좋아하였다. 그런데 중2가 되면서 다른 친구와 다르게 편모 슬하에서 학교 다닌다는 현실에 갈등하기 시작하였다. 이제 서서히 가출도 한 두번씩 하는가 하면 남의 물건에 손을 대기 시작하였다. 그러나 다행스러운 것은 태민이는 좋아하는 축구를 놓지 않고 계속 한다는 것이다.

필자는 올해로 교직생활 35년째인데 사춘기 아이들에게 최고의 생활 교육은(?) 다름 아닌 뛰고 노는 거라고 생각한다. 아이들에게 그것보다 더 좋은 생활 교육은 이 세상에 존재하지 않는다. 너무나도 다행스럽게도 태민이는 축구에 대한 애정을 잃지는 않았다. 그런데 3학년이 되고 덩치도 커지고 사춘기는 더욱 깊어지면서 경찰서에 불려가는 일이 빈번해졌다. 태민이는 학교 안에서는 친구들과 사이좋게 지내고 축구 동아리도 열심히 하였지만 방과 후에 비슷한 환경의 친구들을 만나면 전혀 다른 사람이 되어버린다. 3학년 1학기가 되면서 서서히 발동이 걸리더니만 7월달이 되어서는 기어코 경찰에 구속이 되고 말았다. 나는 곧바로 OO경찰서 유치장으로 면회를 갔다. 태민이는 해맑게 사람 좋은 미소를 짓는다. 담임교사와 학생이 철창을 사이에 두고 면회를 하는 상황은 참으로 기가 막혔다. 사식으로 과자 좀 사달라고 해서 과자 5만 원어치 넣어주고 돌아섰다.

태민이는 그동안의 누적 전과 때문에 이번에는 석방될 것 같지 않았다. 내 예상이 맞았다. 태민이는 1주일 후 안양에 있는 소년원으로 넘어갔다. 그래도 소년범들은 일반인들과는 다르게 학교 담임 선생님의 탄원서를 최대한 참작하는 편이다. 나는 성심성의를 다해서 탄원서를 작성해서 판사님께 제출하였다. 간절한 호소를 담은 탄원서의 내용은 판사님의 마음을 움직였다. 잘하면 10월달에 석방될 수 있다는 얘기가 흘러 나왔다. 드디어 10월 5일날! 굳게 닫혀있던 안양 소년원 철문을 통해서 태민이가 걸어 나온다. 태민이는 무슨 일이 있었냐(?)는 듯이 해맑게 웃으면서 걸어 나온다. 태민이 어머니는 3개월만에 석방되는 아들 얼굴을 보고는 울음을 터뜨리신다. 어머니와 자식의 마음이 어찌 이렇게 다를까(?) 태민이는 석방 후 며칠간의 컨디션 조절을 마치고 학교에 등교하였다. 학급 친구들도 태민이를 이상한 눈초리가 아닌 평상시와 다름없는 자세로 스스럼없이 대해주었다.

그런데 이게 어찌된 일일까(?) 소년원을 한 번 다녀온 태민이는 학교를 안 나오기 시작하였다. 온갖 연락을 취해봤자 10일에 한 번 나올까 말까 하였다. 태민이 어머니도 걱정은 마찬가지다. 어머니께서 출근 후, 태민이는 이상한 짓하는 친구들 잔뜩 불러서 라면 끓여먹고 PC방으로 노래방으로 흘러 다녔다.

학교와는 더욱 멀어져가는 태민이는 브레이크 없는 기차와도 같았다. 결석일수는 꾸준히 증가해서 50일을 돌파하였다. 수업일수 3분의 1을 초과하면 졸업을 할 수 없다. 1년 수업 일수가 190일 중 3분의 1 초과는 약 64일인데 태민이는 50일을 초과하여 거의 마지막까지 다가왔다. 나는 상담 선생님과 상의하여 학업 숙려제를 가동하면서 시간을 좀 끌기로 하였다. 학업 숙려제는 1주일에 한번만 학교를 나오면 나머지 결석일은 가정학습으로 대체되는 제도이다.

그런데 태민이는 고삐 풀린 망아지처럼 방황하기 시작하더니 1주일에 한 번마저도 학교에 오질 않았다. 학교가 동원할 수 있는 모든 수단을 제공했지만 태민이는 졸업을 못하고 학교와 멀어져갔다. 몇 개월 후 다시 소년원에 갔다는 얘기가 들려오면서 태민이 소식은 끊기고 말았다.

금쪽같이 귀한 28만 명, 학교를 떠나다!

수년 전 모 일간지는 1면 기사에서 위와 같은 제목으로 학교 현장을 다루었다. 신문은 "초·중·고 재학생 713만 명 중 약 28만 명가량이 어디서 무엇을 하고 있는지 파악이 안된다."고 하였다. 더불어 학교에 적응 못하고 거리를 헤매게 된 원인을 "무관심한 선생님들과 같은 교실에 있는 무서운 아이들 때문"이라고 하였다. 뿐만 아니라 "선생님들은 교내에서 담배 피워도 방관" "60일 무단결석해도 안 찾아" "자퇴냐 전학이냐 선택하래요." 등의 부제목을 뽑아 질타했다.

학교를 그만 둔 학생들 이유가 마치 학교 선생님들의 무관심으로 인해 야기된 것처럼 호도가 되었다. 학교조직과 선생님들에게 매를 든 것이나 마찬가지다. 교사 입장에서 많이 아프기도 하고 억울하기도 하다. 필자는 현직에 있는 교사 입장에서 기사 내용을 전적으로 동의할 수는 없다. 그렇지만 일정 부분 공감이 가기도 한다.

신문사는 학부모들이 좋아하는 제목 뽑아서 며칠 사용하면 되지만 극히 일부에서 발생된 사안을 마치 일반적인 것처럼 비약시켜서 왜곡시키는 것은 많이 앞서 나갔다는 생각을 지울 수가 없다. 씁쓸하고 허탈한 마음이 짓누른다.

청소년 탈선과 부적응의 원인은 무엇인가? 더불어 청소년 탈선을 예방할 수 있는 획기적인 대책은 무엇인가? 이거 해결하면 필자에게 상장 한 장 줘야 되는 것 아닌가?

필자는 학교에 계시는 선생님들에게 무조건 돌을 던지기 전에 사회적·제도적 대책을 효율적으로 세운 적이 있는지를 반문하고 싶다. 교육 당국의 탁상 행정은 외면한 채, 심약한 선생님들에게만 아주 쎄게 돌을 던지는가?

먼저 청소년들의 학교 부적응의 원인은 다발성이다. 학교를 떠나 간 학생들의 속내를 들여다보면 한두 가지 문제가 아니었다. 교통사고 환자의 공통적인 증세인 복합성 다발골절상처럼, 아이들이 정상적인 학교생활을 하기에는 너무도 무거운 현실이 그들의 어깨를 짓누르고 있다. 가장 큰 공통점은 빈곤과 정서적 결핍이다.

2011년 대구에서 학교폭력으로 중학생이 자살하여 사회적 문제로 비화가 되자, 관계 당국에서는 부랴부랴 아이들을 뛰어 놀게 하면서 땀을 흘리게 하자며 대책을 내 놓았다. 일선 학교에서 점점 위축되어 가던 체육 수업을 늘리자는 카드를 꺼내 들었다. 그것도 모자라서 기존에 정규 체육 선생님 외에도 스포츠 강사 선생님들을 일선 학교에 파견하여 아이들에게 운동을 통하여 땀을 흘리는 시간을 마련하였다. 좀 때 늦은 감은 있지만 대환영이고 대찬성이다. 학생들은 체육 시간이 있기 때문에 학교에 등교하는 아이들이 적지 않다.

이런 얘기하면 강남 어머니들께서 비웃을지 모르겠지만 사실이다. 학교에 와서 즐거운 것이 하나도 없는 아이들이 수두룩하다. 그들에게 있어서 체육 시간은 유일한 낙이자, 행복이다. 체육시간 직전에 갑자기 비라도 쏟아져서 교실 수업을 하게 되면 아이들은 초상집이 된다. 공부 전혀 관심 없는 아이들 의외로 많다. 그냥 마지 못해 나오는 아이들이 부지기수다. 숨 막히는 그 아이들에게 체육교과와 체육 선생님은 하느님과 마찬가지다. 어디 있는지조차도 잘 모르는 하느님 보다 학교 체육 선생님의 존재가 훨씬 더 고맙고 위대한 분들이다. 아마도 친구 따라서 학교 자퇴하려다가 체육 수업과 체육선생님 때문에 학교 다니는 학생들 수두룩하다. 각종 사고치다가 겨우 졸업한 자녀가 있다면, 체육 선생님들의 보이지 않는 공이 있었음을 알아야 된다.

왜 학교를 떠났을까?

지금 현재 대한민국에서 28만 명의 학생들이 가장 일반적으로 학교와 멀어지는 정해진 코스는 다음과 같다.

학교를 떠나 버린 가장 큰 이유는 가정에서 출발한다. 어떤 사람들은 "친구 잘못 만나서 아이가 탈선했다."고 주장하는데 사실과 다르다. 자기 합리화일 뿐이다. 이것은 전국 거의 모든 학교에서 나타나는 현실이다. 특히 부모님의 별거나 이혼으로 인하여 아이들은 패닉 상태를 맞이한다. 아이를 따뜻하게 지켜봐주는 주체가 가정인데 그 손길이 부족하다. 있다 하더라도 대개는 생업 때문에 1분 1초가 바쁘시고 고단하시다. 아이들은 부모님의 빈 자리나 틈새를 너무나도 잘 공략

한다. 아이들은 부모님들의 고단한 처지를 헤아리기는커녕, 오히려 돈 때문에 원수지간이 되고 만다.

아이들에게는 하루를 보낼 수 있는 일명 피방비(PC방 출입비용)와 노래방 비가 필요한데, 돈이 나올 곳은 없고… 주변에 힘이 약한 아이들 돈 갈취하다가 징계당하고… 바로 뒤 따라오는 것이 가정폭력·게임 중독·스마트폰 중독으로 이어진다. 그것은 곧 학교 공부와 담을 쌓게 되는 중요한 계기가 된다.

집에 가면 즐거움은 없고 반지하 월세방에서 겨우 숨만 쉬고 생활한다. 아이들의 처참한 현장을 바다 건너 유학 다녀오신 학자님들께서는 직접 목격한 적이 있는가? 옛날 청소년들은 비록 배불리 먹지는 못하였으나… 넓게 펼쳐진 산과 들판이 있었다. 폭력·음란물 자체가 없었다. 스마트폰도 없었다.

지금의 소외된 계층의 청소년들에게는 차마 눈 뜨고 볼 수 없을 정도로 열악하고 처참한 광경이 펼쳐진다.

집에 가면 엄마는 집 나가셨고…
PC방 갈 돈도 없고…
아빠는 지방 건축 현장에 돈 벌러 가셨고…
어른들 없는 월세방에는 집 나온 아이들 합숙소가 되었고…
학교에 오면 숙제 검사하고…
밤늦게까지 게임하다가 지각하기 일쑤고…
큰 맘 먹고 학교 와서 앉아 있으면 잠이 쏟아지고…
엎드려서 자다 보면 야단맞고…
야단 몇 번 당하면 학교 오기 싫어지고…
처음에 몇 번 결석은 약간의 죄책감도 보이다가…
2~3일씩 몇 번 반복하다 보면 자신감(?)과 용기도 생기고…
담임 선생님께서 겨우 달래서 1주일 만에 학교 나와 보면 어색하고…
에라 모르겠다! 잠이나 자자!
순식간에 수업 일수 부족으로 유예 처리 당하고…
만일 그 아이가 모그룹 회장 아들로 태어났으면 어찌 되었을까? 아이들을 무조건 나무랄 수가 없다. 아이들은 학교에 다니는 동안 질식할 정도로 숨이 막혔을 것이다. 숨이 막히지 않은 것이 다행이다. 아이들을 사지에서 구출해야만 된다. 더 이상의 방치는 더 큰 사회적 문제를 야기 시키며, 우리 사회는 엄청난 비용을 감수해야만 한다. 소가 외양간을 나가기 전에 빨리 고쳐야 된다.

〈혼자 방치된 아이들에게는 강력한 SNS가 기다리고 있었다〉

　　외양간에 균열이 보이는데도 엉뚱한 곳에 돈 쓰면서 엉뚱한 곳 고치면 안 된다. 소 한 마리 잃어버려도 막심한 타격이 있는데… 학교는 소를 키우는 곳이 아니다! 우리나라 장래를 짊어 질 미래의 역군을 길러내는 곳이다.
　　과거 모 방송사 개그 프로그램 코너에서 개그맨 박성광 씨가 "1등만 생각하는 더러운 세상"이라고 풍자하면서 관심을 끌었다. 학교는 성적이 아니라 사람을 키우는 곳이다! 그런데 학교의 역량은 학력 신장에 초점이 맞춰져 있음을 부인할 수 없다. 사실 따지고 보면 중학교 기준 한 학급당 25명 중에서 평균 점수 90점 이상 학생은 2~3명 정도다. 향후 15년 후 그 2~3명 정도가 넥타이 메고 양복입고 출근한다. 그 2~3명 때문에 너무도 많은 희생을 치르는 것은 아닌지 냉철하게 분석해 보아야 한다. 특히 학교에 수시로 결석하는 이른 바 부적응 학생들을 위한 획기적인 대책을 세워본 적 있는가? 거의 대부분 실적 위주의 탁상 행정으로 그치고 만다.

이제 원점에서 다시 시작하자. 저 숨 막혀서 거리를 헤매는 아이들에게 구원의 손길을 뻗어주자! 우리나라는 각종 보호단체가 많다.

조류보호단체 · 유기동물보호단체 · 환경보호단체 등… 이처럼 동식물 관련 보호단체가 참 많다.

그런데, 사람이 먼저다! 사람 중에서도 어린 청소년이 최우선적으로 보호받아야 마땅하다. 그들을 조직적으로 관리하는 시스템에 엄청난 구멍이 보인다. 그 커다란 구멍을 "한 가정에서 발생되었으니 가정에서 책임져야 된다."는 논리는 이제 설득력이 없다. 그러기엔 우리 사회가 너무 비싼 대가를 치를 뿐만 아니라, 어린 청소년 인생 자체가 무너져간다.

이제 가정에만 책임을 묻지 말자. 학교를 떠날 가능성이 있는 아이들을 조기에 체크하고 조직적으로 관리하는 시스템과 주체가 필요하다. 문제가 발생된 가정의 부모님에게 책임을 전가시키지 말자.

부모님들 또한 여력이 없는 분들이 많다. 더불어 담임 선생님들에게도 책임을 전가시키지 말자. 담임 선생님들 또한 빡빡한 교과수업과 학급관리 및 잡무처리로 한가롭지 않다.

〈담임교사+학년부장+상담교사+복지사+교감+교장 모두가 힘을 합쳐야 된다〉

그러면 누구에게 맡길까? 부모님+담임 선생님+전문상담교사+관리주체, 이처럼 구성원들이 한 팀이 되어 부적응학생 한명을 관리하는 팀이 구성이 되어야 한다. 지금 현재는 개별적으로 흩어져서 활동할 뿐이다. 앞에 나열한 구성원들 중에서 누구 하나가 일명 "농땡이"를 치더라도 대충 넘어갈 수밖에 없는 현실이다. 한 마디로 책임 소재가 불분명하다는 얘기다. 학생 한명 수렁에서 건지기 위해서 특정인 한명에게만 의존하지 말고 팀을 조직하여 대처해야 마땅하다. 누구 하나가 "농땡이"를 칠 수 없게끔 조직적으로 대처하는 시스템이 가동되어야만 한다.

아이들을 수렁에서 구해 내자! 아니 사지에서 구해 내자! 어둠 속으로 사라져 가는 아이들을 구해 내자. 부모들 탓, 학교 탓 하기엔 시간이 없다. 빨리 조직해서 빨리 가동하자! 돈도 안 들고, 예산도 필요 없다. 기존에 있는 멤버들을 움직이면 된다. 이제 더 이상 "해도 그만, 안 해도 그만"이라는 소리가 나와서는 안 된다. "당신 자식! 당신이 잘 못 키워 놓고 왜 학교 탓만 하느냐?" 앞으로 학교 조직은 이런 말 하지 말아야 한다. 거꾸로 부모님들도 학교 탓해서는 안 된다. 누구에게 책임 전가하지 말고 일단 최우선적으로 어린 청소년부터 구하자.

아이들이 지금도 별 관심 받지 못하고 학교를 떠나가고 있다. 28만 명에서 그칠 것 같지 않다! 사실은 뻔히 알면서도 입시 교육 때문에 지켜야 될 가치 있는 것들이 저만치 밀려나고 있다.

프로야구를 벤치마킹 하자!

학교폭력사고와 학생들 자살 뉴스가 뜨면 부랴부랴 각종 대책이 쏟아진다. 각 학교에 Wee Class를 도입하고… 전문상담교사 제도를 도입하고… 복지 선생님과 복지실 제도를 도입하고… 체육 시간을 늘리고… 스포츠 강사 제도를 도입하고…. 실로 막대한 예산과 인력이 투입된다.

그럼에도 적지 않은 학생들이 학교를 떠나 가고 있다. 왜 그럴까? 왜 그 아이들을 붙잡지 못할까? 그 중에서 유력한 이유는? 학교가 지나치게 원칙만 내세우고 경직되어 있기 때문이다. 이미 가정에서 문제가 생긴 아이들이 부지기수다. 이미 스마트폰과 전자오락 폭력 게임 등으로 흠뻑 샤워가 돼버린 아이들이다.

그들에게 수행평가를 논하고…

그들에게 숙제를 논하고…

그들에게 질서를 논하는 것은 별 의미가 없다.

필자는 학교를 떠나 간 28만 명의 전철을 예방하기 위한 또 다른 대책은 우리나라 프로야구운영시스템을 벤치마킹 해보자는 것이다. 곧 모든 학생들을 일률적으로 지도하는 현행 교육시스템을 대수술하자는 얘기다. 모든 학생들을 같은 수준으로 같은 공간에 몰아넣고 학사 일정을 강행하는 현행 시스템은 지나치게 경직되어 있다. 지역 특성에 맞게 교장 선생님의 재량으로 유연성 교육을 도입하자는 얘기를 하고 싶다.

〈SSG 랜더스 홈경기가 열리는 문학야구장〉

이미 학생으로서의 눈빛을 상실한 아이들에게 지나치게 사무적인 룰을 적용하는 것은 아이들을 학교 밖으로 내 모는 것과 다름없다.

28만 명의 아이들은 집에서 반겨주는 이가 없다. 큰 맘 먹고 학교를 와 봐도 코너로 몰리기 일쑤다. 그 아이들 가슴 속은 이미 커다란 상처가 난 상태다. 상처로 패인 가슴을 보듬어주는 유연성을 교육에 적용해 보자!

바로 프로야구 운영시스템이다. 한국의 프로야구가 출범 30년 만에 10구단 체제로 접어들었다. 초창기 시행착오도 있었지만 이제 우리나라 프로야구 시스템은 전문 인력과 잘 갖추어진 시스템으로 운영되고 있다. 최첨단 재활 시스템은 물론 심리 전문가와 각종 분석 전문가들도 참여하여 팀이 운영되고 있다. 최고의 시스템을 거쳐 1군에서 뛰는 선수들은 당장 미국 메이저리그에서도 통할 정도로 수준이 올라간 것이다. 단적인 예로 류현진 선수다. 류현진 선수는 AAA나 루키 리그를 거치지 않고 메이저리그로 바로 직행한 케이스다. 한국의 야구 시스템이 선진국 시스템과 견주어도 손색이 없을 정도였기에 가능했던 일이다.

우리나라 프로야구시스템은…

1군	실력과 + 컨디션이 좋은 최우수 선수로 구성
2군	실력은 있으나 일시적으로 슬럼프가 온 선수들 + 1군 선수에 비해 경기력이 부족한 선수들로 구성
3군	부상 선수들 + 수술 등으로 장기재활치료 받는 선수들로 구성

28만 명의 학생들이 학교생활에 흥미를 상실한 이유는?
 1. 불우한 가정환경
 2. 기본 학습 부족으로 인하여 학습 동기 상실
 3. 게임과 스마트폰 중독

대부분의 부적응 학생들은 위 세 가지를 모두 안고 있다. 위의 적시한 것처럼 부적응 학생들을 정상적인 컨디션을 유지하는 학생들과 똑같이 1군에서 지도하는 것은 정해진 코스에 따라 학교를 떠나야만 되는 형식적인 절차만 남을 뿐이다. 따라서 이제 부터라도 1군을 고집하지 말고, 프로야구단처럼 가칭 2군, 3군 제도를 도입해보자!

1군	일반 교실	정상 수업
2군	스포츠 교실	축구교실·야구교실·탁구교실·수영교실 등
3군	취미 교실	도자기교실·바둑교실·요리교실·영화교실·만화교실 등

1945년 건국 후 80년 동안 우리 교육은 "학생으로서의 눈빛을 오래전에 잃어버린 아이들에게 무조건적인 교실수업만을 강요하였다." 사실 세계에서 학생들이

배워야 될 교과목이 가장 많은 나라가 대한민국이다. 정상적으로 반듯하게 성장한 학생들조차도 따라오기가 벅차다. 하물며 이미 학생의 눈빛을 상실한 아이들에게 숙제와 수행평가 얘기를 할 수 있겠는가? 무조건 법과 원칙대로 밀어붙이는 것이 능사는 아니다.

여기 좋은 예가 있다. 1978년 9월 30일 WBC 라이트플라이급 타이틀전에서 태국의 네트로이 보라싱을 3회 KO시키고 챔피언에 오른 김성준! 그는 부친의 사업 실패 후 중학교 2학년 때 가출, 신문과 구두닦이, 껌팔이 등을 전전하다가 서울 광화문 일대의 소매치기 조직에 들어가 활동하면서 복싱을 시작했다. 하지만 김성준의 소매치기 행각은 검찰에 꼬리가 잡혔고 김성준은 자수를 하였다. 그런데 왠일일까? 담당 검사는 김성준을 구속시키지 않고 징역 1년에 집행유예 2년을 선고하고 담당검사는 김성준의 후원회장을 맡으며 운동을 계속할 수 있는 길을 열어 준다. 김성준은 그에 대한 보답이라도 하듯이 3년 후 세계챔피언에 오른다. 담당검사가 법대로 처리했으면 아마도 김성준은 세계 챔피언이 될 수 없었을지도 모른다. 담당검사의 유연한 대처와 배려가 소매치기 출신 헝그리 복서 김성준을 탄생시킨 것이다.

이제 정상 수업을 이수 받지 못하는 아이들에게도 유연하게 대처 하자! 이제 학교에서도 제2의 김성준을 길러보자! 김성준 보다 더 열악한 환경에 놓여진 아이들을 빨리 구해내자! 상처받은 아이들을 유연하게 추슬려서 1군에 올려보자. 그 아이들의 가슴 속 상처가 아물어서 컨디션이 올라올 때까지… 2군, 3군에서 추슬러 주어야 된다. 학교는 참고 기다려야만 된다. 학교는 그들에게 있어서 마지막 보루다! 어디 마땅히 기댈 때가 없는 것이 사실이다.

　귀찮다고 내 몰고…
　권고 전학시키고…
아이는 이 학교 왔다가, 저 학교 갔다가, 제 풀에 지쳐서 학교에 나오질 않는다. 교육계가 일종의 폭탄 돌리기를 하지는 않았는지?
　우리 교육이 반성해 보자!
코너로 몰아세우면 안 된다. 담임 선생님들에게 책임을 묻기 전에 학교시스템이 지나치게 경직되지는 않았는지? 되살펴 보자! 지금 현재 우리 모두가 돌보지 않는다면 그들은 몇 년 후 우리 사회에 엄청난 부담과 짐으로 다가올 수 있다. 엄청난 사회적 비용이 발생될 수 있는 것이다. 너무나 많은 아이들이 어두운 밤길을 헤매고 있다. 법정 수업 일수에 사로잡혀 어린 영혼들을 매몰차게 떠나게 하지는 않았는지? 우리 사회 모두가 회고하면서…. 우리 교육에 유연성을 가미해보자!

담임 선생님들에게 상장을 드리자!

모 일간지는 학교를 떠나 간 28만명의 아이들을 기사로 다루면서, 담임 선생님의 무관심을 지적하였다.
학생의 인터뷰 내용의 진위 여부는 논외로 치더라도…
담임 선생님의 역할과 책임 문제는 진지하게 논의 되었으면 좋겠다.
신문사는 장기 결석 학생에게 전화 한통 하지 않고 유예 처리하는 담임 선생님을 겨냥하고 있다.
글을 쓴 기자가 학교의 현실을 잘 모르고 하는 소리다.
지금 대한민국 초등학교 4학년부터 중학교 3학년 까지는 옛날 교실 광경하고는 달라도 너무 많이 다르다.
필자가 1975년에 초등학교 6학년 다닐 때는 한 학급당 85명이었다. 그렇게 많은 인원이 콩나물 교실에서 수업을 하였지만 별다른 사고도 없었고…
수업 시간도 재미 있었고…
학생과 선생님과의 관계도 매우 친밀했다.
필자가 초등학교 다니던 시절에는 같은 반 85명의 친구들 거의 모두가 가난하였다. 그렇지만 친구들 부모님께서 헤어졌다는 얘기는 거의 못 들어보았다.
지금은 중학교 교실에 30명 남짓 앉아 있음에도…
교사들은 아이들 통제에 어려움을 겪고 있다.
사소한 건으로 학부모들은 항의하기 일쑤다.
교사들의 지시에 두눈을 동그랗게 치켜세우며 맞서는 아이들…
심지어 교사에게 육두문자를 날리고 집으로 가 버리는 아이들…

교사들에게 멱살 잡고 육두문자 날리고 주먹을 날리는 부모들...

콩나물 교실은 해소되었지만, 교사들은 갈수록 혼란스럽고 하루하루가 지치고 힘들다.

요즘 가정 환경조사서 통계를 내보면 학생들의 부모님께서 이혼 또는 별거 상태인 소위 결손가정 자녀들이 증가하고 있다.

한 개인의 가정 문제로 그냥 넘어 갈 문제가 절대 아니다!

거기에는 필연적으로 아이들이 남게 된다.

그 아이들이 지금 학교를 떠나가고 있는 것이다.

교육적인 시각에서 아이들에게 접근하시던 선생님들 마저도 손을 놓고 체념하는 현실을 어떻게 바라 볼 것인가?

물론 일부 선생님들께서는 다소 무책임하게 사무적으로 아이들을 대하는 분들도 있겠지만 대한민국에 계시는 절대다수의 선생님들은 묵묵히 자신의 임무를 성실하게 수행하고 있음을 알아야만 된다.

모든 담임 선생님들을 싸잡아서 도매금으로 전체를 매도하는 것은 옳지 않다.

선생님들 기한번 죽인다고 청소년 문제가 해결되지는 않는다.

냉철하게 이성적으로 분석해 보자!

우리나라 교육계 현실이 어떤가를 분석해 보자.

국민들은 아래 언론사 보도자료를 보고 어떤 생각을 하실까?

대전 지역에 근거를 둔 시티저널이라는 언론사에서 2013년도 3월 7일자 보도한 내용은 가히 놀라움을 금할 수가 없다.

> **전문 범죄조직 맞먹는 ㅇㅇ장학사 '검은비리' 드러나**
> **교육감부터 일선 교사까지 조직적으로 범행 저질러**
> **ㅇㅇ교육청, 장학사 비리 연루자 46명 징계**

실로 낯 부끄러운 현실이다.

학생은 안중에도 없고, 오로지 자신들의 입신양명에만 혈안이 된 모습이다. 평교사에서 장학사가 되면 교감, 교장은 따놓은 당상이라고 알려져 있다.

평교사로 점수 따서 교감 승진하는 것 보다, 장학사 시험 통과하는 것이 훨씬 시간을 절약하기 때문에 장학사가 매력이 있다고 한다. 만일 지난번에 장학사 시험 비리가 적발되지 않았다면(?) 그 분들은 별 탈 없이 장학사 · 교감 · 교장 출세가도를 달려 갔을 것이고 여기저기서 교장선생님이라고 호칭받으면서 교직생활의 마지막을 화려하게 장식하였을 것이다.

그런데 사람의 욕심은 끝이 없는가 보다! 대부분의 교사들은 평생을 평교사로 생활하다가 정년을 맞이하기 마련인데도 어떤 교장선생님께서는 공립학교에서 교감/교장 생활을 10년 정도하시고 정년퇴임 후 인천 시내 모 고등학교에 공모교장으로 응시하셔서 합격하셨다. 화려한 경력의 다른 후보들을 모두 물리치시고 보무도 당당하게 부임하셔서 많은 기대들을 하였지만, 그 기대는 그리 오래 가지 않았다. 왜냐하면 1주일이 멀다하고 출장 가시기 일쑤였기 때문이다. 도대체 학교에서 얼굴 보기가 대통령 얼굴보는 것 보다 더 어렵다.

심지어 안가도 되는 출장을 의도적으로 만들어서 가시기도 하였다.

보다 못한 교사들이 제발 좀 출장 좀 자제하시라고 호소 하여도 소용이 없다. 교사들의 간곡한 호소에도 아랑곳 하시지 않고 출장은 계속되었다. 공모교장 계약 기간이 마치는 그날까지…

교장이라는 직책은 교실 수업이 없으니 학교 출근해도 체력적인 부담이 거의 없는편이다. 그래도 기왕에 교장이 되셨으니 잘 하셨으면 좋았을걸…

물론 지금 대한민국에는 훌륭하신 교감 교장선생님들이 절대다수를 구성하고 계신다.

실제로 어떤 교장선생님들은 항상 근검절약하시고 청빈한 삶을 실천하신다.

심지어 학생들 교복을 입고 하루 종일 근무하시는 교장선생님들도 계신다. 학생들과 눈 높이를 같이 하겠다는 교육철학이 보인다.

필자는 여기서 교감/교장선생님들의 뒷담을 하자는 얘기가 아니라 "그분들이 자신의 출세 가도를 위하여 교감, 교장에게 점수따느라 아이들에게 소홀하지는 않았는지?" 냉철하게 분석해 보자는 것이다. 교감/교장이 되기 위해서는 "젊은 평교사 시절부터 발동을 걸어야만 가능하다"고 알려져 있다.

그들은 학교의 학력 향상 관련 잡무를 도맡아서 고생한다.

뿐만아니라 교육청 감사에 대비하여 각종 행정 준비로 날 밤을 세기 일쑤다.

예컨대 각종 경진대회(영어,수학,과학,로봇 등)에 출전하여 입상하기 위해 사활을 건다. 이렇게 모인 것들이 점수로 계량화되어 그것이 곧 교감 승진에 반영된다고 한다.

그렇지만 정작 요즘 사회적 문제가 되고 있는 …

학교생활 부적응학생들을 계도하는 선생님들에 대한 배려는 한치도 없다.

결손가정 자녀들을 위하여 애쓰는 선생님들에 대한 배려도 마찬가지다.

각종 사고를 미연에 방지하기 위해 애쓰는 선생님들에 대한 배려 역시도 그냥 파묻히고 만다. 이 모든 노력들은 결국 대부분의 담임 선생님들의 몫으로 남게 마련이고, 담임 선생님들은 본인의 전공 수업도 하시랴, 부적응학생들 생활지도도 하시랴, 화장실 다녀올 시간 조차도 나질 않는다.

여기서 주목할 점은 담임선생님들의 노고에 대한 보상은 전무하다는 것이다.

다시 말해서 담임선생님들께서 부적응 학생들에게 아무리 헌신적으로 선도하고 계도하여본들 티도 안 나고 아무도 알아주지 않는다는 것이다.

그냥 약간 열심히 하는 선생님…

각종 시범학교로 지정되면 그 학교 선생님들께서는 매월 일정한 가산점을 부여받고 있다.

정작 가출한 아이를 찾아내어 다시 가정으로 귀가시키고…

헌신적인 계도를 통하여 교실로 불러들이는 선생님에게는 그 어떤 보상도 없는 현실이다.

늦은 밤까지도 학생을 찾아 어두운 뒷 골목을 해매는 선생님들께 우리는 무엇을 부여하였는가?

그분들이 진정한 교육자다! 제자들이 소년원에 가지 않는 것은 순전히 그 분들의 공이 절대적이라 할 수 있다.

교육계는 각종 목표를 향해 실적을 올리는 동안 우리가 소홀히 한 것이 없는지 지금이라도 살펴보자!

목표 지상주의와 승진에 목숨걸고 살아오지는 않았는지? 지금이라도 반성해 보자!

모 인문계 여고에서는 고3 담임을 임용고시 갓 합격한 23세되신 여선생님을 배치하였다. 뿐만아니라 상당히 많은 학교 현장에서는 학교폭력이나 생활교육 담당을 정교사가 아닌 기간제 교사로 대체되고 있다. 심지어 ㅇㅇ중학교에서는 골치아픈 학생부장을 서로 안 맡으려고 미루다 보니까, 올해 임용고시 합격해서 새로 부임하신 초임선생님에게 학생부장을 맡겨버리기도 하였다. 또 다른 중학교에서는 정교사들이 서로 손사레를 치다 보니까 학생부장을 기간제 선생님에게 겨우 맡기는 사례가 나오고 있다.

노련하고 경륜이 풍부하신 선생님들께서는 모두 어디로 가셨는지? 교육이 이래서는 안된다.

우리 모두 다같이 평소 골치 아픈 담임과 학생부 같은 골치 아픈업무는 안하고 교감/교장에게 어필할 수 있는 행정 보직만 찾아다니지는 않았는지? 반성해 보자!

물론 반성 안해도 법적으로는 문제가 없다.

어차피 학교를 그만둔 아이들이 교사들을 상대로 손해배상청구 소송을 하지는 않을테니 말이다.

어떤 선생님들은 교감/교장이 시키지도 않았는데도 PC방과 코인노래방을 찾아 나서서 가출을 막아보고 탈선을 막으려고 혼신의 힘을 다하신다. 그런데 정작 작금의 현실은 학생들을 위해서 진정으로 애 쓰시는 참된 선생님들에게는 교감/교장될 기회가 거의 없다고 한다.

지금의 현실은 담임 경력만 있고 행정부장 경력 없으면 교감/교장을 하기가 불가능에 가깝다. 지금 현행 제도로는 될 수가 없다!

담임은 별로 빛이 나지 않는 온갖 허접한 일들이기 때문이다.

교감/교장에게 잘 보일수도 없으니 점수를 잘 받을수가 없는 것이다. 필자는 전교조에 가입하지는 않았다. 그렇지만 전교조 선생님들께서 우리 교육의 왜곡된 교육 현실을 바로 잡으려고 애쓴 부분은 충분히 존중해드리고 싶다.

그분들이라도 계셨으니 일선 교감과 교장들이 약간이라도 긴장했을 것으로 본다.

학급당 상위권 2~3명 정도를 위해서 나머지 아이들에게 소홀하지는 않았는지를 통렬하게 반성해보자!

　상위권 2~3명 때문에 학교를 떠나가는 학생들에게 소홀하지는 않았는지 반추해보자!

　이제 더 이상 학교를 떠나서 어두운 거리를 헤메는 학생들이 나와서는 안된다.

　어떻게 할까? 해법은 무엇일까?

　교감 승진이나 장학사 승진에 온 정신을 쏟고 있는 교사들에게 해법을 기대할 수는 없다.

　해법의 키는 담임 선생님들이다.

　담임 선생님들이 의욕적으로 움직일 수 있는 분위기를 정착시켜야 된다.

　학생들을 위해서 진정으로 땀 흘리시는 담임 선생님들을 존중하는 분위기가 필요하다.

　그분들이 상장도 받고…

　교감, 교장에게 점수 못 따더라도 승진 할 수 있는 사회적 풍토가 개선되어야 한다. 교장에게 잘 보여서 도서 지방에 3년 이상 안 가더라도 교장할 수 있는 풍토를 만들자!

　밤길 헤매는 아이들에게 구조의 손길을 열심히 뻗는 선생님들이 존중 받고 대우를 받는 세상이 꼭 와야만 된다.

　교사들도 사람이다.

　여기저기서 힘든 상황이 펼쳐진다.

　그럼에도 불구하고 교육자적인 소명의식을 발휘할 수 있도록 제도적 장치를 마련해야 된다.

　여전히 낡은 관습과 관행에 사로 잡혀서 윗사람에게 잘 보이면 출세하는 세상은 타파되어야 한다.

　지금 이 시간에도 아이들은 학교를 떠나가고 있다.

　그 아이들에게 온정의 손길이 필요하다!

　교감/교장의 손길 보다 담임 선생님의 손길이 절실하다!

　이제 답은 나왔다.

　경시대회 점수 산정하지 말자!

도서벽지 점수 산정하지 말자!
교감/교장 근무평정에 줄서는 풍토를 없애자!

학생과 학부모들에게 양질의 서비스를 성실하게 수행하는 담임 선생님들을 우대하는 정책을 세우자!

이제 교육도 서비스업종처럼 학생과 학부모들에게 최상의 서비스를 해야만 된다. 가장 최일선에 계시는 담임 선생님들에게 힘을 보태자! 그래야만 학교가 산다!

그래야만 28만명의 학교밖 학생들을 줄일 수가 있다.

이제 출세와 승진에 목숨을 걸다시피 하는 세태를 타파하자.

교감, 교장이 누리는 영광(?) 부러워하지도 말자.

교육 본연의 길로 걷다 보면 자연스레 따라오는 분위기가 조성될 것이다. 교감/교장 못하면 밥을 굶는가?

학생과 국민을 생각하는 조직으로 거듭나자.

다산 정약용 선생께서는 평생을 모함에 시달리고 유배를 당하셨지만, 백성과 학문에 몰두하셨다.

선생은 먼저 관리의 가마를 메고 산으로 올라가는 영하호(嶺下戶) 주민들의 고통을 생생하게 묘사한 후, 그 유명한 시 한편을 쓰셨다.

> 人知坐輿樂(인지좌여락) // 사람들 가마 타는 즐거움은 알아도
> 不識肩輿苦(불식견여고) // 가마 메는 괴로움은 모르고 있네.

가마 타는 즐거움은 알아도 가마 메는 괴로움은 모르는 관리들의 도덕적 무감각을 강하게 질타하신다.

다산 선생은 자신의 처지도 궁핍하기 짝이 없었지만, 흉년으로 인한 어려움에 관리들의 가마꾼으로 동원되는 일반 평민들의 고단한 삶을 한시 한편으로 풍자하였다.

지금 이 시간에도...
넓고 쾌적한 교장실에서 잡담하시는 교장선생님은 안계신지?

4시 30분 퇴근시간만 기다리는 선생님은 안계신지?
방학 때 해외여행 어디갈까?
이번 주말 외식은 어디갈까?
교장에게 점수 따서 내년에는 출세해야지...
이 모든 낡은 생각들 벗어버리고, 초심으로 돌아가야 한다. 그래야 교육도 살고, 학교도 살기 때문이다.
정약용 선생께서는 간신배들의 모함에 18년을 모진 유배생활 하셨지만, 자신을 귀양 보낸 왕을 증오하시지 않았다. 다산 선생께서 강진에서의 유배생활을 마치시고 두멀머리 마재 고향집으로 오셔서 18년 동안 넉넉하시지 않은 노후를 살다 가셨다. 다산 선생은 그 엄청난 저술 활동과 공을 세웠음에도 연금도 못 받고 세상을 떠나셨다.
그런데 지금의 대한민국은 얼마나 행복한 나라인가?
위대한 실학자 정약용 선생께서도 못 받은 연금을 대한민국에서 평교사로 정년 퇴직해도 300만원 이상의 연금을 받는 나라에 살고 있다. 더불어 학교 현장에서 평생을 고생하시면서 평교사로 늙어가시는 선생님들에게도 기회를 드리자!
평교사가 장학사와 교감을 거치지 않아도 교장을 할 수 있는 나라를 만들어 보자!
이제 우리나라도 평교사와 담임 교사를 인정해주는 사회로 가야만 한다!
관리자들한테 잘 보이면서 그까짓 근무 평점 잘 받아서 출세하는 사회로는 미래가 없다.
점수 몇점 더 받아서 출세하는 사회로는 학교를 떠나는 28만명을 구출할 수가 없기 때문이다.

새로 출발하자!
대한민국의 모든 평교사와 담임 선생님들을 존경하고 존중하는 사회를 만들자!
낡은 관습을 깬 제도적 개선으로, 일선 평교사들에게 상장을 드리자.

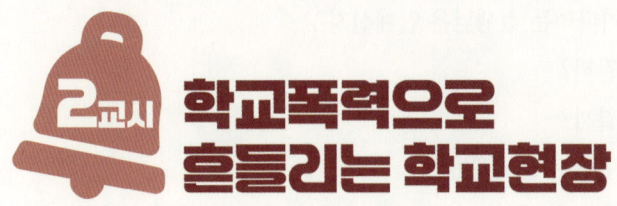

학교폭력으로 흔들리는 학교현장

학교폭력은 단순히 개인 간의 갈등을 넘어 학교 전체를 혼란에 빠뜨리고 학습 및 교육 환경을 무너뜨리는 심각한 사회적 문제이다. 학교폭력은 피해 학생의 신체적·정신적 건강에 심각한 영향을 미칠 뿐만 아니라 가해 학생·교사·학부모·나아가 학교 공동체 전체를 불안정하게 만든다. 이를 해결하기 위해서는 예방부터 사후 회복까지 포괄적인 대책이 필요하다.

학교폭력으로 인해 흔들리는 학교현장의 문제

학생 간 신뢰 상실
- 폭력 사건이 빈번하게 발생하거나 해결되지 않을 경우, 학생들 간의 신뢰가 붕괴되고 불안감이 확산.
- 피해자는 위축되고, 가해자는 추가적인 폭력을 일삼는 악순환 반복.

교사의 업무 과중과 심리적 피로
- 폭력 사건 처리로 인해 교사가 본연의 수업 및 지도 업무를 제대로 수행하지 못하는 상황이 발생.
- 학부모와의 갈등·행정적 업무 부담, 그리고 심리적 스트레스로 인해 교사들의 직무 만족도가 저하.

학부모와 학교 간의 갈등
- 피해 학생과 가해 학생 학부모 간의 갈등으로 학교에 대한 불신.

- 학교의 중립성과 공정성에 의문을 제기하며, 학교의 대처 방식에 강한 불만 표출.

학교 공동체의 붕괴
- 폭력 사건이 빈번히 발생하면, 학교는 안전한 배움의 터전으로서의 역할 상실.
- 사건 해결 과정이 지연되거나 미흡할 경우, 학교의 명성과 신뢰도가 심각하게 훼손됨.

학교폭력 문제 해결을 위한 구체적인 대책

예방 중심의 접근
체계적인 인성교육과 폭력 예방 교육 강화
- 모든 학년에 걸쳐 폭력 예방과 공감 능력을 기르는 프로그램을 필수적으로 운영.
- 또래 간 갈등 해결 기술 및 비폭력 대화법 교육 필요.

학교문화 개선 프로그램 도입
- 학생들이 서로 협력하고 존중할 수 있는 환경을 조성하기 위해 "존중과 배려의 날"과 같은 활동 정례화.
- 학생 참여형 문화 개선 프로젝트(학생 자치활동, 캠페인)를 활성화.

사이버폭력 예방과 관리
- 디지털 리터러시 교육을 통해 사이버폭력의 위험성과 대처 방안을 학생들에게 교육.
- 사이버폭력 감시 및 신고 시스템을 도입.

위기학생 조기 발견 체계
- 담임교사와 전문 상담사가 협력해 폭력 가해 가능성이 높은 학생들을 조기에 발견하고 지원.
- 심리 상담 및 행동 교정 프로그램 운영.

회복 중심의 접근
복원적 정의 프로그램 도입
- 가해자와 피해자, 그리고 공동체 구성원이 함께 참여해 상처를 치유하고 관계를 회복할 수 있는 복원적 정의 프로그램을 운영.
- 피해자가 안전하게 목소리를 낼 수 있는 환경을 조성하고, 가해자가 자신의 행동에 대한 책임을 인식하도록 도와줌.

정서적 치유 지원
- 피해 학생과 가해 학생 모두를 위한 전문 심리 상담 서비스를 제공.
- 폭력 사건으로 인해 심리적 스트레스를 받는 교사와 학부모를 위한 지원 체계를 마련.

학교 분위기 재건
- 학교폭력 사건 이후, 공동체의 신뢰와 안전감을 회복하기 위한 특별 활동(워크숍·캠페인·예술 치료 프로그램)을 운영.
- 공동체 구성원 모두가 참여하는 학교 문화 재건 프로젝트를 진행.

학교폭력 문제 해결의 기대 효과
- 학생들은 안전한 환경에서 학습과 자아성장에 집중할 수 있음.
- 교사의 업무 부담과 스트레스가 줄어들어 교육의 질이 향상됨.
- 학부모와 학교 간 신뢰가 회복되고, 공동체의 협력이 강화됨.
- 학교는 폭력이 아닌 배움과 협력의 장으로 기능을 회복할 수 있음.

결론

학교폭력은 단순히 피해자와 가해자만의 문제가 아니라, 학교 전체를 무너뜨릴 수 있는 심각한 문제이다. 이를 해결하기 위해 예방적 접근과 체계적인 대응, 공동체 회복이 반드시 병행되어야 한다. 학생과 교사, 학부모, 교육청, 지역사회가 함께 협력하여 안전하고 건강한 학교 문화를 만들어야 한다. 그래야만 학교는 다시금 신뢰받는 배움의 공간으로 거듭날 수 있을 것이다.

학교폭력사건 발생시 학교는 어떻게 대응할까?

2010년 이후 학교 현장은 이른바 학교폭력 때문에 모두가 힘든 시간을 보내고 있다. 학부모들은 아이들끼리 사소한 다툼에도 조금도 물러서지 않고 화해가 아닌 법으로 끝장을 보려고 달려들고 있다.

학교는 가해학생과 피해학생 사이에서 감정 쓰레기통이 된지 오래다. 평소에는 학부모들이 학교 선생님들에게 최소한의 예의를 갖추고 절제된 언어를 사용하다가도 막상 학폭 사건만 발생이 되면 돌변하기 일쑤다. 학교선생님들에게 할말 못할말 마구 쏟아내는 난장판이 돼 버렸다.

자아아~ 그렇다면 이 대목에서 학교 교사들은 언제까지나 학부모들의 절제되지 않은 막말을 들어줘야될까? 다른 뾰족한 방법이 없을까? 결론은 뾰족한 방법이 있다는 것이다! 앞으로 학교 현장에서 학교폭력이 발생이 된다면 다음과 같은 대처 방식으로 대응하길 바란다.

학폭 발생시 담임교사의 역할

학급 담임은 말 그대로 학급 담임 역할만 충실히 하면된다. 교사로서의 주어진 교과수업과 학급 학생들의 전반적 학교생활을 케어해주는 역할이다.

- **초기대응** : 학급 담임교사는 자신의 학급에서 학폭사안 발생이 되면 우선적으로 학생부 학폭 담당에게 사안을 공유하고 관련학생 학부모들에게 유무선 등의 방법으로 통보해주면 된다.

  그 이후부터는 학급 담임의 영역이 아니라 학생부와 교육청에서 파견된 학폭전담조사관의 몫이다.

  비록 학교폭력 사안이 자신이 담임을 맡고 있는 학급구성원들 사이에서 발생하였더라도 굳이 깊숙하게 개입할 필요가 없다는 것이다. 그런데 최근에 학교 현장에서 벌어진 학교 폭력 사안에 대해서 학급 담임교사들이 엄청난 곤욕을 치르고 있는게 현실이다.

  이 시간 이후부터는 절대로 그럴 필요가 없다는 것이다. 담임교사는 담임으로서 최소한의 정보만 학부모에게 통보해 드리고 학폭처리시스템에서 빠져야 마땅하다.

대부분의 학급 담임교사는 그동안 해오던 루틴이 있기 때문에 학부모들에게 조금이나 걱정을 덜어드리자는 선의의 마음으로 이런저런 위로를 해 드리고 있는데 앞으로는 그럴 필요가 없다는 것이다.

· **사무적 대응** : 학폭 사안으로 학부모와 업무적으로 통화를 하다가 학부모의 까칠한 주장이 시작되는 순간부터는 '아이들간의 쟁점사항은' 담임의 영역이 아니라서 더 이상의 통화는 불가하다고 곧바로 통화를 종료하길 바란다. 다시 말하자면 학급 담임교사는 학폭 전문가도 아니고 담당자도 아니다. 학급 담임은 학폭사안에 대해서 단순한 전달자 역할만 하는게 원칙이다. 교내에서 친구들과 다툼이 발생된 상황에 대해서만 고지하고 자세한 내용은 추후 학생부에서 안내 및 진행할 예정이라고 건조하게 안내하면 된다. 그런데 실제 현장에서는 단순한 통화만 하는게 아니라 학부모들은 담임교사에게 흥분한 상태로 '상대학생이 우리 아이를 일방적으로 가격했으니 담임과 학교가 책임을지라' '담임이 학교에서 아이들 학폭도 못 막고 당신이 선생이냐(?)' 등등 고함을 치기 일쑤다' 이런 경우, 위에서 언급한 것처럼 자세한 사항에 대해서는 담임교사가 절대로 개입해서는 안된다. 학부모에게 괜한 빌미를 제공할 뿐만아니라 담임교사의 업무와는 전혀 상관없는 사건속으로 빨려들어가기 때문이다. 학폭은 담임교사의 책임이 아닌 만큼 학부모들의 불필요한 접근 자체를 허용하지 않기를 바란다.

학폭 발생시 학생부의 역할

앞서 학급 담임의 역할에 대해서 언급했듯이 학생부 학폭담당도 전체적으로는 크게 다르지 않다. 2020년 3월부터 학교폭력 사건은 관할 교육청으로 넘어갔기 때문에 학생부 학폭담당 교사는 학폭사안이 원활하게 진행될 수 있도록 기본적인 진술조서(학폭전담조사관)와 행정적으로 준비사항을 서포트 해주는 역할만 하면된다.
　상황이 이런데도 실제 학교 현실은 학폭담당 교사가 관련 학부모들에게 엄청난 항의와 악성 민원에 절규하고 있다. 이 또한 앞으로 그럴 필요가 없다는 것이다. 학폭 담당교사는 기본적인 진술조서를 작성할 수 있도록 가해학생과 피해학생을 학폭전담조사관과 연결시켜주는 단순한 역할만 해주면 된다.

- **기본적 업무만 충실** : 가해학생에게 '왜 피해학생 주장과 다르냐고 다그칠 필요도 없다' 가해학생이 진술하는대로 관할 교육청 학폭심의대책위원회에 이첩시키면 끝이다. 왜냐하면 학교 현장의 학폭 담당교사는 경찰관도 아니고 검찰수사관도 아니기 때문이다. 학폭 담당교사 역시도 담임교사와 마찬가지로 학폭관련 학부모들과의 통화를 극도로 자제하길 바란다.
부득이하게 통화할 일이 있더라도 용건만 간단하게 전달하고 학폭 사안에 대해서 분석하거나 향후 예상되는 전개과정 등을 논할 필요가 없다.

- **감정적 대응 자제** : 학폭 사안으로 학부모들과 통화를 하다가 일부 학부모들의 고성이나 반말 등의 교권침해 상황이 발생된다면, 학부모들과 감정적으로 대응하는 것은 옳지 않다.
학폭 사안으로 학부모들과 강대강으로 맞부딪쳤을 때 데미지는 교사가 입게된다. 따라서 담임 교사들과 마찬가지로 비상식적 상황이 시작됨과 동시에 통화를 중단하고 학폭담당 교사의 사무적 행동만 Ctrl+C, Ctrl+V하길 바란다.
복싱 선수들이 경기를 할 때 상대방 선수와 접근전을 펼치게 되면 아무리 순발력이 뛰어난 선수라도 상대방의 펀치를 아예 한 대도 안 맞을수가 없는 것처럼 마찬가지로 학폭 사안이 발생되면 학급 담임은 학부모들과의 직접적인 통화를 극도로 자제하고 학폭사안에 필요한 최소한의 안내만 제한적으로 하는게 상책이다.
　　　　　학폭처리와 관련해서 궁금한 사항은 필자에게 이메일로 문의하길 바랍니다.
　　　　　　　　　(kcwinha@naver.com)

- **화해 및 중재**

 학교에서 발생된 학폭은 결론적으로 서로 화해하는게 최선이다. 그런데 화해 및 중재를 학교측에서 인위적으로 유도할 필요는 없다.

 가해학생측 학부모가 심심한 사과와 화해를 적극 요청할 경우에 학교는 매우 사려깊게 처신해야 된다. 자칫 헛발질 하게되면 오히려 학교가 역풍을 맞을수 있기 때문이다.

 따라서 가해학생측 학부모가 화해 중재를 요청할 경우에는 피해학생측과 만날 수 있도록 최소한의 정보만 제공하고 학교는 뒷전으로 빠지는게 상책이다.

 간혹 양측 학부모가 회동하는 자리에 학교측이 개입하는 경우가 있는데 절대로 그래서는 안된다. 합의가 되든 안되든, 합의금을 주든 안주든? 학교가 개입할 이유가 없다. 어떤 학부모는 교육청 심의위원회 상정하는 것을 무기로 밀당과 거래를 시도하는 학부모들도 적지 않은데 학교측 누구도 거기에 응할 필요가 없다.

 일정시간 기다려도 양측이 화해할 기미가 안보이면 학교는 정해진 매뉴얼대로 조사를 해서 관할 교육청에 사안 보고하고 이첩하면 된다.

 감정적으로 시달릴 필요도 없고 시달릴 일도 없다. 만일 학폭과 관련하여 상식 밖의 비난과 욕설을 멈추지 않는 학부모들은 관련 증거를 준비해서 교권침해 사안으로 무덤덤하게 대응하면 된다.

학교폭력법 이대로 좋은가?

학교폭력과 폭행죄의 차이점	
학교폭력	**폭행죄**
학생을 대상으로 상해,폭행,감금 등 신체, 정신, 재산상의 피해를 수반	사람의 신체에 폭행
학교장 자체종결 가능	반의사불벌죄(反意思不罰罪)
1호~9호까지 징계대상으로 개됨 1호: 서면사과/2호: 접촉, 협박 후 보복행위의 금지 3호: 학교내사회 봉사/4호: 사회봉사 5호: 특별교육이수 또는 심리치료상담 / 6호출석정지 7호: 학교교체/8호: 전학이동 / 학력가정내교육으로의 학급 개념	2년이하 징역/500만원 벌금
진단서/피해복구/지속성/보복성 유무로 학폭심의위원회 회부	고의성 있을때 성립

　최근 경미한 학교폭력 사안에서도 학부모가 민·형사 소송을 제기하는 사례가 증가하면서, 교사와 학교가 심각한 부담을 느끼고 있다. 이는 학교폭력 문제를 합리적으로 해결하기보다 법적 갈등으로 확대시키는 경향을 조장하며, 학교 공동체의 신뢰와 협력에 부정적인 영향을 미치고 있다.

　이른바 학폭법은 전세계 어느 나라에서도 찾아볼 수 없는 독특한 법률이다. 학교현장에서 벌어진 다툼을 국회에서 법률로 입법시킨 것도 넌센스이고 어불성설이다.

　그렇다면 8·15 해방 이후에 본격적으로 신식 교육이 시작된 이후에 기존에는 학생들 간의 다툼을 어떻게 처리하였을까?

　초중등교육법 시행령 제31조에 근거하여 '학교의 장은 교육상 필요하다고 인정할 때에는 학생에 대하여 사안에 따른 해당하는 징계를 할 수 있다.'고 명시되어 있다.

　그런데도 굳이 학폭법이라는 것을 만들어서 2중 3중의 행정력 낭비를 하고 있다. 위에서 대비한 것처럼 우리 사회 성인들은 폭행죄로 고소되더라도 가피해자 상호 합의가 되면 반의사불벌죄가 적용되어 사건은 자동으로 종결되는데 반해 학폭법은 일단은 사안이 접수되면 학교전담기구가 가동되는 게 현실이다.

학교폭력과 폭행죄의 차이점	
학폭신고와 경찰서 신고 2개 동시에 처벌 가능한가요?	가능함
학폭사건에서 4가지 저촉 받지만 피가해자 합의 후 사건종결 가능 한가요?	불가함 (향후 개선요망)
폭행죄로 신고된 경우 피가해자 합의 후 사건종결 가능 한가요?	가능함 (반의사불벌죄 적용)
학폭사건을 학폭신고 배제하고 경찰서에만 신고 및 처벌 가능한가요?	가능함

위 표를 살펴보면 일반 성인들은 사소한 다툼으로 싸우더라도 금방 화해 할 수가 있는데 반해, 학폭법은 쌍방 간에 합의를 해도 사건이 종결되지 않는다.

그렇다면 학교폭력으로 몰고 가면 가해학생을 엄청나게 혼내주는 대단한 법률인가? 결론은 전혀 그렇지 않다는 것이다. 그동안 사용했던 초중등교육법 시행령 제31조 만으로도 얼마든지 교내봉사·사회봉사·퇴학까지도 가능했기 때문이다.

학폭법이 탄생할 이유가 하나도 없었는데도, 2004년도 1월 29일 이땅에 학폭법이 나타난 것이다. 그로 인해 담임교사·학폭전담교사·학생부장·상담교사·교감·교장 등 상당한 인력들이 학폭 사건에 감정과 행정력을 소비시키고 있다.

이제 학폭법을 금명간에 해체시키고 과거처럼 학교에 맡겨주길 바란다.

학부모들 또한 학생들 간의 다툼에 목숨 걸고 이판사판으로 대립하는 지금의 상황은 지양하길 바란다. 사소한 사안으로 고소고발 진정서를 남발하는 작금의 행태는 그 누구에게도 도움이 될 수 없다. 모두가 패자가 되기 때문이다. 물론 학생들 간의 우발적인 다툼을 말하는 것이다. 상식을 넘어선 파렴치한 괴롭힘이나 폭행 행위는 형법에서 얼마든지 다룰 수가 있다.

〈학교에서 아이들끼리 놀다가 발생된 사소한 다툼 마저도 학교폭력으로 신고해서 첨예한 대립 관계로 이어지고 있다. 교육청 학폭심의위원회 결과에 불복한 학부모들은 다툼의 당사자들인 자녀들은 배제시키고 본격적으로 어른들 싸움으로 확전되기 일쑤다.

어린시절부터 상대방과 서로 다름을 인정하고 존중하는 문화를 가르치지는 못할 망정 어떻게든 상대방을 제압시키려는 욕구가 발동되었을 때 누구도 승자가 될 수 없다.

학교에서 아이들끼리 놀다가 발생된 사안은 아이들끼리 놀다가 풀 수 있도록 학교에 맡겨주길 기대한다.〉

개정이 시급한 학폭법 (약칭: 학교폭력예방법)

초중고 학생들 사소한 다툼에 2024년부터 교사 및 경찰관 출신으로, 학교 폭력 전담조사관이 투입되고 있다.

전국적으로 얼마나 많은 인력이 투입되고 있을까?

인천시교육청에서 선발된 인력만 보더라도 거의 100명에 가깝다.

구분	남부교육 지원청	북부교육 지원청	동부교육 지원청	서부교육 지원청	강화교육 지원청	계
인원수	17	17	27	27	4	92

학교폭력 전담조사관 제도에 대해서는 호불호가 엇갈리고 있기는 하지만, 학생들 간의 다툼을 외부 인력까지 투입시켜서 교육청까지 끌고 갈 일인지에 대해서는 의문이다.

　서울시교육청 자료에 따르면 2023년 1월부터 2024년 10월까지 학폭심의위원회 결과가 나온 사례 중 '조치 없음'이 2,628건이나 되었다. 중징계에 해당하는 출석 정지와 학급 교체·전학·퇴학 조치를 다 합한 것보다 5배 더 많았다.

조치없음	출석정지	학급교체	전학	퇴학	합계
2,628	345	77	77	2	3,129

　위의 결과에서 보듯이 조치 없음으로 결론 난 사안이 5배가 넘는데, 거기에 투입된 사람들과 행정력이 엄청나다는 것이다. 이는 아이들의 시시콜콜한 다툼까지도 학폭으로 접수시켜서 끝까지 해보자는 것이다. 아이들끼리 화해는 사라지고 갈 데까지 가자는 저급한 문화가 정착되어가는 현실이 안타까울 뿐이다.

　애들 싸움에 어른들까지 가세해서 이전투구(泥田鬪狗)가 따로 없다.

　이 세상에 학폭법이 생겨났기 때문에 예견된 일이었다.

　학폭법이 생기기 전에는 학교 내 생활교육위원회에서 결정된 결론에 대해서 누구도 이의를 제기하지 않고 순응하였는데, 학폭법이 법제화된 이후부터는 학생·학부모가 죽기 살기로 항의하고 불응하는 상황이 이어지고 있다. 이는 학교의 큰 역할 중 하나인 선도의 기능까지 마비시킨 꼴이 된 것이다.

생활교육위원회	학교폭력 대책위원회	가정법원(소년법정)
·초중등교육법 및 시행령	·학교폭력예방 및 대책에 관한 법률 및 시행령	·소년법
·학교생활규정 사안	·학교폭력 사안	·소년보호사건과 소년에 대한 형사사건의 특칙을 규정한 법률이다.
·〈재량〉 규정으로 정함	·법령에 근거하여 구성 교감,전문상담교사,보건교사 및 책임교사,학부모등으로 구성학부모가 반드시 구성원의 1/3 이상	·소년보호사건은 가정법원 소년부 또는 지방법원 소년부에서 진행함.

· 1호~5호까지 징계 (1개만 조치) 1호 : 학교내의 봉사 2호 : 사회봉사 3호 : 특별교육이수 4호 : 1회 10일 이내 → 출석정지 5호 : 퇴학처분 (연간 30일 이내의 출석정지 가능) (의무교육과정 학생 제외) ※ "전학" 조치는할 수 없음	· 1호~9호까지 조치 (병과조치가능) 1호 : 서면사과 2호 : 접촉,협박및 보복행위 의금지 3호 : 학교에서의 봉사 4호 : 사회봉사 5호 : 특별교육이수 또는 심리치료 6호 : 출석정지 7호 : 학급교체 8호 : 전학 9호 : 퇴학처분 (의무교육과정 학생 제외)	· 1호~10호 까지 조치 – 제1호 : 보호자에게 감호 위탁(6개월/ 10세 이상) – 제2호 : 수강명령(100시간 이내/ 12세 이상) – 제3호 : 사회봉사명령(200시간이내/ 14세 이상) – 제4호 : 단기보호관찰 (1년/ 10세 이상) – 제5호 : 장기보호관찰 (2년/ 10세 이상) – 제6호 : 소년보호시설에 감호 위탁(6개월/ 10세 이상) : 출석인정 – 제7호 : 소년의료보호시설에 위탁(6개월/ 10세 이상) : 출석인정 – 제8호 : 초단기소년원 송치(1개월 이내/ 10세 이상) : 출석인정
· 출석정지 : 기간, 횟수 제한됨 1회 10일 이내, 연간 30일 이내	· 출석정지 : 기간 제한 없음 ※ 단, 명확한 기간 명시 ~부터 ~까지(0일간)	– 제9호 : 단기소년원송치 (6개월 이내/ 10세 이상) : 출석인정
		– 제10호 : 장기소년원송치 (2년 이내/ 12세 이상) : 출석인정

위 표에서 보듯이 기존에 학교생활교육위원회 조치와 학교폭력 대책위원회 조치가 거의 대동소이함을 알 수 있다.

한 마디로 요약하자면 교육(초중등교육법에 의한 생활교육위원회)으로 풀어내던 다툼을 괜시리 법제화(학폭법) 시킨 결과는 학교 현장을 첨예한 법정 다툼의 현장으로 바꾸어 버렸다. 다루는 사안은 비슷한데,

'학교폭력대책위원회'라는 무서운 명칭을 만들어서 학부모들에게는 첨예한 긴장감을, 교사들에게는 행정력 낭비를 유발시키고 있다. 이는 관리자의 편리함에

학교폭력법 개선사항		
	학교폭력 사건	폭행죄 사건
투입 인원	담임/책임교사/학생부장/교감/교장/ 학교폭력전담조사관/장학사/주무관 교육청 학폭심의위원 10여명 관여 (사안에 비해 지나치게 많은 인원 투입으로 행정력 낭비)	경찰관 1명이 조사 후 사건종결 가능함.
최종 결과	학폭사건 절반 이상이 증거 불충분, 조치결정 없음, 서면 사과, 사회봉사 이하로 결정됨.	참여한 사건 처벌 불가
개선 사항	향후 4가지 요건에 저촉을 받더라도 당사자 화해 및 합의가 이루어 지면, 학교장 자체종결 시킬 수 있는 시행령 도입이 시급함!	

그 목적을 둔 듯한 인상까지 준다. 어린 학생들을 선도할 생각은 아예 존재하지도 않기 때문이다.

〈학교폭력을 근절시킬 수 있는 비법은 과연 무엇일까? 엄격한 잣대로 학폭법을 더욱 강하게 적용시키면 가능할까? 성장기 아이들은 마음껏 웃고 뛰고 발산하게 되면 모든게 해결이 된다. 웃다가 울다가 토라져서 며칠 동안 말 안하다가도 언제 그랬냐는 듯 얼레리 꼴레리 동심으로 돌아가게 하자!〉

학교폭력으로 대법원까지 가는 세상

학교폭력에 관한 소송이라면 피해학생이 가해자를 고소하면서 열리는 형사소송을 떠올리기 쉽지만 실상은 다르다. 가해학생이 제기하는 소송이 훨씬 많다. 대학 진학 시 학생부 기록이 중요한 학생들은 자신의 편을 들지 않은 선생님들을 상대로 '아동학대' 혐의로 민형사상 고소를 하기에 이른 것이다.

2023년 인천 ㅇㅇ중학교에서 일어난 학폭 사건 역시도 교육청 학폭심의위원회에서 전학 조치 결정이 난 것으로 사건은 종결되었다. 그런데 가해 학생측 보호자 측에서 조사를 담당했던 학생부장을 경찰서에 아동학대로 고소하는 일이 발생하였다. 해당 교사는 최종적으로 무혐의로 벗어나기는 하였지만 우울증 치료를 받으면서 수개월간 병가를 내는 등의 고통을 받아야만 했다.

어설프게 만든 학폭법이 교사·학생·학부모 모두를 힘들게 하고 있다.

최근에 전국에서 1년간 발생되는 초·중·고 학폭위 심의 건수는 5만여 건 이상이라고 한다.

최근 3년 학교폭력 조치사항 행정심판, 행정소송 인용 현황 ('24년 6월 기준)

대상		구분	청구	진행중	취하	각하	기각	인용	인용률	집행정지		
										신청	인용	인용률
21년	가해학생	행정심판	875	0	69	6	642	158	(18.1%)	414	251	(60.6%)
		행정소송	202	12	32	11	116	31	(15.3%)	107	64	(59.8%)
	피해학생	행정심판	420	0	35	9	283	93	(22.1%)	25	5	(20.0%)
		행정소송	53	0	5	4	35	9	(17.0%)	10	9	(90.0%)
22년	가해학생	행정심판	1,005	0	62	14	770	159	(15.8%)	490	275	(56.1%)
		행정소송	333	27	68	12	197	29	(8.7%)	158	70	(44.3%)
	피해학생	행정심판	580	0	47	17	379	137	(23.6%)	52	26	(50.0%)
		행정소송	123	5	23	7	60	28	(22.8%)	26	6	(23.1%)
23년	가해학생	행정심판	1,356	147	81	33	945	150	(11.1%)	627	266	(42.4%)
		행정소송	498	240	47	17	166	28	(5.6%)	264	112	(42.4%)
	피해학생	행정심판	867	101	55	22	567	131	(15.1%)	97	29	(29.9%)
		행정소송	130	60	7	5	49	9	(6.9%)	24	8	(33.3%)

〈출처 : 교육부〉

위 표에서 보듯이 이제 학폭 사건은 교육청 학교폭력심의대책위원회에서 끝나지 않는다. 가해학생 피해학생 양측 모두 죽기살기로 이의 신청을 한다. 지난 몇 년간 통계를 보면 아비규환 그 자체라고 할 수 있다.

피해학생을 보호하고 가해학생을 선도·교육하며 그 둘의 관계 회복을 도모하자고 만든 학폭위는 이겨야 하는 전쟁터가 되어버렸다.

2021년부터 지난해까지 학폭위 처분에 가·피해자가 불복해 제기한 행정심판은 5103건이었다. 2021년 1295건에서 2023년 2223건으로 두 배가량 증가하였다. 행정소송은 1339건으로 집계되었다. 2021년 255건에서 2023년 628건으로 늘었다.

피해학생은 가해학생이 더 강한 처분을 받도록, 가해학생은 더 낮은 처분을 받으려고 변호사를 선임하는 사례가 빈번하다.

문제는 학폭법에서 내리는 처분이 고작 출석정지·사회봉사·학급교체 정도에 불과하다는 것이다.

행정심판은 사건이 발생된 관할교육청에서 담당하지만 행정 소송은 사건이 벌어진 관할 행정법원에서 다루게 되는데, 아이들 간의 사소한 다툼으로 기나긴 소송전을 해야 되는지 우리 사회가 냉정하게 머리를 맞대고 고민해 보아야 할 시기이다.

소송에 이겨도 이기는 것이 아니라는 것을 우리 사회 모두가 인식해야 된다. 교육의 사법화, 학교폭력 처리의 외주화는 한 번뿐인 학창 시절에 어떤 기억을 남길까? 아이들이 사소한 다툼마저도 사법적 판단에 맡기는 경험을 하게 될 경우, 아이들은 어떻게 성장할 것인지? 보호자들은 숙고해 보아야 할 것이다.

최근에 학교폭력 전문 변호사라는 분들이 운영하는 블로그를 목격하고부터 씁쓸한 마음 금할 길이 없다.

교육이 소송으로 신음하지 않도록 고소 방지를 위한 학교폭력 보완 대책이 절실하다.

학교폭력사건 소송 남발 대책

학교폭력으로 인한 소송 남발 문제는 법적 대응이 과도하게 이루어지는 상황에서 발생할 수 있는 문제다. 이로 인해 실제로 학교폭력 피해를 겪고 있는 학생들이 제때에 적절한 보호를 받지 못하거나, 소송을 남발하는 상황에서 발생할 수 있는 부작용이 있다.

학교폭력 사건에 대한 명확한 기준 설정

학교폭력 사건이 소송으로 이어지는 것을 방지하려면, 학교폭력에 대한 정의와 기준을 명확히 설정해야 한다. 현재 학교폭력의 범위가 다소 모호하여, 이에 따라 불필요한 소송이나 사건을 발생시킬 수 있다.

- 구체적 기준 마련: 학교폭력의 정의와 폭력의 범위(언어적 폭력, 신체적 폭력, 사이버폭력 등)에 대한 구체적인 기준을 제시하여, 사건 발생 시 이를 기준으로 해결할 수 있도록 한다.
- 정확한 사건 분류: 모든 갈등이나 다툼을 학교폭력으로 간주하지 않도록, 갈등의 성격을 정확하게 분석하여 폭력적인 성격을 갖춘 사건만을 처리하도록 한다.

학교 내 갈등 해결 시스템 강화

학교 내에서 발생하는 갈등은 반드시 폭력으로 이어지는 것이 아니므로, 갈등을 초기 단계에서 해결할 수 있는 시스템을 마련해야 한다. 이를 통해 소송을 예방할 수 있다.

- 갈등 해결 프로그램 도입: 학생들 간의 갈등을 해결할 수 있도록 중재자나 상담사를 배치하고, 갈등 해결 교육 프로그램을 운영하여 학교 내에서 해결을 유도한다.
- 조기 개입 시스템 강화: 갈등이 심화되기 전에 학교폭력 예방팀 또는 상담사가 신속하게 개입하여, 갈등을 해결할 수 있는 방법을 제시한다.

소송 남발을 방지할 수 있는 법적 제도 개선

소송 남발을 방지하려면 법적인 시스템과 절차를 개선할 필요가 있다. 무분별한 소송이 남발되지 않도록 하기 위해서는 명확한 법적 기준과 심사 절차가 필요하다.

- 소송 전 협의 절차 의무화: 소송을 제기하기 전에 피해자와 가해자, 학교 측이 충분히 협의하고 조정을 거칠 수 있도록 의무화한다. 이를 통해 불필요한 소송을 줄일 수 있다.
- 학교폭력 관련 법원의 심사 기준 강화: 학교폭력 사건을 법원에 넘길 때, 사건의 진지성과 피해의 정도를 신중하게 판단할 수 있는 기준을 강화하여 소송 남발을 방지한다.

학교 내 교육 및 예방 강화

소송 남발을 줄이기 위해서는 학교폭력 예방 교육과 함께, 사건이 발생했을 때의 처리 과정에 대한 교육이 중요하다. 학생·교사·학부모가 사건 처리 과정에 대해 잘 알고 있어야 소송을 미연에 방지할 수 있다.

- 학교폭력 예방 교육: 학교폭력의 정의와 문제를 인식하는 교육을 정기적으로 실시하여, 학생들이 올바른 행동을 할 수 있도록 한다. 또한, 교사들에게는 학교폭력 사건을 공정하게 처리하는 방법에 대한 교육을 제공한다.

- 학부모 교육: 학부모가 학교폭력의 처리 절차에 대해 충분히 이해하고, 불필요한 소송을 남발하지 않도록 교육한다. 학부모가 학교와 협력하여 문제를 해결할 수 있도록 돕는다.

가해자와 피해자 모두를 위한 후속 조치

학교폭력 사건의 가해자와 피해자 모두에게 적절한 후속 조치를 제공하여, 사건이 반복되지 않도록 예방하는 것이 중요하다. 소송을 예방하는 데에 중요한 요소다.

- 가해자에 대한 교화적 접근: 가해자에게는 처벌보다는 교육적 접근을 통해 그들이 폭력적인 행동을 반복하지 않도록 유도한다. 이는 피해자에게도 긍정적인 영향을 미칠 수 있다.
- 피해자에 대한 심리적 지원: 피해자에게는 지속적인 심리적 지원과 상담을 제공하여, 사건을 극복할 수 있도록 돕는다.

학교폭력 사건이 소송으로 이어지는 것을 예방하려면, 사건 발생 전후의 대응 시스템을 체계적으로 개선하고, 피해자와 가해자 모두에게 공정하고 교육적인 접근을 해야 한다. 또한 소송 전 중재와 갈등 해결을 위한 절차를 명확히 하고, 사건 처리의 투명성을 보장하는 것도 중요하다. 이를 통해 학교폭력 문제를 보다 효과적으로 해결하고, 소송 남발을 방지할 수 있다.

〈학교와 학원 수업에 지친 아이들에게 흙을 만지면서 텃밭을 가꾸는 경험은 정서적으로 안정을 가져온다. 특히 인터넷게임 등으로 예민하고 공격적인 아이들에게 평화감수성을 길러주는 방법으로 텃밭가꾸기는 최고의 교육 방법이다. 실내에서 상담도 중요하지만 햇빛에 그을려 가면서 봄부터 농작물을 가꾸고 거름을 주는 체험은 인간의 순수한 마음을 회복시켜 준다.〉

악성 민원에 대한 학교의 초기대책

    악성 민원을 제기하는 학부모는 학교와 교사들에게 큰 부담을 주며, 학생들의 교육 환경에도 부정적인 영향을 미칠 수 있다. 이러한 문제를 효과적으로 해결하기 위해서는 학교 차원의 체계적인 대책과 교사 보호 시스템이 필요하다.

    그런데 학교현장에서 근무하다 보면 학부모들의 요구사항이 적법한 민원인지(?), 교사의 직무 범위를 벗어난 의무감 없는 악성민원인지(?) 애매한 경우가 많다.

    따라서 일선학교 선생님들과 학교에서는 학부모들의 민원을 무조건 수렴할게 아니라 일반 민원인지 악성민원인지 판별 후 악성민원으로 판단되는 경우에는 곧바로 소속교 교감에게 악성민원 대응시스템 가동을 요청해야 된다.

〈악성민원 사례 예시〉

교사의 지도 방식에 대한 민원	- 과학실험이 ㅇㅇ하다. - ㅇㅇ교과는 진도가 ㅇㅇ하다. - 날씨 추운데 체육수업을 왜 운동장에서 하냐?

부당한 요구를 반복적으로 제기하는 민원	- 1학년 때 생활기록부 내용을 수정을 요구함.
	- 1분밖에 안 늦었는데 지각 처리하는게 말이 되냐?
	- 1회고사 ㅇㅇ교과 5번 문항에 대해서 복수 정답 요구함.
	- 학생끼리 다투고 화해했음에도 교사에게 우리 애의 자존감이 무너진 것에 대해 책임져라
	- 담임 맘에 안든다고 담임교체 요구하는 학부모
	  매일 아침마다 모닝콜로 아이를 깨워달라는 학부모
	  선생님에게 자기 아들 하루에 칭찬 한 번씩 꼭 해주세요.

부당한 간섭을 제기하는 민원	- 다른학교는 이번 추석에 7일 연속으로 쉬는데, 왜 우리학교는 4일밖에 안쉬냐? - 다른 아이들보다도 우리 아이가 더 잘했는데, 왜 우리 아이는 상장을 안주냐? - 종례 후 청소하면 학원 차 늦는다고 민원 넣으시는 학부모

막말하는 학부모	- 교사가 전화 안받고 뭐하니? - "내가 감옥에서 나온 지 얼마 안됐는데 이번에 다시들어갈까? 선생님 어디 살아? 협박하는 학부모 가족들 - 우리 애가 도대체 왜 핸드폰을 잃어버린거죠?"라고 항의하는 학부모님 - 학교에서 뭘 가르쳤길래 우리 애가 '집에서' 이런 행동하냐?

아래는 악성 민원을 방지하고 관리하기 위한 구체적인 대책이다.

애매하게 엮이는 학교 선생님들

사례1) 꼬투리 잡고 늘어지는 학부모들

　수도권지역 ㅇㅇ고등학교 2학년 담임교사(여 · 20대)는 올해 초 처음으로 담임을 맡고 의욕적으로 학급을 운영하던 중 난데없이 암초를 만났다. 정규수업을 마친 후 면학실에서 소란 행위를 하던 A학생에게 '너는 공부도 안하면서 왜 여기와서 친구들 공부 방해하냐'고 다그치면서 훈육을 하였는데 이게 문제가 되고 말았다. A학생은 곧바로 집으로 가서 부모님께 일러 바치고 본격적인 전쟁이 시작되었다.

　그 다음날 곧바로 A학생 어머니가 교감에게 전화를 걸어와서 '도대체 이럴수가 있냐' '이거 완전히 공부 못한다고 차별 대우하는거 아니냐' '이거 가만히 있지 않겠다' '사과하지 않으면 경찰서에 정서적학대로 고소하겠다'면서 노발대발 항의가 시작되었다.

　해당학교 교감선생님은 상황이 심상치 않음을 직감하고 '어머님께, 담임선생님의 표현이 다소 과했던 부분에 대해서 담임선생님을 대신해서 사과를 드립니다.'라고 고개를 숙였지만 학부모의 분노는 멈추질 않았다.

　A학생 학부모는 그 다음날부터 멀쩡한 A학생을 아프다는 핑계로 학교에 보내지 않기 시작하였다.

　처음으로 담임을 맡아서 안그래도 낯설기만 한 담임교사는 갑작스런 돌발상황에 담임교사는 멘붕이 오기 시작하였다. 학생을 때린적도 없고 야단친적도 없고 면학실에서 조용히 하라고 훈육을 했을 뿐인데 상황은 점점 꼬여가기 시작하였다. 학부모의 요구는 계속 바뀌기 시작하였다. 첫 번째 요구사항을 들어주면 새로운게 나오고, 그것을 해결하면 또다른 주장을 하면서 점점 복잡한 상황으로 교묘하게 끌어들이기 시작하였다.

한마디로 그냥 평범하게 자식 키우는 사람들이 아니라 가칭 '선수'가 등장한 것이다.

A학생 학부모의 요구사항을 정리해보면 다음과 같다.

- 관할 경찰서에 정서적학대로 고소하겠다고 엄포를 놓음.
- 학교측의 진정성있는 사과를 요구함.
- 담임교사의 사과를 요구함.
- 담임교사가 A학생에게 문자로 사과를 함.
- A학생 학부모가 학급 교체를 요구함.(1반에서 5반으로)
- 학교측에서 학급교체를 수락하니깐 학급교체를 거부하고 '자기들이 피해자인데 왜 자기 아들이 옮겨 가냐(?)'면서 이번에는 '담임교사를 교체해달라'고 요구를 함.

A학생 학부모는 어머니와 아버지가 번갈아 가면서 학교를 혼란으로 빠뜨리기 시작하면서 카오스 상태로 몰고가는데 성공하였다.

학교는 더 이상 해줄게 없는 상태에서 학부모는 계속해서 말 바꾸기를 하고 있다. 바로 이 대목에서 인내심의 한계를 느낀 해당학교 교장선생님께서 필자에게 SOS 요청이 왔다.

진상학부모 대처 방법 :
- 먼저 요즘 세태가 세태인 만큼 담임교사의 표현은 다소 과격한 표현인 것은 맞다. 그렇지만 교육기관에 종사하는 교사가 면학분위기를 보호하기 위해서 그 정도 수위의 표현을 처벌의 대상으로 몰고 가기에는 무리가 있다. 따라서

담임교사가 A학생에게 담백한 사과 문자 정도는 적절했다고 보여지는데, 문제는 그 이후에 학부모가 학교측을 집요하게 물고 늘어지는 상황을 학교측이 어떻게 대처하느냐(?)가 관건인데 어떻게 대처해야 될까(?)

- 결론은 '학교측은 더 이상 대응할 필요가 없다.'는 것이다. 고속도로 운전 중 사소한 접촉사고로 인해 고속도로 전체를 가로 막고 마비시키는 것은 말이 안되는 것처럼, 공교육기관의 소속 교원이 다소 미숙한 멘트로 인해 빌미를 제공한 것은 맞지만 그런 이유로 공교육기관이 학부모에게 일방적으로 끌려 다니는 것은 옳지 않다.
- 사소한 접촉 사고로 사고가 났으면 사고난 특정 부위만 수리해주면 되는데도 자동차 수리 자체를 거부하고 신차(新車)로 교체 요구하면서 떼를 쓰는게 말이 되냐는 것이다.
- 학교는 예정된 학사 일정을 진행하다 보면 별의별 사건이 벌어지게 마련이다. 그때마다 학사일정을 중단하고 일희일비 할 게 아니라 정해진 법률과 원칙에 따라서 묵묵하게 교육활동을 펼쳐나가면 된다.

사례2) 학생들끼리 장난치다가 다친 사안에 대해서 담임선생님을 사건속으로 자꾸 끌어들이는 경우에 어떻게 대처하나요?

1. 2023년 11월 중순 수도권 ㅇㅇ중학교 점심시간에 A학생이 B학생의 오른팔을 비틀면서 바닥에 넘어지는 과정에서 오른쪽 어깨를 다침.
2. 후속조치 : 곧바로 119로 학교 근처 ㅇㅇ병원으로 후송하여 응급치료를 받고 귀가함.
3. 그후에 3~4회 통원치료까지 마치고 완쾌함.
4. 학교안전공제회에 사건 신고 후 피해자에게 치료비 전액 보상 받음.
5. 피해자학부모는 이에 만족하지 않고 가해학부모에게 800만원을 요구하면서 각서를 요구함.(20세 이후 재수술에 필요한 추가수술 비용에 따른 지불각서를 요구함.)
6. 피해학생 학부모는 담임교사에게 주변에 목격했던 학생들과의 면담 및 조사를 요구하는 등 담임교사에게 수시로 연락하면서 괴롭히기 시작 함.

7. 담임교사는 학년부장과 공유하면서 전전긍긍하고 있던 중 필자에게 SOS 요청함.

의무감없는 사건 대처 방법 :
- 상기 사건은 비록 학교내 교실에서 발생된 사안이긴 하지만 손해배상 및 후유장애 보상에 대해서 학급 담임선생님께서 개입하는 것은 적절치 않습니다. 담임선생님께서는 학교안전공제회에 사안 발생 신고 정도만 하시면 되겠습니다.
- 따라서 상기 사건 보상 부분은 담임교사에게 책임 및 의무를 물을 수 없는 사안이므로 학부모 당사자들끼리 학교밖에서 합의 하시도록 안내하시면 되겠습니다.
- 친절하게 안내를 했음에도 불구하고 지속적으로 걸려오는 전화는 답변거부권 행사를 가동하면 됩니다. 학교 담임교사는 교육활동을 수행하는 사람이지, 교실에서 발생된 사고로 인한 민사적 배상 책임이나 중재·조정 역할까지 끌려다니실 필요가 없습니다.(문의:kcwinha@naver.com)

사례3) 특목고 진학을 이유로 특혜를 요구하는 학부모 대처방법

1. 수도권 ㅇㅇ중 3학년 담임샘으로부터 SOS 요청이 왔습니다.
2. 요청 내용: 3학년 담임학급 학생 1명이 3월초부터 결석을 하고 있는데, 자녀의 결석 이유가 '학교가 무섭고 두려운게 원인이라'며 귀책사유를 학교에 전가시키는 상황임.
3. 학부모 1차 민원사항: 자신의 자녀가 특목고를 진학하기 위해서는 미인정결석 흔적이 없어야 하므로 결석 사유를 질병결석으로 출결관련 편의를 요청함.
4. 학교측 대응
- 병원진단서 첨부하면 질병결석으로 처리 가능하다고 안내하였으나 진단서 미제출 함.
- 학교측의 안내에도 불구하고 병원진단서 미제출로 인하여 결석일수가 늘어남에 따라서 학업숙려제를 안내함.
- 학부모가 학업숙려제를 수용함에 따라서 4월 중순부터 학업숙려제를 가동하고 있음.
5. 학부모 2차 민원사항 : 1학기 중간고사 미응시에 따른 불이익이 없도록 학교측의 적절한 조치를 요망함.
6. 학교측 대응 : 병원진단서 첨부하면 질병으로 인한 미응시 처리를 안내하였으나 학부모측이 기한내 진단서를 제출하지 않음.
7. 학부모 3차 민원사항
- 1학기 중간고사를 자신의 아들만 별도로 응시할 수 있도록 기회를 달라고 요청함.
- A학부모는 '학교측 제안으로 학업숙려제를 수용하였으나 오히려 상태가 악화되었다'고 학교를 원망함.
- A학부모는 자신의 민원을 미수용 하게되면? 담임교사, 상담교사, 학교장 등을 교육청과 관할 검찰청에 모조리 고소하겠다고 겁박을 함.

〈악성민원 대처 방안〉

상기 사건은 말도 안되는 전형적인 떼쓰기식 진상학부모의 모습이다.

모든 선수가 육상 경기장 트랙 위에서 경기를 할 수 있도록 사전에 안내를 하였는데도, 경기장에 나타나지도 않은 자신의 자녀를 추후 번외 경기로 혼자만 달릴 수 있도록 생떼를 쓰는 상황이다.

　　말도 안되는 핑계로 자신의 자녀에게 끊임없는 특혜를 요구하며 말을 바꾸고 담임샘과 학교측에 생떼를 쓰고있는 상황이기 때문에 대응할 가치도 없지만, 그대로 방치하면 담임샘과 상담샘께서 지속적으로 맘 고생을 하시기 때문에 다음과 같이 대처하실 것을 간곡히 안내드렸다.

담임교사: - 앞으로 A학부모의 모든 전화 통화는 거부하고, 상담은 사전에 민원 대응팀을 통해서 접수할 경우에만 가능하다고 안내함.
　　　　 - 학부모에게 연락할 사항이 있을시엔 전화통화가 아닌 문자로만 전달하길 권유함.
　　　　 - 학부모가 예고없이 학교를 방문하는 경우에도 상담에 응하지 말고 민원대응팀에 민원상담 예약후 상담 가능하다고 안내함.
　　　　 - 향후 필요시 교원지위법에 따른 피해교사 병가 안내함.

상담교사: - 수신통화는 받아주되 상식에서 벗어나는 멘트가 시작됨과 동시에 민원대응팀 핑계대고 통화를 중단하라고 안내함.
　　　　 - 발신통화는 자제하고 필요시엔 문자로 통보하도록 안내함.

교권보호 담당교사: - 관할 교육지원청에 교권침해 사안접수 권유함.
　　　　　　　　　 - 담임샘 및 상담샘 피해경위서 제출받은 후 관할 교육지원청에 제출하도록 안내함.

전교직원 사안공유: - 겁박 당하시는 담임샘과 상담샘에게 위로 및 공감과 마음의 응원 당부함.
　　　　　　　　　 - 향후 A학부모가 무단으로 학교 출몰시 교육활동 방해로 112신고하도록 안내함.

명확한 민원 처리 시스템 구축

민원 접수 절차 표준화

민원 처리 절차를 체계화하고, 명확한 기준을 정해 학부모들에게 사전 공지한다. 민원의 접수, 처리, 답변, 종료까지의 절차를 투명하게 공개.

민원은 **공식 채널(전자 민원 시스템, 학교 이메일 등)**로만 접수하도록 제한해 비공식적이고 감정적인 대면 접촉을 방지한다.

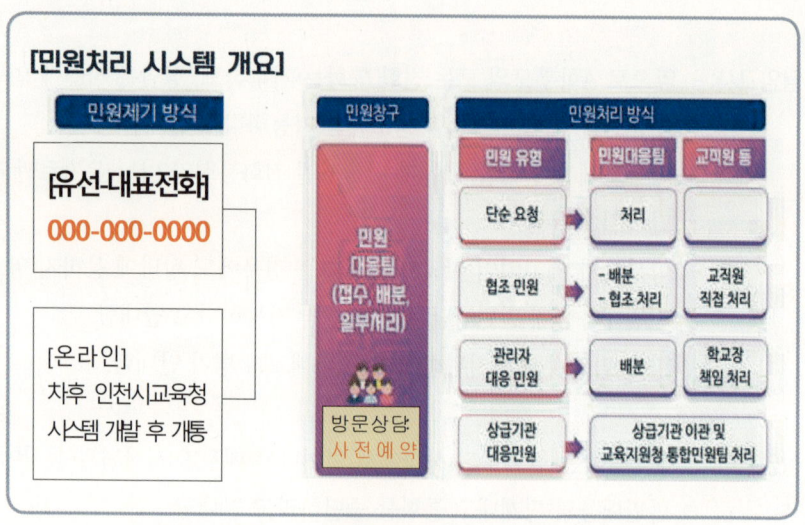

[민원처리 시스템 개요]

민원 접수 창구 통합

민원 전담 창구(행정실, 민원 담당 교사)를 운영하여, 교사가 직접 악성 민원에 노출되지 않도록 한다.

민원은 전문 행정 담당자가 처리하며, 필요시 교육청 또는 외부 전문가의 지원을 요청할 수 있도록 한다.

학부모와의 소통 및 예방 대책

정기적인 소통 강화

정기적인 학부모 간담회를 통해 학부모들의 의견을 수렴하고, 학교 정책과 방향을 투명하게 설명한다. 학부모들이 학교의 역할과 한계를 명확히 이해하도록 안내1 학부모 교육 프로그램을 운영하여 민원의 올바른 처리 방법과 교사와의 건강한 관계를 강조한다.

악성 민원 사례 공유

타 학교 및 교육청에서 발생한 악성 민원의 부정적인 결과를 사례로 들어 경각심을 높인다.

악성 민원이 가져오는 교사·학교·학생 모두에게 미치는 영향을 학부모가 인지하도록 한다.

소통 창구 마련

학부모가 민원을 제기하기 전에 의견을 공유하고 조율할 수 있는 **비공식적 소통 창구(예: 학급 SNS, 학교 앱)**를 운영. 학부모들이 작은 불만을 감정적으로 확대하기 전에 소통할 수 있는 기회를 제공한다.

〈학부모님들께서 학교 행사에 참여하는 것을 귀찮아 하면 안된다. 크고 작은 학교행사에 협조와 도움을 요청하면 학교에 평화가 찾아 온다. 학부모님들은 학교의 새로운 활력을 제공해주는 또 다른 교사이기도 하다. 학부모님들과 함께 모두가 행복한 학교를 만들어 보자〉

악성 민원에 대한 강력한 대응 원칙 수립

악성 민원 정의 및 규정화

악성 민원의 기준(폭언·반복 민원·허위 민원 등)을 명확히 정의하고 이를 학부모들에게 안내한다.

학부모가 악성 민원을 제기했을 경우, 이에 따른 학교 차원의 제재 사항을 사전에 공지한다.

경고 및 조치

반복적이거나 폭력적인 민원에 대해 단계적 경고 시스템을 도입.
1차: 경고 및 상담 권고.
2차: 공식적인 조치(교육청 보고, 학부모 면담).
3차: 심각한 경우 법적 대응(학교장 명의의 경고장 발송, 명예훼손 소송 등).

법적 대응 강화

지속적인 악성 민원은 학교 법률 자문 서비스를 통해 대응하며, 교육청과 협력하여 강경한 법적 조치를 취한다.

학부모의 폭언이나 협박으로 교권이 심각하게 침해된 경우, 민사·형사 소송도 적극 검토.

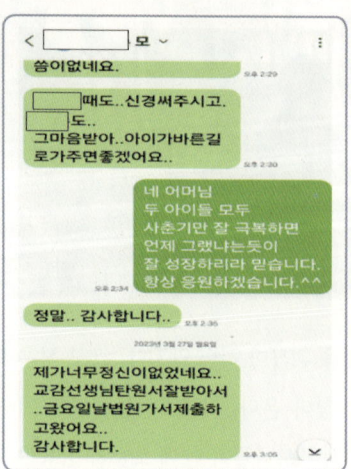 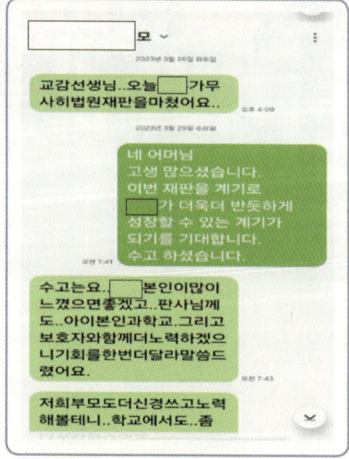

〈평소 학부모와 신뢰 형성은 악성민원 예방에 최고의 비법이다〉

학교 내 조정 및 중재 기구 운영

갈등 중재 위원회 운영
학부모와 학교 간 갈등을 중재할 수 있는 갈등 조정 위원회를 운영한다.
중립적인 제3자(교육청 관계자·상담 전문가 등)가 참여하여 문제를 조정.
학부모와 교사가 감정적으로 충돌하지 않도록 체계적으로 관리.

전문 상담사 배치
악성 민원을 예방하고 조기 해결하기 위해 전문 상담사를 학교에 배치.
학부모의 감정을 해소하고, 문제를 해결하기 위한 대안을 제시하는 역할 수행.

교육청 및 외부 기관과의 협력

교육청의 지원 확대
악성 민원이 발생한 학교에 대한 교육청의 즉각적인 지원을 요청할 수 있는 시스템 마련.
필요시 교육청 차원의 대응팀이 투입되어 문제를 신속히 해결.

지역사회 협력
지역의 법률 전문가·상담센터·경찰 등과 협력하여 악성 민원 문제를 효과적으로 해결한다.

결론
악성 민원 학부모에 대한 학교의 대책은 예방과 관리·교사 보호·강력한 대응의 세 가지 축으로 이루어져야 한다. 학교는 투명하고 체계적인 민원 처리 시스템을 마련하고, 학부모와의 소통을 강화하는 한편, 교사를 보호하기 위한 법적·심리적 지원을 병행해야 한다. 이를 통해 학교는 교사와 학부모 간 신뢰를 회복하고, 교육 환경을 긍정적으로 변화시킬 수 있다.

악성민원으로 무너진 초등학교

〈출처 : 오마이뉴스〉

서울 서초구 서이초등학교에서 2023년 7월 18일 오전 10시 50분경, 이제 갓 23세 된 한 교사가 목숨을 끊은 사건이 발생하였다.

교실에서 발생된 사소한 실랑이를 해결하는 과정에서 몇몇 학부모들과 통화한 기록은 있지만 범죄 혐의점은 없는 것으로 나타났다. 서이초사건처럼 학교라는 곳은 아주 사소한 사안으로 사안이 발생되고 때로는 시시비비를 가리는 상황들이 하루에도 몇 번씩 발생되는 곳이다.

그런데 그런 사건이 일어나도 처음부터 끝까지 조사부터 해결까지 책임지는 사람은 오롯이 담임선생님의 몫이다. 누구하나 거들어 주지 않는 게 대부분의 학교 현실이다.

이제 그런 문화를 더 이상 존속해서는 안 된다. 고질적인 악성민원에 단호하게 대처하고 학교마다 특단의 대책을 강구해야 된다. 그동안 개별 학교에서 쉬쉬하던 사안들이 서이초 사건을 계기로 일파만파 터져 나왔다.

서이초 여교사의 사망으로 교육계는 엄청난 충격을 받았다. 전국에서 구름떼처럼 교사들이 여의도 광장으로 집결하였다. 그 무더운 여름 땡볕에도 구름처럼 모여 들었다.

　교육부도 더 이상방관해서는 안 되겠다고 생각했는지 2023년 9월 1일부로 교원의 '학생생활지도에 관한 고시'를 부랴부랴 발표하였다. 그런데 발표 내용을 살펴보면 그다지 특별한 내용이 없다. 교육부가 발표한 고시 내용을 보고 학교현장에서 기다리던 금쪽이들은 코웃음을 치고 있다.

> **초 · 중등교육법 시행령 제40조의3(학생생활지도)**
> 학교의 장과 교원은 법 제20조의 2에 따라 다음 각 호의 어느 하나에 해당하는 분야와 관련하여 조언 · 상담 · 주의 · 훈육 · 훈계 등의 방법으로 학생을 지도할 수 있다. 이 경우 도구, 신체 등을 이용하여 학생의 신체에 고통을 가하는 방법을 사용해서는 안 된다.

　교육부가 큰 맘 먹고 발표한 고시로 인해 훈육, 훈계의 방법이 명문화 됐지만 여전히 실효성에서 큰 소득이 없다는 문제가 있다. 문제 학생의 경우 여러 번 주의 후 분리 조치하게 되어 있지만, 결국 분리조치를 위한 교실과 인력은 추가되지 않기 때문에 이러한 교실 운영은 현장에서 잘 이루어지지 않는다. 또한, 학생 지도 방법은 반성문도 아닌 성찰문이고 옛날처럼 체벌을 가하거나 벌을 세우는 것은 불가능하다. 학생에게 큰 페널티를 주지 않아 실질적인 제재 수단이 없는 건 변함없다. 보호자에게 인계한다는 것도 보호자나 학생이 무시하면 그만이기 때문이다.

자살 원인 쉬쉬하는 초등학교

〈출처 : 연합뉴스〉

서이초 사건은 애당초 수업시간 중 학생들 간의 연필로 이마를 긁히는 일이 발생되면서 시작되었다. 초등학생 머리에 피가 철철 흘러나오는 상황이 아니었다. 연필로 머리를 가격 당해서 뇌진탕을 일으킨 사건은 더더욱이 아니었다. 그저 단순한 실랑이에 불과한 사안임이 분명하다.

문제는 이런 잡다하고 지엽적인 일들이 너무나도 빈번하게 발생되기 때문에 모든 교사들이 저학년을 기피하는 것으로 알려졌다. 사망한 서이초 선생님께서도 교육대학교를 졸업한 후 이제 2년차밖에 안 된 선생님이다. 어찌보면 전쟁터나 다름없는 곳으로 변변한 방어체계나 지원체계도 없이 맨 몸으로 투입한 것이나 다름없다. 이제 갓 대학교를 졸업하신 신규 선생님께서 '서초동 맘 까페에서 노련하게 무장하신 학부모님들을 감당하시기엔 애시 당초 무리였다'는 것이다.

어쩔 수 없이 신규선생님을 저학년에 투입할 계획을 갖고 있다면, 학교 차원에서 플랜A · 플랜B · 플랜C 등의 순차적 대응 방안을 철저하게 준비해야 된다.

학교라는 곳이 교육청에서 내려오는 공문을 보면 정말로 엄청난 공문이 하루에도 수십 개 이상씩 쏟아지는 곳이다. 그런데 학부모들 민원에 대해서 어떻게 대처하라는 공문은 눈 씻고 찾아볼려고 해도 찾아 볼 수가 없다. 서이초 후배 선생님께서 극단적 선택을 하시고 나서야 겨우 몇 줄 내려온 게 전부다.

학부모들은 사소한 것 한 개 가지고도 대법원까지 소송을 서슴지 않는 상황인데 상황별 대처시스템 자체가 전무한 상태나 다름없다. 사실은 단위 학교에서 벌어진 사안은 단위학교에 소속된 부장교사·교감·교장 등이 책임감을 가지고 1차적인 저지선을 형성하고 대처하는 게 상식인데 적지 않은 학교에서 실행되지 않고 있는 게 현실이다.

괴팍한 학부모들이 나타나더라도 상황별 대처 매뉴얼만 제대로 구축되어 있어도 별 어려움 없이 처리할 수 있는 게 학교현장 민원이다. 그런데도 적지 않은 학교에서 초기 대응을 공동으로 안하거나 방치하고 있다가 상황을 키우고 있다는 게 지금의 현실이다.

2023년 7월 스스로 목숨을 끊은 서울 서초구 서이초등학교 A교사 사건 수사가 범죄 혐의를 찾지 못해 종결되었다. 경찰은 국과수로부터 고인이 '학급 아이들 지도 문제와 아이들 간 발생한 사건, 학부모 중재, 나이스 등 학교 업무 관련 스트레스와 개인 신상 문제로 인해 심리적 취약성이 극대화돼 극단 선택에 이른 것으로 사료된다.'는 요지의 심리 검사 결과를 받았다고 설명했다.

또 "일부에서 사망 동기로 제기된 학부모의 지속적 괴롭힘이나 폭언·폭행·협박 등과 같은 행위가 있었는지도 면밀히 조사했으나 그와 같은 정황은 발견하지 못했다."고 설명했다.

이젠 고인이 된 A교사는 말이 없고 사건은 '가해자 없는 사건'으로 최종 종결 처리되고 말았다. 교감·교장·학부모 누구에게도 책임을 물을 수 없는 사건으로 끝나고 말았다.

그 여름 광화문과 여의도를 뒤덮은 교사들의 절규와 눈물에도 누구하나 책임지는 사람 없이 서이초 선생님은 서서히 잊혀져 가고 있다.

여교사 혼자 공격당하는 초등학교

대전 ○○초 교권침해 사건 방치

학부모 '악성 민원'에
목숨 끊은 대전 여교사!

2019년부터 4년간
학부모들로부터 총 16차례
악성 민원 받으며 괴롭힘 당함!

- 2023년 9월 5일, 대전 ○○초등학교 A교사 사망
- 2019년부터 ~ 2022년까지 대전○○초에서 학부모 4명의 악성 민원에 시달림.
- 2020년에는 아동 학대로 고소당해 10여 개월간 수사를 받으며 고초를 치른 끝에 아동 학대에 대한 무혐의 처분이 나옴.
- A교사는 2023년 대전○○초등학교로 근무지를 옮겼으나 극심한 트라우마 호소
- 2019년 1학년 담임 때 아동학대 혐의로 고소당한 뒤 겪은 정신적 고통, 학교 측에 교권보호위원회 개최를 요청했지만 받아들여지지 않음.
- A교사가 사망했을 당시 교감은 동료교사들에게 뇌출혈로 인한 사망이라고 알렸고 "가급적 조문을 삼가라."는 말을 함.
- 4명의 학부모 중 김밥집 운영하는 학부모와 미용실을 운영하는 학부모 가게 앞에는 성난 시민들의 항의와 불매운동까지 펼쳐졌지만 A교사는 돌아오지 못할 아주 먼 길을 떠난 후였음.
- 이 경우에도 수년간 A교사 혼자서 고립된 채 피소와 괴롭힘 당한 안타까운

상황이었음.
- A교사는 수행평가 문구 하나가지고 항의 민원을 받고 힘든 시간을 보냈음에도 관리자들의 도움을 제대로 못 받은 것으로 알려졌다.
- A교사는 악성민원과 고소를 당한 것은 물론 심각한 교권침해까지 받았지만 그에 따른 적절한 보호를 받지 못한 것으로 나타났다.
- 2019년 1학년 담임 때 수업 태도가 불량한 학생 4명을 훈육한 이유와 과정, 해당 학부모들과의 상담 내용, 아동학대 혐의로 고소당한 뒤 겪은 정신적 고통 때문에 학교 측에 교권보호위원회 개최를 요청했지만 받아들여지지 않은 사실이 확인되었다.
- A교사가 교권보호위원회 개최를 요구했을 때 얼마나 절박하고 힘들었으면 그랬을까? 곧바로 개최하면 되는데 무엇이 두려웠을까?
- 야구선수는 공 보고 공 치면 되듯이, 교권침해 발생되면 교권보호위원회 개최하면 되는데 왜 못하고 주저하는가?

군대 간 교사 괴롭히는 초등학교 학부모

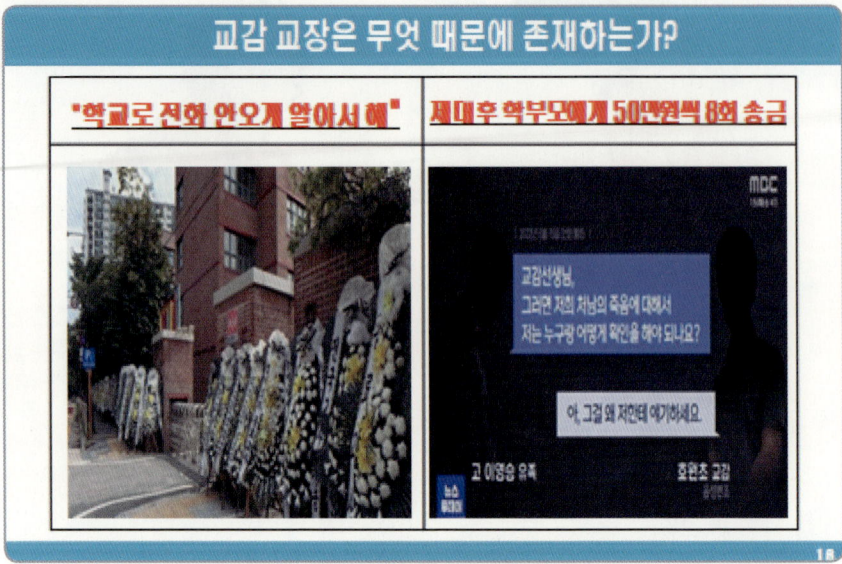

〈출처 : MBC뉴스〉

- 이영승 교사는 2016년, 의정부 호원초등학교의 담임교사로 발령
- 6학년 2반에서 수업을 하던 중 '페트병 자르기'를 하다가 학생 한 명이 손을 다치는 사고가 발생
- 해당 학생에게 학교안전공제회에서 제공하는 141만 원의 보상금이 지급됨
- 학부모 A는 교사에게 상습적으로 항의 전화를 하며 추가적으로 돈을 더 요구함.
- 이영승 교사는 군대에 있으면서도 해당 학부모의 민원과 보상 요구에 지속적으로 시달림.
- 실제로 이영승 교사는 군대 전역 후 8개월 동안 매월 50만 원씩 학부모 측에 치료비 명목으로 송금함.
- 학급 학생들의 장기결석부터 학생들의 따돌림 문제, 그리고 5년 전에 일어난 사고에 대한 보상을 끝도 없이 요구하는 학부모까지...

- 악성민원 대처는 천하장사 출신이라도 혼자서는 불가능하다. 반드시 주변 사람들과 공동으로 대처해야만 버텨낼 수 있다.
- 학기 초부터 진상학부모들을 사전에 어느 정도 파악하고 대비하는 것도 방법이다. 아무런 대책 없이 가만히 있다가 공격당하면 당황하기 쉽다. 사전에 대처 매뉴얼을 어느 정도 준비해 놓고 유형별로 대처하는 게 훨씬 효율적이다.
- 사소한 사안으로 담임선생님을 물고 뜯고 늘어지는 지금의 현실에 대해서 교육부가 강력한 대책을 내 놓기는 했지만, 문제는 학교 현장에서 매뉴얼대로 이행 할 수 있느냐는 것이다.
- 1차적으로 해당 학교 학생부장·교감·교장선생님들께서 겁먹지 말고 법과 원칙대로 건조하게 대처하면 되는데, 과연 얼마나 제대로 할 수 있느냐는 것이다.
- 서이초·대전○○초·의정부호원초 사건의 공통점은 세분 선생님 모두 학부모들의 악성민원에 혼자서 고립되어 있었다는 것이다. 그 누구도 구체적으로 협력하고 대응하고 대책을 논의하지는 않았다는 것이다. 사실 3개 학교 민원은 해당 선생님들께서 대응하지 않고 그냥 '법대로 하시라'고 그냥 두어도 전혀 문제될 게 없었다는 것이다. 그냥 방치해도 세분의 선생님들께서는 불이익을 받지 않을 수 있는데도 학교 현장에 계신 선생님들께서는 본인이 맡고 있는 학생의 보호자가 그러니까 묵묵히 당하고 있었던 것이다.
- 신성한 학교 현장에서 소리를 지르고 난동을 치는 사람들은 학부모라고 볼 수 없다. 정확하게는 학부모를 포기한 것이나 다름없다.
- 학교측에서도 난동 부리는 사람들을 더 이상 학부모 취급을 해서는 곤란하다. 학교 교육을 방해하는 난동꾼일 뿐이다.
- 이런 진상들을 어떻게 대처해야 할까? 매우 간단하다. 공무집행을 방해하고 있으니 학교 밖으로 끄집어 내는 게 당연하다.
- 점잖게 말로 할 때 안 되는 사람들은 굳이 물리적으로 에너지 소모를 시킬 필요가 없다.
- 그냥 침착하게 112 호출을 하면 대한민국 경찰관들은 10분 이내로 출동해 주시고 곧바로 현장을 깨끗하게 수습해 주신다.

- 더 이상 잡상인이나 다름없는 사람들에게 시시비비 및 왈가왈부하면서 감정 소비 시킬 이유가 없다.
- 이영승 선생님께서 장례를 치르는 중에도 한명의 학부모가 학교를 찾아와서 교무실에서 소리를 지르고 난동을 부렸다고 한다.

이런 사람들을 더 이상 방치하면 안 된다.
정해진 메뉴얼대로 건조하게 처리하면 된다.
왜냐하면 학부모이기를 포기했기 때문이다.

〈우리 아이들 하나하나 자신만의 세계를 힘차게 열어 갈 수 있도록 학교는 마당을 펼쳐주고 지지하고 공감해주고 기다려줘야 된다. 학교의 책무이다. 훗날 지평선 너머 광야를 향해서 무한질주 할 수 있도록 상상력을 길러주자!〉

1. 교감/교장의 역할

목적
1. 교원의 정상적인 교육활동을 방해하는 비정상적 현상에 대해서 교원과 학생들을 적극적으로 보호한다.
2. 학교 차원에서 공식적인 민원대응팀을 가동하여 무분별한 악성 민원을 원천 차단하여 교원의 정당한 교육활동이 보호받을 수 있도록 한다.

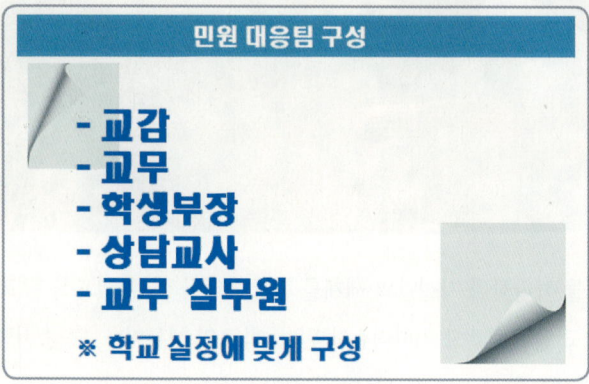

- 교장은 교무학사 행정 전반에 대해서 총괄 지휘하는 콘트롤 타워 역할을 수행하는 총 책임자이며, 소속교 학생 및 교원이 보다 안정적이고 평화롭게 교육활동을 전개할 수 있도록 최적의 환경을 구축해야 한다.
- 최근 잇슈가 되고 있는 교사들에 대한 교권침해·수업방해·악성민원 등이 발생이 될 경우에는 교장은 교감을 중심으로 악성민원 대응팀을 지체없이 가동시켜 소속 교원을 보호하는데 최선을 다해야 된다.
- 분만아니라 민원이 제기됨과 동시에 악성민원 여부를 면밀하게 분석하여 사건 초기부터 적극 개입하여 확산을 예방한다.
- 교감교장은 악성민원이 발생되지 않도록 사전에 각종 예방활동을 펼침은 물론, 평소 까칠한 학부모들과의 라포(rapport)를 형성할 수 있도록 악성민원 자체를 원천차단 할 수 있도록 노력한다.
- 소속 교원이 악성민원에 연루된 경우에는 즉각적으로 병가 등의 방법으로 소속 교원을 분리하는 등의 대책과 소속 교원이 혼자서 고립되지 않도록 각별하게 배려한다.

주제 **2. 단계적 민원 대처**

주의 사항
- 학급에 단순한 민원인지, 학교 차원 민원인지 구별한다.
- 민원의 성격이 애매한 경우에는 즉시 부장 교사 및 교감과 협의하며 공동 대처한다.
- 어떤 학교는 심각한 민원으로 인해 교사가 극도의 고통을 호소하는데도 교사 개인에게 알아서 처리하라는 학교가 여전하다. 이런경우에는 교사 개인의 문제로 착각하고 혼자서 고통을 감수하면 안되고 지역 교사 단체 및 교육청 자문변호사의 조력을 적극적으로 받아야 된다.
- 대부분의 선생님들께서는 책임감이 강하셔서 누구에게 도움 받는 행위를 매우 어려워 하시는 경향이 강한데 지금의 학교 현장에서 벌어지는 상황을 고려할 때 절대로 혼자서 고민하고 버틸 상황이 아니라는 것이다. 우리나라 속담 '병은 알려야 낳는다'는 말처럼 자신에게 나타난 비상식적이고 낯선 상황을 주변 지인들과 적극적으로 공유하고 함께 대처하시길 바란다.

민원 대처 초기 단계
- 차분하게 대처
- 문자 또는 대화내용 보존
- 민원 파악 후 교감과 공유
- 민원대응팀 소집
- 민원대응팀 공동 대처 및 협의

1. 단순 요청은 민원 대응팀이 직접 처리하고, 교직원 협조가 필요한 사안은 교직원이 협조 처리할 수 있도록 연계한다.
2. 이해관계가 복잡하고 교육활동 침해 가능성이 높은 민원으로 분류된 경우에는 학교장이 책임지고 처리한다.
3. 상급 기관이 대응해야 할 민원은(개별 학교에서 다루기 어려운 민원) 교육지원청(교육장 직속의 통합 민원팀)에 의뢰하여 처리함.
   * 일상적인 학생 진로 상담, 단순한 전달 사항(출결, 준비물 확인 등) 및 사실 확인 등의 경우는 기존대로 진행됨

(문의:kcwinha@naver.com)

주제	3. 악성민원 거부할 권리 공유
근거	교원의 학생생활지도고시 - 2023년 8월 17일

민원 거부할 권리

- 교사 개인전화로 민원제기 불가
- 방과 후 : 민원 거부 가능
- 일과 중 : 교육활동과 무관한 답변거부
- 민원 전화를 거부하거나 민원팀으로 안내

1. 교원의 응대 거부권 및 답변 거부권
   - 상담은 수업 시간 외의 시간을 활용함을 원칙으로 함(제10조 제2항)
   - 상담의 일시 및 방법 등은 학교의 장이 정하는 바에 따라 사전 협의하여야 함 (고시안 제10조 제5항)
   - 학교장과 교원은 다음의 경우 상담을 거부할 수 있음(제10조 제6항)
     · 사전에 목적, 일시, 방법 등이 합의되지 않은 상담
     · 직무범위를 넘어선 상담
     · 근무 시간 이외의 상담
2. 응대 거부권 및 답변 거부권
   - 학부모 등이 학교장이 정한 방식이 아닌 경우 교원 개인의 휴대전화 또는 SNS로 민원 제기 시, 민원 응대를 거부할 수 있음
   - 학부모 등이 교원의 사생활 등 교육활동과 무관한 민원 제기 시, 답변을 거부할 수 있음
3. 학교 현장에서는 여전히 교육부에서 고시된 '교원의 학생생활지도고시(2023년 8월 17일)' 구체적 내용을 인지하지 못하거나 적용하지 못하는 사례가 빈번하므로 담임 선생님들에게 지속적으로 홍보하고 실무 현장에 적극 반영할 수 있도록 해야된다.
4. 교육부에서 학생생활과 관련된 고시가 구체적으로 나왔음에도 학교현장 담임 입장에서는 교사 개인전화로 걸려오는 민원이나 일과시간 이후에 걸려오는 민원에 대해서 여전히 끌려다니면서 고통을 받는 경우가 많은데 이런 경우 정중하게 거부하시면서 원칙대로 대응하시길 바란다. 민원전화 특성상 한번 통화하면 1시간은 기본이다. 학생 상담은 시급을 요하는 상황이 아니라면 상담 주간을 안내해 드리고 학교의 예정된 계획대로 진행하면 된다.

(문의:kcwinha@naver.com)

주제	**4. 응대 거부권**
근거	교원의 학생생활지도에 관한 고시안('23. 8. 17.)

사례〉 학부모 A는 자신의 자녀가 ADHD로 인해 학교생활에 잘 적응하지 못하고 수시로 지각하고 결석하는 일이 많은데도 '다른 학급 담임교사들은 1~2분 늦어도 지각처리를 안하는데 왜 선생님은 단 1초만 늦어도 지각처리를 하는 이유가 뭐냐(?)'고 항의함. 정상적으로 지각처리를 한 담임교사는 앞으로 업무처리를 어떻게 하는 것이 옳은지 질의를 함.

교권보호 근거

〈응대 거부권〉
- 학부모 등이 교원의 사생활
- 교육활동과 무관한 민원 제기 시
- 답변을 거부할 수 있는 권리 부여

A〉 1년 내내 A 학부모로부터 시달리던 담임교사는 혼자서 속앓이만 계속하다가 10월이 되어서야 소속교 교감에게 하소연을 하게 되면서 알려진 사건이다.
- 담임교사의 정상적인 업무처리에 대해서 학부모가 억지를 부리고 시비를 걸고 물고 늘어지는 경우에는 담임교사가 더 이상 학부모에게 끌려다니면서 응대할 필요없이 곧바로 민원대응팀으로 연결시키면 된다.
- 담임교사로부터 SOS 요청을 받은 교감은 '앞으로 A학부모로부터 걸려오는 휴대폰 전화 등의 항의 전화를 일절 응대하지 말도록' 담임교사에게 안내하면 된다.
- 아무리 학생의 보호자라고 할지라도 상식과 원칙에서 벗어난 무리한 요구를 하는 학부모들에게까지 응대하면서 학부모로 예우를 해줄 필요가 없다는 것이다.
- 담임교사와의 전화 통화가 여의치 않자 해당 학부모는 담임교사의 사무실까지 찾아와서 고성을 지르면서 떼쓰고 항의를 하는 경우가 많은데, 이런 경우 절대로 직접 대응하지 말고 주변 동료 교사들이 112신고를 통해서 해당 학부모를 학교 밖으로 분리시키면 된다.
- 진료와 처방은 의사가 맡고 약은 약사에게 맡기는 것과 마찬가지다. 교사는 교사의 임무만 충실하면 된다. 경찰관이나 변호사 업무까지 교사들이 나설 필요는 없다.
- 교사는 누구에게도 편향되지 않도록 공정하게 학사업무를 처리하면 그것으로 충분하다.

(문의:kcwinha@naver.com)

주제	**5. 답변 거부권**
근거	교원의 학생생활지도에 관한 고시안('23. 8. 17.) ▷교원의 정당한 교육활동과 학생의 학습권 보호를 위한 구체적인 생활지도의 범위와 방식

사례〉 학부모 B는 자신의 자녀가 학교에서 친구들과 싸우다가 부상을 입고 병원치료를 받게 되었으나 쉽게 마무리하지 않고 담임선생님에게 지속적으로 민원을 제기함. 상대방 가해학생 학부모의 진심어린 사과와 치료비에 대한 보상을 약속하였는데도 피해학부모 B는 후유장애 등 정신적 피해보상 등의 터무니없는 떼를 쓰면서 담임선생님을 교묘하게 사건 속으로 끌어들이며 힘들게 함. B학부모로부터 지속적으로 시달리던 담임교사가 도저히 견디지 못하고 소속교 교감에게 SOS를 요청한 상황임.

교권보호 근거
〈답변 거부권〉
- 학부모 등이 교원의 사생활
- 교육활동과 무관한 민원 제기 시
- 답변을 거부할 수 있는 권리 부여

답변 거부권 :
A) 담임교사는 학교에서 교육활동 중 학생들이 부상을 입게 되면 1차적으로 학생을 심리적으로 안정시키고 보건교사와 함께 응급조치와 병원으로 후송하는 등의 역할을 침착하게 수행하면 된다.
- 그런데 B학생의 부모님처럼 자녀의 부상이 완치가 되었음에도 그 이상의 민사적 보상까지 요구하면서 담임교사를 중간 매개체로 끌어들이는 경우가 허다하다.
- 이런 경우 적지않은 담임선생님들께서는 담임으로서 당연한 의무로 생각하고 퇴근 후 주말에도 가피해 학부모들과의 자리를 주선하는 등 의무감없는 분쟁에 본의아니게 개입한 후 곤욕을 치르는게 현실이다.
- 앞으로는 그럴 필요도 없고 그래서도 안된다. 학생들 간의 분쟁으로 인한 민사적 책임에 대해서 조정·중재 등의 역할까지는 담임교사의 의무사항이 아니기 때문이다.
- 따라서 비록 학교에서 발생된 사안이라고 할지라도 교원의 학생생활지도에 관한 고시안 제10조 제6항에 근거하여 의무감 없는 사안에 대해서는 정중하게 답변을 거부해도 무방하다는 것이다.

(문의:kcwinha@naver.com)

주제	**6. 악성민원 학부모 대처법**
근거	교원의 학생생활지도에 관한 고시안('2023. 8. 17.)

집요하게 괴롭히는 학부모 대처법

- 악성민원 학부모 연락처 스팸처리
- 혼자 고민하지 말고 곧바로 교감에게 공유
- 정중하게 거부한 후에는 모든 대화 거부
- 사사로운 인정에 얽매이지 말것!!!

사례> 학부모 C는 담임교사에게 자신의 자녀가 학교행사에 비중 있는 역할을 할 수 있도록 요청하였으나 담임교사가 난색을 표하자 수시로 담임교사에게 전화를 걸어와 30분은 기본이고 보통 1시간 정도 생떼를 쓰고 반말과 욕설을 섞어 거칠게 항의하며 담임교사를 괴롭히는 경우 어떻게 대처하나요?

A> 이런 경우에는 학부모 전화를 길게 받을 필요없이 곧바로 전화를 끊고 아래와 같이 대응하시면 됩니다.

- 학생의 보호자라고 할지라도 교육활동을 방해하는 학부모들에게 예우를 해드릴 필요없음.
- 악성민원을 악의적으로 제기하는 분들 전화는 스팸처리하면서 대처 요망.
- 악성민원은 반드시 학년부장, 상담교사, 교감 등 공동으로 대처 요망.
- 학부모의 막말과 행패로 정신적으로 힘든 경우에는 주저하지 말고 전문의에게 진료 받고 치료를 받는게 중요합니다. 마치 감기에 걸리면 감기약 처방 받듯이 정신건강에 대해서도 그에 상응한 치료를 받으면 됩니다. 일부 교사들은 정신과에 대한 선입견 때문에 병원 진료를 주저하는 경우가 많은데 하루라도 빨리 상담과 치료를 권합니다.
- 민원인의 **방문 상담(교사)은 사전 협의(일시, 방법)을 원칙**으로 하고, 근무 시간 외에는 상담을 거부할 수 있으며, **상담 중 폭언, 협박, 폭행 시에는 중단**할 수 있음. (교원의 학생생활 지도 고시 -2023. 8. 17.)
- 학부모 C의 지나친 욕설 및 폭언 등에 대해서는 녹취를 해 놓으시고 나중에 관할 경찰서 민원실에 출두하셔서 고소장을 제출하면 되기는 한데, 욕설 및 폭언에 대한 처벌이 피해자들의 생각처럼 크지 않기 때문에 사전에 초기 단계에서 예방하는 것이 상책이다.

(문의:kcwinha@naver.com)

주제	**7. 학폭과 연계된 민원**
근거	교원의 학생생활지도에 관한 고시안('2023. 8. 17.)

Q) 학교에서 발생된 학교폭력 사건과 관련하여 학교측(학생부장)에 장소 및 시간, 배석, 조정, 중재 등의 부탁하는 경우에 어떻게 대처하나요?

학폭은 학폭스럽게 처리

- 최초 인지한 교사 : 담임 및 생활안전부 공유
- 담임은 사건 초기에만 협조(진술서 및 연락)
- 학폭전담기구에서 종결 및 학폭심의위 결정
- 친절하되 때로는 단호하게 원칙 고수!!!

A) 사건 종료 후, 필자에게 보내온 감사 인사

안녕하세요? 어제 통화한 ○○시 ○○여고 학생부장 ○○○입니다 어제 너무 감사했습니다. 어떻게 표현을 해야 할지 모르겠네요.

은인을 만났다고 해야 될지 어제 학교폭력에 대해 통화하고 나서 마음의 진정을 찾고 안정을 찾아 많은 것을 배우게 된 좋은 기회가 되었습니다. 학생들을 좋아하다보니 학생들에게 상처를 주지 않으려고 하다보니 **정에 이끌려 많이 힘들었는데 이제는 냉정할 때는 냉정을 해야 되겠구나를 배웠고,** 학교폭력이 거의 없다보니 경험도 부족하여 힘들었는데 선생님의 덕분으로 두 학생의 부모를 학교에서 만나지 않고 두 부모님들이 밖에서 만나기로 했답니다. **선생님과 통화를 하지 않았다면 저 오늘도 아마 힘들었겠죠?** 오늘은 또 다른 느낌으로 시작을 하게 되었습니다. ○○에 오시면 꼭 연락주세요. 늘 건강하시고 행복하세요. 고맙습니다.

A) 위 사건에서 보듯이 학교폭력이 많이 발생되지 않는 학교현장에서는 특이한 학부모들의 다양한 상황을 겪어 볼 기회가 적다보니 단순한 사안임에도 스트레스를 받고 혼자서 쩔쩔매는 경우가 발생되고 있다.

이제부터는 학교에서 학생들간 다툼이나 폭력 사안이 발생되면 모든 것을 학교가 모든 것을 책임지고 처리해야 되는 사고로부터 벗어나길 바란다.

(문의:kcwinha@naver.com)

학교폭력 발생시 담임 및 학생부장 역할 :
학교폭력발생 보고 ▶ 학폭전담교사 사안조사 ▶ 4가지 요건 충족여부 심사 ▶ 교육청 이관

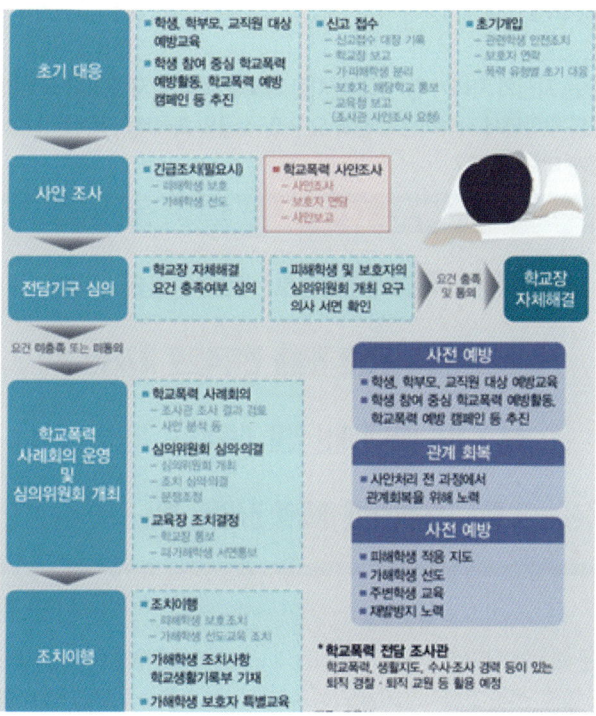

- 학급 담임은 학교폭력 사안 발생시 학교내 학교폭력 전담교사와 보호자에게 사안이 발생되었음을 알려드리면 된다. 이 과정에서 적지않은 담임교사들께서 가해자 및 피해자 보호자들에게 정신적으로 많은 고통을 받게되는데 거기에 이끌려 다니면 곤란하다.
왜냐하면 담임교사는 경찰서 수사관이 아니기 때문이다.
 2004년도에 학교폭력예방 및 폭력에 관한 법률(이하 학폭법)이 생기기전에는 초중등교육법에 의거해서 처음부터 끝까지 학교에서 처리하는 경우가 관행이었는데 점차적으로 학폭의 수위가 도를 넘어서고 사회적 요구와 입김이 강해지면서 학폭법이 탄생하고야 말았다.
- 학생부장 교사들 역시도 학폭사건이 교육청으로 이첩하기 직전에 가해자·피해자 보호자들에게 적지않게 시달리고 있다. 위 사건처럼 가해자·피해자 간 민사적 합의금 때문에 이리저리 이끌려 다니는 경우가 비일비재하다. 담임을 비롯해서 학교관계자 모두는 가·피해자들 간 손해배상에 개입할 필요가 전혀없다는 것을 명심해야 된다. 학부모들간 합의가 원활하지 않아서 학교장자체해결이 되지 않아도 어쩔수 없다. 되면 되는 대로 안되면 교육청 학폭심의위원회에 이첩시기면 학교의 임무는 끝이다.

(문의:kcwinha@naver.com)

주제	8. 교권 침해 유형 구분 기준
근거	초중등교육법 시행령 제73조(중학교의 전학 등) ⑥항

Q) 학부모 D는 자신의 자녀가 집 앞에 위치한 학교를 배정 받지 못하자 국회의원까지 대동하고 학교를 찾아와서 지속적으로 전학 요구 및 학급의 좌석배치 등 상식밖의 부탁을 하는 경우 어떻게 대처하나요?

구체적 교권 침해 유형(?)

- 교육활동을 부당하게 간섭하거나 제한하는 행위
- 목적이 정당하지 아니한 민원을 반복적으로 제기하는 행위
- 교원의 법적 의무가 아닌 일을 지속적으로 강요하는 행위
- 그 밖에 교육부장관이 정하여 고시하는 행위

추가 답변〉

- 학부모들은 학교에 다양한 민원을 제기하는데, 그 중에서 지인들이나 권력의 힘을 동원하는 경우도 종종 있다. 그렇지만 조금도 동요하지 마시고 초중등교육법에서 적시한 원칙을 기준으로 처리를 하시면 됩니다.
- 초중등교육법 시행령 제 73조 6항에 따르면 '교육장은 중학교의 장이 학생의 교육상 교육환경을 바꾸어 줄 필요가 있다고 인정하여 다른 학교로의 전학 및 재취학 등을 추천하는 사람에 대해서 학교를 지정하여 배정할 수 있다'고 규정되어 있다.
- 간혹 상기와 같은 대원칙을 악용하는 일부 학부모들이 나타 나더라도 학교는 조금도 동요 없이 오직 교육적 목적에 의해서 대처하면 된다.
- 국회의원까지 동원했던 D학부모는 전학을 희망하는 학교에 카누 종목이 있음을 확인하고 자신의 자녀를 카누 선수협회에 등록한 후 기어코 자신의 집 앞에 소재하는 학교로 전학을 감행하였다. 의지의 한국인 답다(?)
- 아무리 담임을 맡고 있는 학생의 학부모라 할지라도 부당하고 원칙 없고 애매한 민원은 혼자 고민하지 마시고 주변에 학년부장·학생부장·교감선생님과 수시로 협의하면서 공동으로 대처하면 된다.
- D학부모 같은 분들이 나타 나더라도 지나치게 굴욕적으로 느끼지 말고 그 또한 교육의 일부라고 생각하면서 무덤덤하게 대처하면 된다.

(문의:kcwinha@naver.com)

주제 9. 악성민원 학부모 처벌

근거 교원의 학생생활지도에 관한 고시안('2023. 8. 17.)

Q〉 학부모가 담임교사를 시교육청, 국가인권위원회, 국민신문고 등에 상습적으로 악성민원을 제기하는 행위에 대해서 어떻게 대처하면 좋을까요?

악성민원 학부모 처벌(?)

- 악성민원 학부모 : 교보위 회부 및 고발 대상!
- 악성민원은 민원이 아니라, 교육활동 침해!!!
- 악성민원 학부모 : 서면사과 및 특별교육이수
- 미이수 학부모 : 300만원 과태료 부과조치

주문 1〉
- 교원의 교육활동을 부당하게 간섭하거나 제한하는 행위를 하는 학부모는 교권보호위원회에 회부시킬 수 있음.(단점, 시간 지체됨)
- 악성민원 학부모가 시교육청 교권보호위원회 참석도 불응하는 경우에는 관할 경찰서 민원실을 방문하여 해당 학부모를 모욕죄, 공무집행방해죄 등으로 고소 가능합니다. 어떻게 학생들의 보호자들을 고소할 수 있겠는가(?) 라고 하겠지만 정상적인 교육활동이 어려운 경우에는 지체 없이 교사 본인이 관할 경찰서 민원실을 직접 방문해서 고소장을 제출하는 것도 적극 검토 하길 바란다. 변호사 조력 없이도 교사 본인이 직접 A4 용지에 사실관계를 적시한 후 제출하면 된다.(장점, 수사가 신속함)

주문 2〉
- 악성민원 학부모와의 악행에 대해서 큰벌을 안겨주고 싶지만 실제 현실은 쉽사리 순발력있게 효과적 처벌이 불가능하다. 따라서 대면이 두렵거나 트라우마가 있는 분들은 일부 학부모들의 행동에 대해서 아예 무시하고 아무런 대응을 하지 않는 것도 방법이라고 생각합니다.
- 문제는? 악성민원을 제기하는 학부모들을 상대로 교권보호위원회를 개최하고 서면사과 및 특별교육이수 등의 조치가 부과되더라도 실효성이 떨어진다는 것이다. 일부 진상학부모들이 교사와 학교를 대상으로 온갖 행패와 악행을 자행했어도 교육감이 취할 수 있는 조치는 고작 과태료 300만원이라는 것이다.
- 따라서 현행 법규내에서 학부모들을 대상으로 처벌 목적의 대응은 오히려 교사 자신의 정신적 데미지가 크게 나타날 가능성이 큰 만큼 법률적 대응보다는 전학공 모임 등의 커뮤니티를 통한 마음 공부로 컨디션을 회복하시는게 보다 현실적이라는 말씀을 드리고 싶다.

주제 10. 특이 민원(위법 또는 반복민원) 대응

근거
- 교원의 학생생활지도에 관한 고시안('2023. 8. 17.)
- 교원의 지위 향상 및 교육활동 보호를 위한 특별법 제19조(교육활동 침해행위)

Q) 학부모가 담임교사 및 학교 측에 특이 민원을 과다하게 제기하거나 사전에 예고 없이 학교를 방문하는 경우에 어떻게 대처하나요?

특이 민원(위법 또는 반복민원) 대응

(특이 민원)
교원의 직무 범위 외 사항 및 위법, 부당한 사항 요구, 지속적·반복적인 유사 민원, 보복성 민원 등

· 지속적·반복적 면담 요구 및 전화, 외부인을 통한 국민청원, 과다한 정보공개청구 등

(특이 민원 응대)
유선 또는 면담 시 교원 보호를 위한 방어 조치 가능

(유선)
폭언 시 즉시 고지 후 녹음 실시, 폭언 등이 지속될 경우 통화 곤란 안내 및 법적조치 경고 후 통화 종료

(면담)
교원이 민원인과 면담이 필요한 경우 관리자(교장 또는 교감)에게 동석을 요청할 수 있는 권한 부여

추가 답변〉
- 특이 민원이라고 판단되는 순간부터 전화 응대 거부권 행사 요망.
- 특이 민원을 제기하는 학부모에게는 직접 통화보다는 문자를 통한 원칙에 입각한 건조한 안내를 하시길 바랍니다.

추가 답변 2〉
- 특이 민원 제기하는 학부모가 학교 사무실로 사전에 예고없이 갑자기 방문하는 경우에는 면담에 응하지 마시고 정중하게 거절하면 된다. 만일 교사의 안내에도 불응하는 경우에는 학부모와 직접 대면하지 않고 112 신고 후 경찰관 및 학교보안관에게 도움을 요청함.
- 일과 중 사전에 예고없이 방문하는 모든 외부인들은 정문 경비실에서 철저한 지도와 단속이 필요하다. 사전에 허가 받지 않은 외부인은 누구든지간에 철저한 차단을 통해서 교사의 교육활동을 보호해야 된다.

(문의: kcwinha@naver.com)

4교시 교사들을 괴롭히는 고소사건 어떻게 대처할까?

학부모 2명 악성민원에 '담임 6번 교체'

전라북도 전주 ㅇㅇ초등학교 학부모 2명은 지난 2년여 동안 자녀의 담임교사 등을 상대로 아동학대 혐의로 고소하거나 손해배상을 청구하였다. 징계를 목적으로 한 민원도 끊임없이 제기했다.

2024년 11월 5일 방영된 MBC PD수첩 '아무도 그 학부모를 막을 수 없다' 편은 정말로 말도 안되는 가히 충격적인 상황이었다.

수업시간 중 물병으로 장난치는 아이에게 담임선생님이 칠판에 호랑이 스티커 1장과 방과 후 청소 14분 시켰다는 이유로 학부모 A씨가 담임교사를 관할 경찰서에 아동학대로 고소하는 사건이 발생되었다. 이것은 본격적인 고소 사건을 알리는 시작에 불과하였다. A 학부모는 지난 2021년부터 다수의 국가인권위원회 진정, 아동학대 신고, 학교폭력 가해자 신고, 다수의 각종 민원, 민사, 형사, 행정 소송으로 인해 담임교사를 비롯하여 학교공동체를 혼란에 빠뜨렸다.

〈담임교사 대상으로 아동학대 고소 사건 내역〉

2021년 7월	담임교사를 아동학대 혐의로 경찰서에 고소
2021년 7월	아동보호전문기관에서 '교사행위 부적절 평가'
2022년 4월	담임교사 검찰 기소유예 처분 (검사가 형사 사건에 대하여 범죄의 혐의를 인정하나 범인의 성격·연령·환경, 범죄의 경중·정상, 범행 후의 정황 따위를 참작하여 공소를 제기하지 않는 일.)
2023년 10월	헌법재판소 기소유예처분 취소
2024년 1월	검찰 최종 무혐의 결정
2024년 4월	항고 기각

〈담임교사 대상으로 명예훼손 고소 사건 내역〉

2021년	담임교사를 명예훼손 혐의로 경찰서에 고소
2021년 7월	담임교사 경찰서에서 무혐의

〈담임교사 대상으로 허위 공문서작성 및 비밀침해 건 고소 사건 내역〉

2023년 11월	담임교사를 허위 공문서작성 및 행사죄, 공무상 비밀침해죄 혐의로 경찰서에 고소
2024년 3월	담임교사 경찰서에서 무혐의

〈담임교사 및 교육감 대상으로 손해배상 청구 건으로 민사소송 내역〉

2024년 4월	담임교사 및 교육감 대상으로 3,500만원 손해배상 청구 소송 제기함.

〈담임교사 대상으로 '학교폭력아님' 사건에 대한 고소 사건 내역〉

2021년 8월	학교폭력심의대책위원회에서 '학교폭력아님'
2021년 12월	학교폭력아님 결정 취소 행정심판 기각
2022년 2월	행정심판 재결정 요구 기각
2023년 5월	'학교폭력아님' 결정 취소 행정소송 제기
2023년 10월	1심 기각 '학교폭력아님'
2024년 9월	2심 기각 '학교폭력아님'
2024년 10월	대법원 상고

〈교권보호위원회 A학부모 교육활동 침해행위 결정 취소 처분 행정 소송〉

2021년 7월	교권보호위원회 A학부모 '교권침해' 결정
2021년 10월	교권보호위원회 처분 취소 소송 제기
2022년 5월	1심 A학부모 '교권침해 인정'
2023년 2월	2심 A학부모 '교권침해 불인정'
2023년 9월	대법원 A학부모 '교권침해 인정'
2024년 6월	고등법원 '교권침해 인정'
2024년 10월	대법원 재상고 기각

악성 민원 때문에 교장이 명예퇴직하거나 교사가 학교를 떠나는 일도 발생하였다. 정상적인 교육이 이뤄지지 않으면서 다른 학생들의 학습권 피해로 이어지고 있다. 실제 해당 학부모 자녀의 담임교사는 6번이나 교체되었다. 비정상적인 방법에 의한 담임선생님의 교체로 다른 학생들의 학습권 피해로 이어진 사례이다.

학부모들은 가만히 앉아서 마치 잽을 날리듯이 교사들을 고소하면 그 피해는 피소당한 교사들과 나머지 학생들의 몫이다. 이들 학부모들의 의도는 교사들이 최종적으로 처벌받는 게 목적이 아니라 조사 과정에서 심적 고통을 안겨주는 게 주 목적으로 보여진다. 교사들의 피해를 최소화시키기 위한 대책이 필요하다.

학교공동체가 수년 동안 쑥대밭이 되었는데도 불구하고 악성 민원을 일삼은 A학부모에게 부과된 조치는 30시간의 특별교육 이수 명령이 전부다. 교육청이 학부모에게 부과한 특별교육 이수 명령을 학부모가 거부할 경우에도 과태료 300만원이 고작이다. 학부모가 교사 한분을 상대로 무려 4년간이나 여러건의 소송을 제기하고 말할수 없는 심적 고통과 경제적 피해를 가했음에도 솜 방망이 처벌에 그치고 있다. 차제에 의도적이고 지속적인 공무집행 방해 행위에 대한 사회적 합의와 보다 강력한 처벌이 절실하게 요망된다.

억울하게 고소 당했을 때 어떻게 대처하나요?

**사례1) 통합반학생을 괴롭히는 학생에게 주의를 주었다는 이유로
담임 교사를 아동학대로 국민신문고에 고발함.**

1. 2024년 5월 남부지역 ㅇㅇ중 학생부장님께서 같은학교 후배교사 A가 학부모로부터 공격받고 있으니 제게 도움을 요청하셨습니다.
2. 사건개요 :
   - 2024년 3월 1일 30대 A교사가 ㅇㅇ중 전입
   - 담임학급의 B학생이 통합반학생 C를 괴롭히는 행위에 대해 3~4회 지도하면서 주의를 줌.
   - B학생은 평소 수업시간에도 수업방해 행위가 있어서 주의를 줌.
   - B학생이 교무실에 들어 올 때 인사를 하지 않아서 인사예절교육 지도를 함.
   - B학생에게 수업도우미(노트북준비 등)역할 시키면서 격려도 함.
3. 평소 A교사의 지도방식에 불만을 품고 있던 B학생의 부모가 2024년 4월 초 경찰서 및 국민신문고에 신고함.

4. 교장샘의 태도 : B학생 보호자의 강력한 항의에 교장샘께서 겁먹고 어떻게든 상황을 진정시키고자 A교사에게 사과를 종용함.
5. B학생보호자의 막말 : 2024년 4월초 학교에 나타난 보호자가 교감교장샘에게 "A교사 당장 사직서 받아라, A교사는 양ㅇ치 xx다, 인간도 아니다, 치졸한 ㅇㅇ다. 등등" 입에 담지도 못할 막말을 퍼붓고 돌아감.
6. 흔들리는 관리자들 : B학생 보호자들로 부터 강력하고 지속적인 항의와 민원을 견디지못한 ㅇㅇ중 관리자분들께서는 A교사를 관할경찰서에 아동학대 혐의로 고발을 하기에 이르렀습니다.
7. A교사의 멘붕 : A교사는 학부모의 항의와 관리자들에게도 보호받지 못한 상황에서 급기야 경찰서 조사까지 받는 상황에 이르자 멘붕에 빠지게 되면서 교직을 떠날 마음을 먹기 시작하였습니다.
8. A교사의 심리적위축은 임신 8개월중이던 부인에게도 충격을 주어 뱃속에 아기가 조산되어 인큐베이터 속에서 치료를 받고 있음.
9. 변호인은 만병통치약(?) : 현재 A교사는 정신과 치료를 받으면서 변호사를 선임하였으나 이렇다할 도움도 못받고 경찰서 2차조사를 앞두고 저에게 상담 요청을 한 상태입니다.

억울한 아동학대 피소시 대처방법 :

- 상담 및 주문사항 : 필자는 A교사와 1시간 남짓 통화면서 아래와 같이 상담과 주문을 간곡하게 드렸습니다.
- 이 사건에 대해서 'A교사는 그 어떤 위법 행위도 없었다'고 말씀 드렸습니다. '사실은 아무런 대처도 하지 않고 가만히 있어도 무방하지만 관할경찰서에 피소가 된 만큼 최소한의 조사만 받으시면 된다.' 고 말씀 드렸습니다.
- 향후 경찰서 조사시 대처요령 알려 드림.
- 향후 검찰에서 조사시 대처요령 알려 드림.- 향후 검찰이 정식재판에 회부되면 어떤 결과가 나오는지 결과값 알려 드림.- 변호사의 역할과 한계에 대해서 알려 드림.

- 주변사람들과의 일상생활 알려 드림.
- 하루 일상 관리 및 멘탈유지 요령 및 방법 알려드림.
- 이런 사건이 벌어졌을 때 누가 대신 아파해 줄 사람이 없을 때 절망감을 느끼게 됩니다. 담임교사께서 경찰서 조사 받느라 심적으로 억울하고 힘드시겠지만 일단은 버텨내시는 수 밖에 없습니다.
- 잠시 2개월 병가 내시고 휴식 및 충전하시길 권해 드렸습니다.
- '경찰서 조사는 관할 교육청에 출장 간다'고 체면 거시고 무덤덤하게 생활하시면 되겠습니다.
- 평상시에 '나는 아동학대 사건과는 무관한 사람이다'라는 관점으로 생활하셔야만 버틸 수 있습니다. 그렇지 않고 하루종일 억울하게 피소 당했다는 부정적 생각에서 사로잡혀 있으면 돌이킬 수 없는 상황으로 빠져들게 됩니다.
- 대한민국 경찰과 사법기관이 건강한 만큼 털끝 만큼도 불안해 하지 마시고 맘 편하게 일상을 즐기시면 되겠습니다.

사례2) 학부모로부터 아동학대혐의 겁박 받을 때 어떻게 대처하나요?

1. 2024년 5월 초 수도권ㅇㅇ고 교감 선생님으로부터 SOS요청이 왔습니다.
2. 자신의 제자가 "현재 수도권ㅇㅇ초에 교사로 근무중인데 작년 학부모로부터

아동학대혐의로 겁박을 당하고 있다"는 내용입니다.
3. 사건개요 : 올해초 A학생은 같은학급 B, C 학생으로부터 학폭을 당했다고 합니다.따라서 학폭사건은 메뉴얼대로 진행되었고 관련학생들 처벌받고 상황이 종료되었는데도
4. 학부모의 억지 : A학생의 보호자는 자신의 아들이 올해 다른 아이들에게 학폭을 당하고 놀림감이 된 근본적인 이유가 다름아닌 작년담임교사 때문이라고 규정하고 "작년 담임교사를 아동학대 혐의(수업시간중 수업방해가 심해서 분리조치 1회)로 경찰서에 고소하겠다"고 엄포를 놓기에 이르렀습니다.
5. 멘탈붕괴 : 작년 담임교사는 아무리 생각해도 학생에게 잘못한 일이 없음에도 앞으로 어떤 일이 벌어질지(?) 퇴근후 밤잠을 설치는 등 정신과 치료를 받기 시작하였습니다.

억울한 아동학대 피소시 대처방법 :

- ㅇㅇ고 교감샘의 급한 sos요청에 필자는 피해선생님을 만나서 사건의 성격 분석, 아동학대 사건 성립여부(?), 향후 멘탈관리 방법, 학부모가 궁극적으로 의도하는 저의(?), 변호사 선임 여부 등을 80여분간 설명해드리고 헤어졌습니다.
- 위 사건과 마찬가지로 이 사건 역시도 '담임선생님은 그 어떤 위법 사실도 없는 만큼 대응 할 필요도 없지만, 만약에 경찰서에 피소되면 무덤덤하게 조사 받고 즐거운 학교 생활 하시면 된다.' 고 말씀 드렸습니다.
- 피해선생님께 병원진단서 첨부해서 2개월 병가 권유드렸고 상황 발생할 때마다 혼자 고립되지 마시고 주변 지인 및 필자에게 공유달라고 주문 드렸습니다.- 혹시라도 마음 흔들릴때 참조하시라고 필자가 작년 2월달에 제작 배포한 아동학대 사건 대처메뉴얼을 마치 부적처럼 전해드리면서 헤어졌습니다. 학교 현장의 말도 안되는 난맥상들을 교육부장관을 비롯해서 국회의원들이 인지하고 있는지 안타까운 마음이 깊어지고 있습니다.

사례3) 특수아동 보호자가 담임교사 아동학대로 고소

1. ㅇㅇ도 ㅇㅇ시 초등학교 저학년 통합학급에서 발생
2. 증세 : 자폐성 특수학생이 수업시간중 소리지르고, 교실배회하면서 수업 방해하는 상황
3. 담임샘은 교내와 교외 체험학습 등에서 위험한 행동을 제지하기 위해서 혼신의 노력을 다함.
4. 담임샘과 시니어샘(특수학생 보조)의 적극적인 노력에도 특수학생 보호자는 교장실을 방문하여 "자신의 자녀를 편파적으로 대하지 말아달라"고 항의하고 담임교체를 요구함.
5. 학교측이 보호자의 요구에 난색을 표하자 국민신문고에 2차례 악성민원을 넣고 담임샘을 괴롭히다가 1학기 하계방학 전 인근학교로 전학을 감.
6. 전학가기 직전 해당보호자는 공무원 특정단체 복장을 의도적으로 착용하고 내교하여 담임샘을 비롯해서 학교 관계자들을 겁박하고 따지고 추궁함.
7. 전학 절차를 완료한 특수학생 보호자가 ㅇㅇ경찰서에 담임샘을 아동학대로 신고함.
8. 경찰서로부터 피소 사실을 연락받은 피해선생님과 남편께서 너무나도 당황한 나머지 필자에게 울면서 전화하셔서 향후 대책을 호소 함.
9. 필자는 아동학대사건에 피소된 후 사건종료시까지 필수적으로 지녀야 될 멘탈 및 유지방법에 대해서 신신당부 드리고 통화를 마쳤습니다.

억울한 아동학대 피소시 대처방법 :

1시간 남짓 피해선생님께 아래와 같이 조언드림.
- 경찰서 출두전 마음자세
- 경찰서 출두전 준비물
- 경찰서 출두시 답변자세 및 내용
- 경찰서 조사후 검찰 조사과정 준비

이 사건 역시도 피소된 선생님께서는 지극히 상식적이고 정상적인 교육활동을 수행 했음에도 일방적으로 고소당한 상황이다.

일단 고소를 당하게 되면 잘못을 했든 안했든 관할경찰서 출두하여 기본적인 조사 1~2회를 안 받을수는 없는 노릇이다.

대부분의 선생님들께서는 이미 경찰서 조사를 받기전부터 식사는 물론 일상적인 업무가 손에 안 잡히고 멘붕이 온다.

죄를 지은 것도 없는데 마치 죄를 지은 죄인처럼 불안하고 울화통이 치밀어 오르고 미칠 지경이다.

일부 괴팍한 학부모들이 노리는 것은 바로 그 부분이다.

담임교사가 나중에 형사처벌 받는게 주 목적이 아니라 수사기관을 시나브로 오가게 하면서 모멸감주면서 괴롭히는게 주 목적이다.

죄를 지은게 없으니 경찰서에 안가고 싶겠지만 안갈수는 없는 노릇이다. 획기적인 묘책이 있을까(?) 모든 것은 시간이 해결해주는 만큼 평소하던대로 무덤덤하게 일상적 업무를 하는게 최선이다.

이 사건으로 피소된 선생님께서도 경찰서 조사 후 검찰까지도 이첩되었으나 혐의 없음 결정으로 사건 종결되었다.

(문의:kcwinha@naver.com)

교사들을 괴롭히는 고소 사건에 대한 대처

최근 교사들에 대한 부당한 고소 사례가 늘어나면서, 교권 침해 문제가 심각하다. 이런 상황에서 교사를 보호하고, 학부모와의 갈등을 최소화하기 위한 체계적인 대처 방안이 필요하다. 아래는 교사와 학교가 함께 준비할 수 있는 **예방 및 대처 방안**이다.

교사가 아동학대 혐의로 억울하게 고소를 당했을 때는 즉각적이고 체계적인 대응이 필요하다. 아동학대는 민감한 사안이므로, 법적 절차와 심리적 대처를 병행하여야 한다.

즉각적인 법적 대응

- 변호사 자문: 전문적인 법률 조력을 받을 수 있도록 교육청 자문 변호사와 소통한다.
- 교직원 단체 활용: 교원노조나 교사 협회에서 제공하는 법률 지원을 요청. 이 단체는 교사의 법적 보호를 위한 자원을 제공할 수 있음.
- 관리자 및 교육청 보고: 사건이 발생하면 학교 관리자 및 교육청에 즉각적으로 보고하고, 대응 방안을 함께 논의.

증거 수집과 기록 유지

- **상황 기록**: 문제가 된 사건과 관련된 모든 자료(수업 일지, 메모, 이메일, 문자 메시지)를 체계적으로 정리.
- **증인 확보**: 사건 당시 주변에 있던 동료 교사나 관련자의 진술을 확보.
- **CCTV 및 녹화 자료 확인**: 학교 내 CCTV나 관련 영상 자료가 있다면 이를 확보하거나 요청.

법적 절차에 성실히 임하기

- **조사에 협조**: 경찰 또는 아동보호기관의 조사 요청이 있을 경우, 변호사와 함께 성실히 협조하되 감정적으로 대응하지 않도록 주의.
- **무죄를 증명하는 자료 제출**: 학생이나 학부모의 주장을 반박할 수 있는 모든 자료를 제출.
- **불필요한 발언 자제**: 사건과 관련된 내용을 언론, 학부모, 동료 교사에게 지나치게 설명하거나 의견을 나누는 것은 피한다.

심리적, 정서적 지원

- **심리 상담**: 억울함으로 인해 겪는 스트레스를 완화하기 위해 심리 상담 받으면서 장기전에 대비.
- **지지 체계 활용**: 가족·동료 교사·신뢰할 수 있는 사람들과 이야기하며 정서적 지지와 지원 받는다.
- **자기 관리**: 건강한 식습관과 운동을 통해 정신적, 신체적 안정을 유지한다.

예방 및 재발 방지

- **수업 투명화**: 가능한 한 모든 수업과 활동을 기록하고, 학생과의 접촉을 최소화할 수 있는 시스템을 구축.
- **교육 연수 참여**: 아동학대와 관련된 법적 기준, 윤리적 대처 방안, 교권 보호 교육에 정기적으로 참여.

- 학생 및 학부모와 소통 강화: 오해를 방지하기 위해 학부모와의 의사소통을 강화하고, 문제가 될 수 있는 행동을 미리 예방.

장기적 대응과 명예 회복

- 결과를 기다리는 자세: 수사가 진행되는 동안 결과에 초연한 태도를 유지.
- 명예 회복 활동: 혐의가 해소된 후, 명예를 회복하기 위해 교육청 및 학교 차원에서 교사로서의 신뢰를 회복하는 프로그램에 참여.

억울한 고소를 당한 상황에서는 감정적으로 대응하기보다는 차분히 증거를 수집하고, 법적 절차를 통해 무죄를 입증하는 것이 가장 중요함. 아동학대 관련 문제는 민감한 만큼, 교사는 자신의 정당성을 증명하면서도 학생의 권리를 존중하는 균형 잡힌 태도를 보여야 함.

〈점심시간에 식사 후 소운동장에서 벌어지는 학급 대항 피구·배구·티볼은 아이들을 열광시킨다. 학교와 교사는 기획하기만 하면 된다. 마당을 펼쳐 놓으면 아이들은 그들만의 축제를 마음껏 즐긴다. 아이들은 최고의 에너자이저!〉

| 주제 | **1. 아동학대사건 발생 시 마주칠 상대** |

| key point | - 경찰서 한 곳에 고소하는 학부모님들도 계시지만, 간혹 다양한 국가기관에 민원을 제기하는 경우도 있는 만큼 사전에 마음에 대비를 하시길 바랍니다. |

Q〉 학부모가 학교선생님들을 아동학대 혐의로 고소하게 되면 어떤 사람들과 접촉하게 되나요(?)

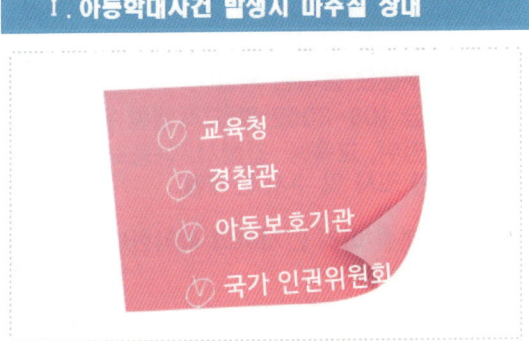

추가답변〉
- 거의 대부분의 선생님들은 어린 시절부터 모범생으로 쭉 성장했기 때문에 경찰서 같은 곳은 꿈에도 가 본적이 없다.
- 그런데 선생님들께서는 경찰서를 비롯해서 교육청, 아동보호기관, 국가인권위원회까지 동시 다발적으로 조사를 받는 자체를 엄청난 부담과 충격으로 다가온다.
- 따라서 경찰서 한곳만 생각하다가 연이어 조사를 받는 상황에 엄청난 부담감을 느끼기 때문에, 사전에 앞으로 벌어질 일을 미리 인지하고 예상하고 있으면 별 것도 아니다. 조사관들 나오면 묻는 말에 사실 그대로 조사 받으면 그만이다.
- 조사관이나 수사관이나 머리에 뿔 달린 괴물이 아니다. 그냥 평범한 공무원들이고 우리들의 다정한 이웃들이다. 편안한 마음으로 편하게 담소 나눈다는 생각으로 임하길 바란다.
- 경찰서에서 출석요구 관련 문자가 오기라도 하면 그때부터 밤 잠을 못 자고 설치기 일쑤인 만큼 경찰서에 조사 받으러 갈 경우에도 '경찰서 간다는 생각을 할 게 아니라, 관할 교육청에 출장 간다'는 생각을 하게 되면 한결 마음이 가볍고 부담을 덜어 낼수가 있다.

(문의 : kcwinha@naver.com)

| 주제 | **2. 아동학대사건 예상결과 및 로드맵 미리 파악!** |

 - 아동학대 사건은 100미터 단거리 경기가 아니라 마라톤 경기처럼 오랫동안 버텨내야 되는 상황이므로 막연하게불안·초조한 상태보다는 편안한 마음으로 경찰서에 출장 간다(?)는 생각으로 대처하길 바란다.

Q) 학교 선생님들께서 학부모들로부터 아동학대로 고소당했을 때 상당한 충격과 내상을 입게 되는데 충격을 최소화 하면서 대처할 수 있는 방안이 있나요?

Ⅱ. 아동학대사건 예상결과 및 로드맵 미리 파악!
- 대다수는 무혐의
- 대부분은 경미한 처벌
- 벌금 100~300만원(교직생활 유지)
- 인권위, 교육청, 경찰서, 아동보호 기관 조사 및 수사 받게됨.
  (미팅 대상을 미리 알게되면 위축되지 않고 당당하게 멘탈유지 가능)
- 결과를 미리 인지하고 파악한다!
  (충격 완화 및 멘탈 유지 효과)

추가답변〉
- 일단 학교에서 발생된 아동학대 사건 대부분은 물리적 가격이나 학대가 아닌 언어구사와 관련된 사건이 대부분이다.
- 따라서 대부분의 아동학대 사건은 경찰서에서 종결 또는 검찰에서 불기소, 기소유예 되는 게 일반적이다. 설사 기소가 되더라도 벌금형 등을 받게 되면 교직생활에 아무런 문제가 없다.
- 이와 같이 학교 선생님들께서 아동학대로 피소되는 사안은 거의 대부분 무혐의 및 경미한 벌금형이 대부분이다.
- 따라서 아동학대 사건에 피소될 경우에는 겁부터 먹지 마시고 아동학대사건이 앞으로 어떤 과정을 거쳐서 어떤 결과가 자신에게 주어지는지 사전에 미리 인지하고 파악하는 것이 가장 중요하다.
- 대부분의 교사들은 자신의 잘못은 거의 없음에도 고소사건에 연루된 프레임 자체를 무겁게 생각하면서 빠져나오지 못한다. 아동학대 사건을 대처하는 관점을 '나는 피의자가 아닌 교사다'라는 생각을 하면서 맘 편하게 대처해야만 된다.
- 아동학대 사건은 단시간에 끝나지 않는다. 지리멸렬하게 수사기관의 연락을 받고 조사를 받아야 하기 때문에 멘탈적으로 차분하고 안정된 상태를 꾸준히 유지하는 게 무엇보다 중요하다. (문의:kcwinha@naver.com)

주제 3-1. 아동학대사건 발생 시 일상 관리(1)

key point
- 아동학대 사건 피소 시 가장 중요한 것은 평소 루틴을 유지하는 것이 중요하다.
- 식사, 정리정돈, 취미활동, 경조사 적극 참석

Q) 학교 선생님들께서 학부모들로부터 아동학대로 고소당했을 때 식사도 제대로 못하시고 학교 수업시간에도 멘붕이 자주 오는데 하루하루 어떻게 대처하면 좋을까요?

Ⅲ. 아동학대사건 발생시 일상 관리(?)

- 하루하루 일상 정리정돈
- 주당 계획 설정 및 점검
- 월별 계획 설정 및 점검
  (대부분의 교사들은 수업과 학대사건 병행에 어려움을 겪음)
- 일반적 학사일정+학대사건 혼합
- 학대사건에 멘탈이 치우치지 않도록 균형을 유지함.
- 취미/각종 경조사 정상적으로 소화

추가답변〉
- 아동학대 사건에 피소되면 대부분의 선생님들은 멘탈에 어려움을 겪는다. 이런 경우 교사들에게 주어진 연가, 병가 등을 적극적으로 활용하시길 권장드린다.
- 학교에 출근해서 수업을 하다보면 아동학대사건이 불현듯이 오버랩되면 큰 병으로 이어질 수 있다.
- 자동차 운전하다가 골목에서 갑자기 나온 차량과 충돌하듯이 학교에서 교육활동 중에 발생된 고소 사건 역시도 비슷한 맥락으로 지혜롭게 대처하면 된다. 교통사고에 연루된 운전자를 범죄자라고 하지 않듯이 학교에서 교육활동 중 발생된 사안 역시도 범죄가 아닌 교육활동의 일부라고 보면 될 것 같다.
- 어떤 선생님들께서는 수업시간에 수업도중에 쓰러지는 경우도 있다.
  따라서 교사가 고소사건에 피소되면 두가지 일을 병행하는 것 보다는 병가를 사용하시면서 멘탈적으로 우울한 상황을 일단은 벗어나는 게 중요하다.
- 하루하루 일상을 의도적으로라도 평소 루틴대로 활동하는 것이 버텨 나가는데 도움이 된다. (문의: kcwinha@naver.com)

주제	**3-2. 아동학대사건 발생 시 일상 관리(2)**
key point	- 적당한 운동 · 취미활동 · 균형 잡힌 식사 권장

Q〉 학교 선생님들께서 학부모들로부터 아동학대로 고소당했을 때 식사도 제대로 못하시고 학교 수업시간에도 멘붕이 자주 오는데 하루하루 어떻게 대처하면 좋을까요?

Ⅲ. 아동학대사건 발생시 일상 관리?

- 퇴근 후 1시간 걷기
- 평소 취미활동 유지
- 균형잡힌 식사
- 요리하기
- 정적인 활동 치우침 금지
- 동적인 활동을 통해서 신체리듬
- 친인척/친지들과의 유대관계 유지

추가답변〉
- 수도권 소재 ○○중학교 학생부장 선생님은 학부모로부터 아동학대로 피소 당했다는 소식을 접하자 말자, 내가 왜(?)
- 내가 뭘 잘못했다고 고소를 당해(?) 말할 수 없는 충격과 분노와 당혹스러움 때문에 식사도 제대로 못하면서 순식간에 체중이 빠지고 식음을 전폐하는 등의 상황을 맞이하였다.
- 위에서 언급 드린 바와 같이 예상되는 결과는 무혐의이므로 주기적인 걷기와 취미활동·균형 잡힌 식사·요리하기 등을 권해 드렸다.
- 해당 학생부장 선생님께서는 2개월 병가 권유를 잘 이행하셨고
  2~3회에 걸친 경찰서 조사도 담담하게 잘 받으시고 검찰에서도 무혐의 처분을 받고 사건은 종결되었다.
- 그런데 해당 학부모는 경찰서와 검찰에서 무혐의 처분에 불복하여 서울 고등검찰청에 이의 신청을 하였으나 그 마저도 기각되며 사건은 완전히 종결되었다.
- 해당 학부모는 교권침해로 교권보호위원회 회부되어 서면사과와 봉사활동 몇 시간 부과 받았지만 실효성은 미미하다.
- 가장 중요한 것은 사건이 종결되기까지 약 8개월간을 피소 당한 학생 부장님께서 주문대로 잘 버텨주셨다는 것이다. (문의:kcwinha@naver.com)

주제 ## 4. 아동학대사건 발생 시 가장 괴로운 것은?

- 주변의 지인들에게 최대한 많이 공유하시고 함께 고민하는 마음으로 대처하시길 바란다.

Q〉 학교 선생님들께서는 다른 직종에 종사하시는 분들보다도 직업에 대한 자부심과 사명감 등이 남다릅니다. 학부모들로부터 난데없이 아동학대 혐의로 고소당했을 때 주변의 시선 등으로 괴로운데 어떻게 대처하면 좋을까요(?)

Ⅳ. 아동학대사건 발생시 가장 괴로운 것은?

- 주변의 시선
- 자괴감
- 수치심
- 낯선 조사 환경에 따른 생소함
- 나 혼자라는 고립감
- 동료 및 관리자들의 냉소적 시각
- 지리멸렬한 조사기간과 외로움

추가답변〉
- 대부분의 선생님들께서는 자신에 대한 관리가 철저한 분들이다. 따라서 남들에게 피해를 주는 것도 극도로 싫어하지만 자신에게도 매우 엄격한 잣대로 관리를 하시는 편이다. 그러다보니 자신의 잘못도 아닌데도 아동학대 피소 사건으로 인해 학교 내 부장교사·교감·교장 등에게 민폐를 주는 것은 아닌지 자괴감을 느끼는 편이다. 결론은 절대로 그럴 필요가 없다는 것이다.
- 피소 당하셨을 때 혼자서 외로워하지 마시고 주변에 적극적으로 알리시고 혼자가 아닌 전국에 있는 교육 동지들이 함께 응원하고 있다는 것을 상기할 필요가 있다.
- 길을 가던 중 낯선 사람에게 아무런 이유도 없이 욕설과 봉변을 당했을 때 자괴감을 가질 필요가 없는 것처럼 이젠 생떼 쓰는 마구잡이식 아동학대 사건에 대해서는 좀 더 덤덤하게 대처할 필요가 요망된다.
- '주변 동료들이 자신을 어떻게 생각할까(?)'라는 관점에서 벗어나길 바란다.
작금의 교육현장은 누구라도 학부모에게 애꿎은 고소를 당할 수밖에 없는 세상이다. 지나고보면 아무것도 아닌 일에 너무 과도하게 집착하지 말고, 누구나 겪을 수 밖에 없는 지나가는 소나기쯤으로 생각하길 바란다.
(문의:kcwinha@naver.com)

주제 **5. 변호사 선임은 만병통치약(?)**

key point 변호인에게는 법률적 부분만 조언 받고, 지인들과 서로 연계하면서 멘탈적으로 안정된 상태로 사건에 대처하는 것이 대단히 중요함.

Q) 학교 선생님들께서 학부모들로부터 아동학대로 고소당했을 때 변호사 선임은 반드시 해야 되는지 알려주시길 바랍니다.

▼. 변호사 선임은 만병통치약(?)

- 무료 변호사(교육청/교육단체) OK
- 개인적으로 변호사 선임은(?) 신중
- 변호사 역량 및 개인차 존재함!
- 변호사에 대한 심리적 효과(有)
- 변호사에 대한 지나친 기대 자제
  (사무적 부분만 도움 받게됨)
- 변호사들 개인차에 따른 낭패감!

(변호사는 법률적 조언, 정서적 부분은 지인들과 연대한다)

추가답변〉
- 일단 아동학대 사건으로 피소 당하면 심적으로 위축되는 것은 어쩔수가 없는 부분이다. 따라서 앞으로 전개될 조사 및 수사 단계에서 법률 전문가에게 법률적 조언을 받는 것은 심리적으로 대단히 중요하기 때문에 변호사 선임을 적극 권장한다.
- 다만, 개인적으로 선임하는 경우에는 800만 원 가량의 적지 않은 비용이 발생하는 만큼 비용 부담은 감수하여야 한다.
- 비용 부담이 부담스러운 경우에는 관할 교육청 자문변호사의 도움을 요청해도 된다.(간단한 질의 응답만 가능함)
- 비용 부담을 무릅쓰고 개인적으로 변호인을 선임할 경우에는 법률적 조언 외에 지나친 기대는 금물이다. 멘탈 및 정서적 지지와 조언은 변호인보다는 주변 지인들로부터 도움을 받는 것이 실용적이다.
- 변호인들 개인적 성향도 차이가 있는 만큼 주변 지인들에게 검증된 변호인을 소개받길 권장 한다.
- 아동학대사건에 피소된 후 본인 스스로 잘못이 없다고 확신하시는 분들은 굳이 변호사 없이 셀프 소송도 얼마든지 가능하다. (문의:kcwinha@naver.com)

주제 **6. 아동학대사건 발생 시 동료의 역할?**

key point - '병은 알려야 낫는다'는 속담처럼 모든 교직원이 적극적인 관심을 갖고 공동으로 대처하는 것이 최선이다.

Q) 학교 선생님들께서 학부모들로부터 아동학대로 고소당했을 때 주변 동료들은 어떻게 처신해야 좋을까요(?)

Ⅶ. 아동학대사건 발생시 동료의 역할?

- 처음부터 끝까지 함께한다!
- 피해교사 혼자 방치 금물!
- 특정교사 개인의 문제가 아니다!
- 모든 교직원들에게 사건 공유!

추가답변〉
- 최근 학교현장은 누가 언제 아동학대로 피소 당할지도 모른다는 위기의식이 팽배한 편이다. 다들 말씀들은 안해도 교육활동이 위축된 상태에서 서로 말조심, 행동조심 하자는 분위기다.
- 최근 교육현장은 가칭 베이붐세대가 물러가고 새로운 신규 교사들로 세대 교체가 진행중인데 거친 환경 및 거친 학생들에게 상당한 어려움을 겪고 있다.
- 이에 대한 대처 방안으로 요즘 학교현장에서 많이 활성화된 전문적 학습공동체를 결성하여 공동으로 고민하고 대처하시길 권장드린다. 아동 학대사건, 교권침해학생, 교권침해학부모 등의 주제를 스스럼없이 발표하고 나누면서 서로간에 의지를 다지고 마음의 근육을 키워야 된다.
- 아동학대 사건은 좀처럼 빨리 끝나지 않고 기나긴 싸움을 감수해야 하기 때문에 같은 학교에 계시는 주변 동료 동료들과의 연계와 의지가 가장 중요하다.
- 피소 당하신 선생님을 절대로 혼자 방치하지 마시고 수시로 수다를 나누시고 시답잖은 일상이라도 시시콜콜하게 함께 나누시길 바란다.
- 교사 집단이 개인주의 성향이 매우 강한 특성이 있는데 우리 교육의 대변혁기 앞에서 사분오열 할 게 아니라 서로 공감과 결속을 하면서 '뭉치면 살고 흩어지면 죽는다'는 속담을 되새길 필요가 커졌다.

| 주제 | **7. 아동학대사건 발생 시 관리자의 역할?** |

 - '백지장도 맞들면 낫다'는 속담처럼 모든 교직원이 적극적인 관심을 갖고 공동으로 대처하는 것이 최선이다.

Q〉 학교 선생님들께서 학부모들로부터 아동학대로 고소당했을 때 학교 관리자는 어떻게 처신해야 좋을까요(?)

Ⅵ. 아동학대사건 발생시 관리자의 역할?

- 수시로 체크+담소+식사+결과 공유
- 학운위 및 학부모회 등과 사안 공유
- 혼자가 아닌 전체교직원 함께 대응
- 정성 가득한 탄원서 준비 및 제출

추가답변〉

학부모들부터 아동학대로 피소당한 교사들은 대부분 혼자서 고립된 채 생전 처음 겪어보는 낯선 상황에 직면하게 된다. 대전 관평초 여교사 역시도 학부모들에게 아동학대로 피소당한 후 1년만에 가까스로 벗어 났지만 혼자서 외롭게 1년을 버텨내야 했다.

- '제2의 서이초 사건'으로 논란됐던 대전 관평초, 의정부 호원초 교사 사망 사건과 관련, 교사에게 지속적인 민원을 제기한 학부모와 일부 관리자분들 모두가 '혐의없음'으로 결론 났다.
- 법적 책임을 떠나서 이 시대 관리자들의 리더십은 더 이상 실내형 보신주의 교감·교장으로서는 안 된다. 나이스에 올라오는 결재가 중요한 게 아니다. 진정으로 중요한 것은 학생·학부모·교사 모두를 화합시키고 꼬인 실타래를 적극적으로 해결하려는 관리자들의 적극적 책무성이 절실한 것이다.
- 1차적으로 중요한 것은 아동학대 사건이 발생된 해당학교 전체교직원들과 함께 연대하여 공동으로 대처한다는 강력한 의지를 보여주어야 된다.
- 2차적으로 학부모회 및 졸업 동문들에게 탄원서 및 진정서 서명을 받는 작업을 관리자들이 솔선수범하며 적극적으로 나서야 된다.
- 3차적으로 해당교사가 조금이라도 위축되지 않도록 사소한 차담 및 식사 나눔을 주기적으로 하면서 사건 진행상황을 실시간으로 함께 공유하여야 된다. (문의:kcwinha@naver.com)

주제 **8. 아동학대사건은 누구와 같이 대처할까요?**

 - 고립감, 우울감은 절대로 금물이다.

Q〉학교 선생님들께서 학부모들로부터 아동학대로 고소당했을 때 누구와 같이 대처하는게 좋을까요(?)

Ⅶ. 아동학대사건 누구와 대처하는가?

- 교육청 변호사
- 친인척
- 직장 동료
- 평소 느슨했던 친구들과도 공유
- 절친 친구들(초중고 대학교 시절)
- 병은 알려야 낳는다!
- 다양한 사람들과 사건 공유한다!

추가답변〉

사안의 일반화

    가능하다면 주변에 지인들과 자연스럽게 사안을 공유하는 것이 좋다. 아동학대 사건의 내용을 들여다보면 거의 대부분은 학교 현장에서 교육활동 중 발생되는 사안들이다. 사안을 나만의 비밀쯤으로 생각하는 것은 큰 오산이다. 경찰서 출두요구서가 혹시라도 동료들에게 노출되면 어쩌나? 노심초사해서는 문제해결에 도움이 되질 않는다. 오히려 사안 자체를 누구에게나 일어날 수 있는 일이라고 생각하고 경찰서 등의 수사기관에서 도착한 정보들을 주변 동료들과 공유하고 그때그때 털어 버리는 게 중요하다.

- 가벼운 마음

    평범한 사안을 교사 스스로 중대한 사안으로 몰입해서는 곤란하다. 교사 스스로가 사안 자체를 무겁게 생각하는 것은 문제 해결에 도움이 되질 않는다. 평범한 사안인 만큼 교사 자신의 가까운 지인들과 스스럼없이 공유하고 고민을 나누는 자세가 필요하다.

- 지인들과 함께

    오늘은 초등학교 친구들, 중고등학교 친구들, 대학교 친구들 등과 자연스럽게 사안을 공유하는 게 한결 마음이 편하다.

- 노트와 함께

    어차피 시간은 내 맘대로 제어가 안되는 만큼 노트를 통해서 분한 마음·억울한 마음 등을 본인 스스로 위로해주면서 마음의 근육을 쌓길 바란다.

| 주제 | **9. 아동학대사건 특징은?** |

- 학부모들의 아동학대 고소의 의도가 처벌보다는 교사를 괴롭히는데 있기 때문에 장시간에 걸친 심적 고통과 괴로움을 덤덤하게 유지하는 게 무엇보다도 중요하다.

Q〉 학교 선생님들께서 학부모들로부터 아동학대로 고소당했을 때 일반 형사 사건과 다르게 아동학대사건만의 특성이 있는가요?

Ⅷ. 아동학대사건 특징은?

- 장기전이다!
- 시시콜콜한 사건이다!
- 실시간으로 울화통이 치민다!
- 감정 싸움이다!
- 전형적인 멘탈 게임이다!
- 시나브로 감정기복이 발생한다!
- 아무리 잊으려해도 지워지지 않는다!

주문 1〉

- 일반인들이 아동학대 사건들은 실제로 어린 아동들을 상습적으로 폭행하고, 굶기거나 정서적으로 학대하는 악행이 대부분인데, 학교에서 발생된 아동학대사건은 주로 학생들이 교칙을 위반해서 지도하는 과정 에서 불응하는 학부모, 학폭에 연루된 학생들을 조사하는 과정에서 불만을 품은 보호자 등이다.
- 전주 ○○초등학교 학부모는 수업 중 장난친 학생을 훈육했다는 이유로 3년간 20여 차례에 걸쳐 진정·민원·형사고발·행정소송 등을 걸어 교사들을 괴롭히고 있다.
- 학부모들은 이런 반복적이고 고의성이 높은 '무고성 아동학대 신고가 무혐의가 나올 것을 알면서도 신고를 일삼는 것은 아동 학대의 목적이 교사의 처벌이 아니라 괴롭힘'이라는 것이다. 즉 학부모들의 악성민원 의도에 교사들이 정신적 붕괴로 넘어가서는 안 된다는 것이다.
- 아동학대로 피소 당한 교사들은 경찰에서 '혐의 없음' 결정이 나와도 검찰에 송치되고 장시간에 걸쳐서 조사 및 수사를 받아야 한다. 교사들은 아무 죄 없이 조사받는 그 자체가 수치스럽고 괴로운 것이다.
- 학부모들이 '무고성 아동학대 신고를 하는 목적은 유죄 처벌'이 아니라 아동학대 신고 후 교사가 '조사·수사를 받으면서 온갖 수모와 고통을 받는 것을 지켜 보기위한 것이 주목적'인 것이다.
- 이 과정에서 일부 교사들은 합의금 명목으로 학부모들에게 울며 겨자먹기로 합의금을 수백만 원을 지급하고 사건을 종결하는 경우도 종종 발생하고 있다.

- 지난 2021년 4월 전라북도 ○○초등학교 2학년 교실에서 담임교사가 수업시간에 패트병으로 소리치면서 장난을 친 학생에게 주의를 주기위해서 호랑이 모양의 스티커를 주었다. 그리고 담임교사는 해당 학생을 방과 후에 교실바닥 청소를 10여 분 간 시키는 등 생활지도를 시킨 후 귀가시켰다. 그런데 학부모는 '정서적학대'라고 주장하며 학생인권심의위원회에 민원을 제기하고 관할경찰서에 아동학대 혐의로 경찰에 신고했다. 그 후 검찰 수사·1심 재판·2심 재판을 걸쳐서 2023년 9월 대법원은 학부모 A씨의 고소 행위에 대해서 '교육활동 침해'라고 판결하고 사건은 종결되었다.
- 담임교사 B선생님은 비록 아동학대 혐의에 대해서는 무혐의 처분을 받았지만 그야말로 상처뿐인 영광이 아닐 수 없다. 그간의 변호사 비용을 포함해서 지리멸렬한 소송 속에서 멘탈붕괴·일상 파괴 등은 어디서도 보상 받을 길이 없다. 스티커 한 장이 남긴 엄청난 비극이다. 학생 지도와 방임의 갈림길에 선 선생님들의 고민이다.

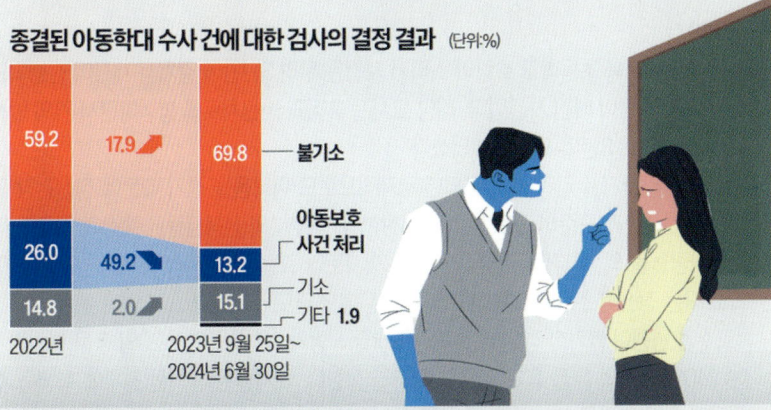

정당한 생활지도로 의견 제출 사안(387건) 중 종결된 160건에 대한 수사·검사 결정 결과 (단위:건)

경찰 수사 개시 전 종결(불입건 등)	경찰 수사 개시 전 종결(불입건 등)			
	불기소	아동보호사건 처리	기소	기타(기소 중지 등)
42(26.2%)	95(59.4%)	13(8.1%)	7(4.4%)	3(1.9%)

종결된 아동학대 수사 건에 대한 검사의 결정 결과 (단위:%)

	2022년	2023년 9월 25일~2024년 6월 30일
불기소	59.2 / 17.9	69.8
아동보호 사건 처리	26.0 / 49.2	13.2
기소	14.8 / 2.0	15.1
기타		1.9

교육활동 침해 보호자 등에 대한 조치 (단위:건)

2023년 3월 1일~2024년 2월 28일				2024년 3월 28일~6월 30일					
사과 및 재발 방지 서약	조치 없음	기타	합계	서면 사과 및 재발 방지 서약	특별교육 이수 또는 심리치료	조치 없음	기타*	침해 아님	합계
117	173	63	353	62	25	12	11	36	146

*신원 미상에 의한 교육활동 침해로 침해 보호자 등에 대한 조치 처분 불가 등

주제 **10. 멘탈유지를 위한 특단의 대책은?**

key point - 주어진 제도와 장기전에 대비한 안정적 멘탈유지 권장

Q) 학부모가 담임과 학교 측에 특이 민원을 과다하게 제기하거나 사전에 예고 없이 학교를 방문하는 경우에는 어떻게 대처하나요?

IX. 멘탈유지를 위한 특단의 대책은?

- 꾸준한 운동
- 균형잡힌 식사 + 충분한 수면
- 정신건강 치료 병행
- 평소 생활 루틴 유지한다!
- 부정적 대화 소재는 삼가한다!
- 나를 향하는 모든 잇슈에 대응 않고 선별적으로 무시하는 전략 구사
  - (냅두면 시간은 흐르고 제풀에 지치기 때문에)

추가답변〉
- 앞서 언급한 전북 초등학교 호랑이 스티커 사건은 무려 3년간에 걸쳐서 재판이 진행되면서 해당 교사의 진이 빠진 사건이다. 해당 교사는 휴직과 병원치료를 병행하면서 거의 만신창이가 된 상태로 3년의 시간을 버티셨다.
- 이런 경우 갑자기 수입이 끊기게 되면 경제적으로도 어려움을 겪기 때문에 정신건강 의원 전문의 선생님께 꾸준히 진료 받기를 권장한다. 대부분의 선생님들은 정신과 진료에 대한 주변사람들을 의식하거나 거부감 등을 느끼시는데 그럴 필요가 없다. 현대인들은 누구나 크고 작은 정신적 스트레스를 안고 있기 때문에 조금도 주저할 필요가 없다.
- 학교수업 병행이 불가한 경우에는, 공상 6개월 + 병가 2개월 + 연가 20일 등을 합치면 1년에 240일 가량의 유급 휴가 제도도 적극 권장한다. 교사들은 휴직할 경우에 학생들 수업 걱정에 차마 병가를 과감하게 못 쓰고 몸이 아픈 상태로 출근을 강행하다가 큰 병으로 이어진다.
- 꾸준한 운동, 평소 루틴 준수, 충분한 수면과 음식, 긍정적인 생각과 대화만이 살길이다.
- 그와 더불어서 '시간은 내편이다'라는 생각으로 느긋하게 대처하는는 게 최선이다.
- ※ 2023년 8월 17일 교육부 고시에 따라서 특이민원을 상습적으로 제기하거나 사전에 예고 없이 방문하는 학부모들은 교사 개인이 아닌 소속학교 민원대응팀에서 처리하게 돼 있으므로 교사 개인이 응대할 필요가 없음.

주제 11. 교사의 과실이 명백한 형사 사건 대처방법

key point - 주어진 제도와 장기전에 대비한 안정적 멘탈유지 권장

형사 사건(물리적체벌, 언어적 체벌 등등) 관련
요즘엔 학부모님들께서 절대로 그냥 대충 넘어 가시지 않는다.
따라서 일단 상황이 발생이 되면?

1) 본인의 역할 :
- 잘 잘못을 떠나서 교사로서의 모든 자존심을 내려 놓으시고, 진심어린 사과를 드린다.
- 이때, 유무선 전화 등의 방법은 안하는 것 보다 못하다! 인간은 얼굴이 안보이는 곳에서는 대단히 용감해지는 습성을 지니고 있다.
- 따라서 전화 등은 피하시고 사전에 보호자에게 연락하지 않은채 무조건 최단 시간내에 집으로 찾아 가서 진정성을 담은 사과를 드린다.
- 이때 만나주지도 않고 문전박대를 당하는 것도 다반사. 그렇지만 몇시간이고 기다리면서 접촉을 시도하면서 사과를 드리길 권장합니다. 대개는 열에 여덟명은 마음을 열고 사과를 받아주시는 편이다.
- 이때 합의금도 미리 염두해 두고 가셔야 됩니다.(괜히 합의금 몇푼 아끼려다 소송으로 이어지면 정신적·물질적 시달림은 배가됩니다.)
- 지휘봉으로 머리통 살짝 한대 때렸는데? 어떻게 200을 줄 수 있나? 라고 생각하시면 오산입니다. 합의금은 정해진 기준이 없습니다. 한마디로 부르는게 값입니다. 지나치게 상식밖의 합의금을 요구할 경우에는 동료들이나 지인들이 대신 나서는 것도 방법입니다.

2) 주변 동료들의 역할
- 만일 체벌당사자와 보호자간의 합의가 제대로 이루어 지지 않는 경우는 동료교사/교감/교장선생님들께서 보호자를 찾아 뵙고 사과와 합의를 시도하셔야 합니다.(대개는 관리자 분들이 안나서고 당사자 개인에게 방치하는 경우가 많음) 정말로 지독한 학부모가 아니라면 상식적인 선에서 합의가 이루어지게 마련입니다.

3) 소송으로 가는 경우
- 단순 과실인 경우
  굳이 변호사 선임하시지 않고 나홀로 소송에 임하셔도 신변에 커다란 피해를 입지는 않습니다.(결과는 벌금 50~200만원 정도입니다)
- 대법원 홈피에 준비서면, 답변서 등 양식 참조하셔서 제출하시면 되겠습니다.

- 다소 심한 과실인 경우
  주변에 잘아는 법조인이 1도 없는 경우에는 출신 대학교 총동창회 사무실에 연락해서 동문변호사를 소개 받는 것을 권해 드립니다.

- 변호사 선임 방법
  저렴하다고 덥석 선택하지 마시고/ 부장검사 출신이라고 덥석 선택하지 마시고/비싼것이 좋다고 덥석 선택하지 마시고... 사건을 시종일관 성실하고 책임감있게 사건을 맡아줄 변호사가 필요하다.
- 결론은? 학부모와 송사에 휘말린 사건은 대개 단순한 사건이기 때문에 연수원 출신 변호사라도 성실한 변호사를 선임하시길 바랍니다.
- 따라서 대학 동문소개, 친인척 등에게 검증된 변호사를 소개 받는것이 그나마 리스크를 줄이는 방법입니다.
- 전관예우는 옛날 얘기입니다.(저는 그렇게 믿고 싶습니다.ㅎㅎ) 위에서 말씀 드린 것처럼 책임과 성실성을 겸비한 저렴한 변호사가 최선입니다.

4) 소송에 임하는 자세
- 판사님들도 일반 형사 사건과는 다르게 학교 교사들이 수 많은 학생들을 교육하는 과정에서 발생된 사안에 대해서 대체로 정상참작을 해 주시는 만큼 솔직하게 인정하는 자세가 중요합니다.
- 사실관계를 왜곡하기 보다는 진심으로 참회하고 뉘우치는 모습을 일관되게 보이는 자세가 양형에 반영이 되는 만큼 진솔한 자세가 요망됩니다.

악성민원 예방을 위한 학부모와의 소통

악성 민원을 예방하기 위해 학부모와의 소통을 체계적이고 전략적으로 개선하는 것은 필수적이다. 이를 통해 갈등을 사전에 방지하고, 학부모와 교사가 협력적인 관계를 유지하며 학생의 교육에 집중할 수 있도록 해야 한다.

〈학부모님들에게 큰 행사 보다는 평소 점심시간 스포츠리그 안전 도우미 역할을 부탁 드렸더니 매일 같이 하루도 빠짐없이 당번을 정하셔서 수고를 해 주신다. 처음에는 전

업주부 어머님들 위주로 수고를 해 주셨으나 나중에는 직장에 다니시는 부모님들도 잠시 외출 나오셔서 수고를 해 주신다. 학부모와의 소통이 특별한게 있겠는가? 우리 학생들 건강하게 잘 키우는게 베스트 아닐까?)

학부모 소통의 기본 원칙 정립

투명성과 일관성 유지
- 명확한 정보 제공: 학급 운영 방침·수업 계획·평가 기준 등 주요 정보를 학기 초에 명확히 안내.
- 일관된 규정 준수: 모든 학부모에게 동일한 기준과 절차를 적용하여 불공정한 대우라는 오해 방지.
- 정기적 소통: 가정통신문·이메일·학급 공지 앱 등을 통해 학부모와 주기적으로 소통하며 정보 공백을 최소화.

공감과 경청의 자세
- 학부모의 의견을 진지하게 듣고 공감하는 태도를 보이며 신뢰를 형성.
- 민감한 상황에서도 차분하고 긍정적인 태도로 대화하여 갈등을 최소화.

악성 민원 예방을 위한 구체적인 방안

초기 소통 체계 강화
- 학기 초 오리엔테이션: 학부모를 대상으로 학교 및 학급 운영 방침·교사의 업무 범위·소통 방식 등을 상세히 설명.
- 예: 민원 처리 절차·상담 가능한 시간과 방법 등.
  자주 묻는 질문(FAQ) 제공: 자주 발생하는 학부모의 질문에 대한 답변을 문서나 온라인 자료로 제공.

소통 창구의 체계화
- 공식적인 소통 채널 지정:
- 교사가 직접적으로 학부모의 연락을 받는 것을 제한하고, 학교의 공식 연락

창구(전화·이메일·학급 앱)를 통해 소통하도록 유도.
- 응답 시간 설정:
  - 학부모가 교사에게 연락할 수 있는 시간을 명확히 정해 근무 외 시간에 교사가 방해받지 않도록 조치.

학부모 대상 교육 및 지원

학부모 교육 프로그램 운영
- 교권 존중 교육: 학부모가 교사의 역할과 권리를 이해할 수 있도록 교육 세션 제공.
- 학생 지도법 세미나: 학부모가 자녀와 효과적으로 소통하고 지도하는 방법을 학습할 기회 제공.

학부모 간담회 및 참여 확대
- 정기 간담회를 통해 학부모가 학교 운영과 교육에 대해 의견을 제시할 수 있는 기회를 제공.
- 학부모가 직접 학교 활동(봉사, 행사 등)에 참여하도록 유도하여 긍정적인 관계 형성.

문제 발생 시 대응 매뉴얼 구축

학교 차원의 대응 체계
- 민원 전담팀 운영: 악성 민원이 교사 개인에게 부담으로 작용하지 않도록 학교 내 민원 전담 부서를 운영.
- 학교-학부모 중재위원회 설립: 갈등이 발생할 경우 독립적인 중재 위원회를 통해 문제를 해결.

법적 지원 체계 마련
- 교사 보호 법률 안내: 교사가 악성 민원을 당할 경우 취할 수 있는 법적 절차와 지원 방안을 사전에 안내.

- 법률 상담 서비스: 교권 침해가 발생하면 학교나 교육청 차원에서 변호사 상담과 법적 지원을 제공.

교사와 학부모 간 긍정적 관계 구축

긍정적인 피드백 제공
- 학부모와의 첫 소통은 자녀의 긍정적인 면을 강조하며 시작.
- 예: "학생이 수업에 적극적으로 참여하고 있습니다."

학부모의 의견 존중
- 학부모가 제안하거나 우려를 제기할 경우, 이를 반영하려는 태도를 보이며 협력의 가능성을 열어둠.
- 단, 현실적으로 불가능한 요구는 명확히 설명하며 거절.

감사 표현
- 학부모의 협조나 기여에 대해 적절히 감사 인사를 표현하여 긍정적 관계를 유지.

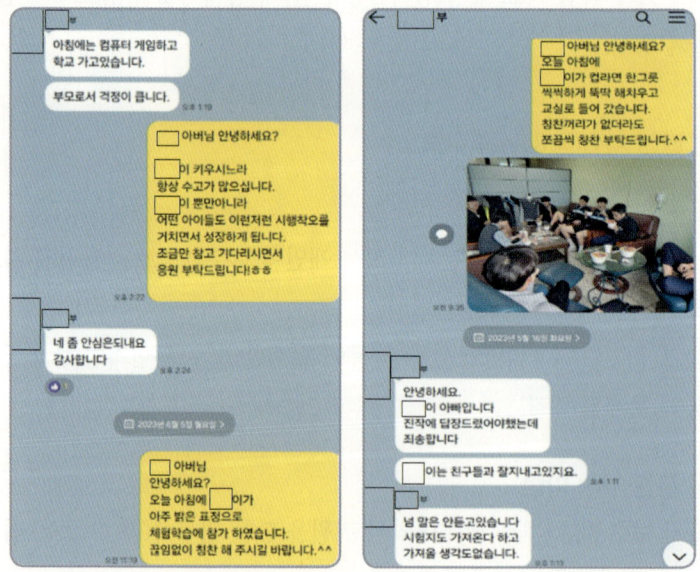

〈학부모의 고충을 공감해주고 경청해 주는것 만으로도 악성민원 예방효과가 크다〉

결론

악성 민원을 예방하려면 교사와 학부모 간의 신뢰와 존중을 바탕으로 체계적인 소통 구조를 마련하는 것이 중요함. 학부모와의 소통을 일방적인 전달이 아닌 협력적 관계로 전환하고, 교사를 보호할 수 있는 제도적 기반을 강화해야 함.

| 주제 | **1. 전화 한통으로 같은편 되기** |

기대 효과

　　사람들이 모이는 곳에는 시비거리가 생기기 마련인 만큼 학기 초부터 학교에서 벌어지는 소소한 일상들을 보호자들과 공유하면서 교사가 먼저 다가가는 게 중요하다. 절대로 비굴한 게 아니다. 직접 통화보다는 문자 및 카톡 등을 이용하여 학교에서 일어나는 아주 사소한 소재들로 가볍게 라포를 형성하면 효과 만점이다. 교사의 친절함에 대부분의 학부모님들은 학급과 학교에 대한 친근감을 느낀다. 학부모님들과의 적당한 신뢰관계는 훗날 예기치 못할 사안(학폭·부상 등)이 발생하더라도 분쟁으로 이어지지 않고 순탄하게 수습이 된다.

1. 사소한 소재로 라포 형성

- 문자, 카톡으로 가볍게
- 학기초부터 먼저 다가 가자!
- 사소한 학교소식 부터
- 시시콜콜한 일상으로 관심 표명
- 소소한 전달(학교사진 등)

| 주제 | **2. 가정의 결핍 학교가 채워주자!** |

| 기대 효과 | 학교 적응에 어려움을 겪고 있는 학생들은 학생 본인보다는 거의 다 가정에 문제가 있다. 가정에서부터 사랑이 결핍된 채 학교에 등교하니 정상적인 학교생활에 어려움이 많다. 어쩌다가 한 번씩 학교에 올 때 반갑고 살갑게 맞아주는 게 중요하다.

자녀와 관련된 식사·친구관계·건강 부분 등을 학부모님들과 서로 공유하면서 신뢰를 쌓다 보면 악성민원의 여지가 원천 차단되는 효과를 얻을 수 있다. 예방이 학교를 지키는 최고 비법이다.

다른친구들처럼 정상 등교는 못하고 있지만 돼도록이면 점심전에는 등교할수 있게 노력중입니다
예전보다는 엄하고 강도있게 조율하고 있습니다
항상 감사드리구요
졸업하는 날까지 큰사고 없이 졸업만 할수 있으면 더이상 바랄것이 없습니다
사진 고맙습니다

2024년 9월 13일 금요일

☐ 아버님 안녕하세요?
오늘 ☐이가 학교에 등교해서 친구들과 밝은 표정으로 급식도 먹고 다녀갔습니다.
항상 밝은 표정으로 등교하니 보기도 좋습니다.
추석 명절 잘 보내시고 건강하시길 바랍니다.

| 주제 | **3. 학부모를 VIP 고객처럼** |

| 기대 효과 |

    학교생활에 잘 적응하지 못하는 학생들의 면면을 분석해 보면 학생들은 어린 시절부터 부모님의 갈등으로 인한 가정불화 속에 성장한 것을 알 수 있다. 이미 돌이킬 수 없는 상처를 안고 학교에 다니기 때문에 정상적인 학교생활이 사실상 어려운 학생들이 많다. 이런 경우 아이들만 바꿀 게 아니라 아이들의 보호자들과 끊임없는 신뢰관계 유지가 필연이다. 사회활동이 녹록지 않은 부모님들이 많은 만큼 그분들을 존중해 드리고 백화점 VIP 고객 대하듯이 친절하게 신뢰를 형성하는 게 좋다. 훗날 학교에서 어떤 상황이 발생되어도 대립 관계가 아닌 문제 해결하는데 아군 동지가 되는 경우가 많기 때문이다.

주제

기대 효과

4. 대형사고 예방은 학부모와 함께

　　요즘은 일부 초등학교 학생들조차도 강력 사건에 연루되는 경우가 빈번하다. 유년기부터 시작된 게임중독+가정불화+ 부모님 별거+가정폭력으로 노출된 청소년들을 학교가 어찌할까? 어떤 샘들은 '학교가 괜히 개입했다가 본전도 못 찾는다.'고 손사례를 치는데 그렇게 멀리할수록 학교는 더욱 수렁에 빠질 가능성이 높다. 비행청소년들은 대부분 학교 밖에서 비행을 저지르기 때문에 학교가 행정적으로 책임질 부분은 거의 없지만 이런 학생들을 비행 초기부터 학교가 적극적으로 개입하지 않으면 훗날 사회적으로 엄청난 재앙으로 돌아온다. 운전을 하다보면 타이어펑크, 각종 교통사고 등이 예고 없이 찾아오게 마련이다. 자동차를 운전하면서 많은 혜택을 보기 위해서는 어쩔 수 없이 감수해야 될 부분이다. 교통사고 염려 때문에 운전을 안 할 수는 없는 노릇이다. 마찬가지로 우리 교사들이 교직생활을 하면서 여러 가지로 어려운 점이 많지만, 타 직종에 비해서 보람도 많고 워라벨 측면에서 결코 나쁘지 않다. 학생들에게 벌어진 상황을 무조건 피할 게 아니라 오히려 적극적으로 관심 가져주고 함께 대처해주게 되면 보호자들과 둘도 없는 동지가 되게 마련이다. 비행을 저지르는 학생들이 순식간에 갑자기 좋아지지는 않지만, 제도권에서 크게 벗어나지 않도록 신뢰의 고리를 이어가는 것이 중요하다. 보호자와 교사들의 기다림과 헌신은 시간은 걸리지만 아이들은 반칙을 멈추고 원래의 자기 모습으로 되돌아 간다는 것이다.

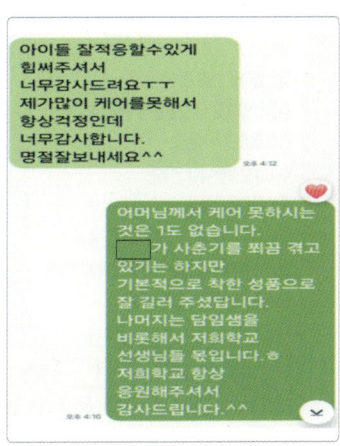

주제	**5. 학교 권력 일부 나눠주자!**
기대 효과	

　　학교생활에 어려움을 겪는 학생들에게 준 VIP 대접을 해주게 되면 학생들은 물론이고 학부모님들조차도 만족도가 높다. 그동안 학교가 성적우수자들 위주로 칭찬해주고 예우를 해준 게 오랜 관행이다. 반면에 그동안 학교는 반칙· 빈곤 ·가정폭력 ·애정결핍 등으로 힘든 시간을 보내는 학생들에게는 낯선 장소 였다. 학교는 이 아이들이 학교에 와서 주눅 들지 않고 기지개를 펼 수 있도록 방석을 준비해야 한다. 의외로 비용도 많이 안 들고 가성비도 높다.

　　성장 과정에서 칭찬을 특별히 받아본 경험이 없다 보니 사소한 배려와 칭찬에도 아이들은 신이 난다. 수업시간에 교과부장 역할을 부여하고 수업 준비를 교사와 함께 할 수 있도록 배려하면 아이들은 소속감·자존감 상승으로 이어지면서, 학교에 새로운 활력소를 제공하는 역할을 한다. 권력 아닌 권력을 골고루 분배해서 힘든 아이들에게 희망을 제공한 예이다.

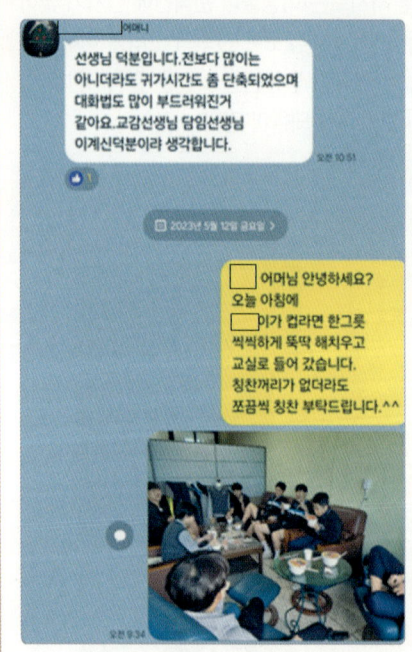
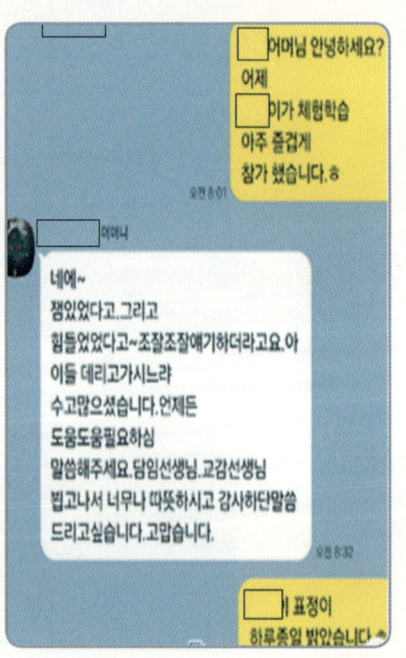

6교시 행복한 교사는 무엇이 다른가?

흔들리는 선생님들

한국교총이 제43회 스승의 날을 맞아 4월 26일부터 5월 6일까지 전국 유·초·중·고·대학 교원 1만 1320명을 대상으로 '교원 인식 설문조사'를 진행한 적이 있다. '현재 교직 생활에 만족하십니까?' 질문에 전체 응답자의 21.4%만 '그렇다'고 답했다. 지난 2006년 첫 조사 때 70% 가까이 나왔던 것에 비해 차이가 크게 벌어졌다.

'교직 생활 중 가장 큰 어려움은 무엇입니까?' 질문에 대한 답변으로 '문제 행동·부적응 학생 등 생활지도'가 31.7%로 가장 많았다. '학부모 민원 및 관계 유지(24.0%)', '교육과 무관하고 과중한 행정업무·잡무(22.4%)'가 뒤를 이었다. 특히 생활지도의 어려움을 호소한 비율은 전년 대비 2%p, 행정업무 부담에 대한 비율은 4.2%p 상승했다.

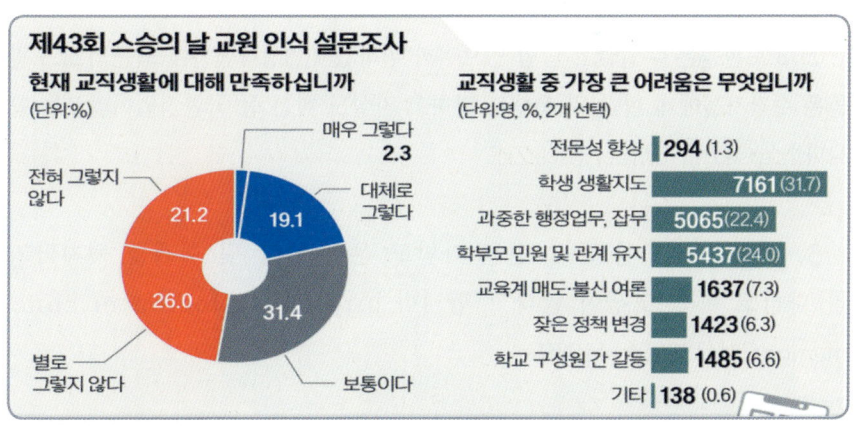

〈출처 : 한국 교육신문〉

교사가 되기 위해서 수많은 관문을 통과하고 어렵게 교직에 진입한 후배 교사들이 학교 현장을 떠나고 있다.

교사들이 교직생활에 어려움을 느끼는 부분은 크게 2~3개로 나타난다. '문제학생 생활지도'와 '학부모 민원' 부분으로 나타났다.

교육부가 학생들의 문제행동에 대한 대비책은 2023년 8월 23일 고시가 되었지만 문제는 일부 학부모들의 무분별한 악성민원과 고소고발이 여전히 교사들을 힘들게 하고 있다. 필자는 보석보다 소중한 후배 교사들의 어려움과 고통을 조금이나마 덜어 드리고자 다음과 같은 대비책을 제안 드리고자 한다.

교사들도 행복할 수 있을까

최근 학교현장에서 나타나는 일부 학부모들의 악성민원 및 학생들의 몰상식한 행위들에 대해서 수도권 ㅇㅇ교 후배선생님으로부터 절망 가득한 글을 받고 답장을 드렸습니다.

1. 우리 사회는 교사와 보수가 비슷한 공무원들이 있습니다. 경찰관, 교도관, 소방관, 9급 공무원, 부사관, 장교...나름대로 다들 1장 1단이 있습니다.

2. 교도관들은 수업없고 담임 없으니까 편하겠지(?)생각했는데 최근의 교도관들은 수감자들에게 협박 및 폭행도 당하고 자살도 하는 등 극한직업이라고들 합니다. https://naver.me/xPvIsZrE

3. 경찰관들 또한 온갖 민원 다받고 온갖 진상 및 취객들 뒷치닥거리 다하고 마음 고생이 많다고 합니다. https://m.blog.naver.com/memory21l/222906441939

4. 9급 공무원도 수업 없고 담임 없으니까 편하겠지(?) 생각했는데, 온갖 민원

때문에 스트레스 받고 3년만에 그만 두시는분들 수두룩합니다.https://naver.me/5QulL0mE

5. 연봉 많이주는 대기업이나 공기업으로 갈 걸(?) 그분들 또한 애로사항이 많습니다.제가 아끼는 공과대학 후배는 학교 다닐때 수재 소리를 들을 정도로 명석했는데 국내 ㅇㅇ대기업에 갔다가 치열한 경쟁속에서 발버둥치다가 45세에 별세했답니다. 50세 안팍의 사원들은 임원급으로 진급하면조기퇴직 당하기 때문에 진급 안하려고 발버둥 친다고 합니다.ㅜㅜhttps://naver.me/F0kx4tu9

6. 교사들을 불문율로 존경하고 지켜주던 시절은 지나 갔습니다. 지금은 존경의 시대에서 일반공무원 시대로 넘어가는 과도기 같습니다.학생이나 학부모들이 과거처럼 우리들을 존경하겠지(?)라는 기대를 내려놓고 그냥 덤덤하게 사무적으로 민원인들 대한다는 마인드도 아주 많이 필요한 시기 같습니다.http://m.kyeongin.com/view.php?key=20240422010002440

7. 손님중에 진상 있듯이 학생중에 "갑툭튀" 한두명씩 나오면 크게 당황하거나 실망하지 마시고 영혼없이 메뉴얼대로 처리합니다."당신 교육자 맞습니까" 따지고 들어도 어쩔수가 없습니다!

8. 마음의 근육 못지않게 사회적근육도 차근차근 쌓아야 됩니다. 그와중에도 교육자로서의 인간적 다정다감과 휴머니즘은 반드시 잃지 말아야 되는 것은 당연합니다.

9. 세상이 어지럽고 혼탁해서 교직생활 못해먹을것 같지만, 다른 직업들에 비하면 교직은 여전히 매력있고 보람도 많은 것이 사실입니다.(동의 못하시는 샘들도 많으실듯...)

10. 속썩이는 학생이나 학부모들 생각하면 단 하루도 못할것 같은데, 그런 부

류는 무시하시고 좋은동료, 좋은학생, 교사의 도움이 간절하게 필요한 학생(부적응학생들, 결손가정자녀들, 빈곤가정자녀들 등)들을 위해서라도 오늘 하루를 보내면서 우리들만의 행복을 찾아야 될 것 같습니다.

11. 교감은 행복할까(?) : 학교에서 평생을 담임과 수업을 병행하다가 교감으로 승진해서 수업과 담임에서 빠지게 되면 엄청난 행복감을 누릴까(?) 현실은 결코 녹록치 않은 것 같습니다. 끊임없이 들어오는 크고작은 민원과 20개가 넘는 각종 위원회 관리 등등 오죽하면 교감에서 평교사로 복귀하려는 교감이 있을까(?) https://me2.do/IFIfb5GS

12. 교권조례 같은거 지나치게 기대하지 마시고 기존에 만들어 놓은 법률로 버텨 나갈수밖에 없습니다. 학교에서 수업을 방해하는 학부모들은 형법(공무집행방해, 명예훼손죄, 모욕죄 등) 및 교원지위법 등으로 대처하면 되겠고, 상식에서 벗어난 학생들은 초중등교육법 및 교원지위법 등을 적용해서 법과 원칙대로 대처하시면 되겠습니다.

13, 세상에 말보다 쉬운게 어디 있겠습니까(?) 마는 가까이 계시는 동료들과 서로 의지하고 본인 스스로도 교직에 대한 사명감·보람·자존감을 잃지 않고 뚜벅뚜벅 헤쳐 나가시길 바랍니다.

우리가 하루하루 일상을 지내다 보면 흐린 날 보다 맑게 갠 날이 훨씬 많듯이 수업일수 190일 중에서 즐겁고 행복한 날이 월등이 많다는 긍정적 생각을 하시면서 힘차게 걸어가시길 기원드립니다.

사소한 접촉사고로 교단을 떠날것인가(?)

왜 우리애 한테만 벌점주냐(?)
애들 통제도 제대로 못하는게 선생이냐(?)
선생 자격도 없다!
왜 우리애만 차별하냐(?)

　1990년 3월 2일 첫 출근, 교직생활 35년이 순식간에 휙하고 지나갔다. 선배 교사들 고액 연봉 받는거 보면서 '아이고 나는 언제쯤 저렇게 많이 받아 보나(?)' 부러워 했었는데, 지나온 길을 돌이켜보면 월급 40만원 남짓 받았던 교사 초년기 시절이 가장 행복했던 것 같다.
　교사들에 대한 경제적 대우는 많이 향상되었지만 교사들의 직업 만족도는 과거와는 비교할 수 없을 정도로 내려갔다.

　　수업시간에 딴짓하고 방해하는 아이들
　　오전 1교시부터 업드려 주무시는 아이들
　　상습적으로 친구들 괴롭히는 아이들
　　사소한 건수로 담임샘 괴롭히는 학부모들
　　과거에는 상상도 못 할 일들이 교실 현장에서 벌어지고 있다.

　대부분의 선생님들은 탄력적으로 대응하시지만 일부 선생님들은 엄청난 고통을 호소하면서 병원치료를 받는 등 급기야 교직을 떠나시는 분들도 계신다.
　실제로 학교 현장에서 일어나지 말아야 될 행동과 막말이 난무하는게 사실이다. 이런 증상은 앞으로 더 자주 심하게 발생할 것 같다.
　학교 현장에서 그러한 볼썽사나운 행동이 일어나서는 안되겠지만 그게 어디 뜻대로 되는가(?) 이제 불량한 학생과 학부모는 지역을 막론하고 전국적으로 나타나고 있다.

최근 5년간 초·중·고 교사 3만2000여 명이 정년퇴직 전에 학교를 그만둔 것으로 나타났다. 평균적으로 1년에 5,000명 이상의 교사들이 학교를 떠나고 있다. 교권추락과 학생지도의 어려움, 낮은 처우 등이 원인으로 분석된다.

그렇다면 우리 교사들은 앞으로 막무가내식 막말을 하는 학생과 학부모들을 접했을 때 그들을 어떤 관점으로 대응하고 대처해야 할까(?)

종교적으로 도의 경지에 이른 종교인들처럼 기도하고 마음을 수련이라도 해야 되는 걸까(?)

학교를 떠나시는 선생님들의 연령대를 분석해 보면 10년 미만의 저경력교사들도 늘어나고 있다.

2023년 서이초 사태가 발생된 후 대한민국 교육계가 슬퍼하고 비통하였지만 그후에 과연 무엇이 얼마나 달라졌을까(?)

일각에서는 '학생인권조례를 폐지해야 된다' '교권을 더욱더 강화해야 된다'라고 주장하지만 그것은 또다른 진영과 진영의 대립을 불러 올 뿐이다. 앞서 악성민원편에서 언급드렸던 서이초·의정부호원초·대전관평초 사건을 분석해 보면 엄청 복잡하고 난해한 사건이 아니었다는 것이다. 사건 초기에 주변사람들, 특히 교감교장샘들이 적극적으로 개입했더라면 충분히 예방할 수 있었던 사건들이다.

뭐어어~

당분간 앞으로도 학교에 따라서는 교감교장샘들의 개인차에 따라서 그분들의 초기 도움을 못받는 경우도 생기겠지만 그렇다고 어쩌겠는가(?) 막무가내식 학생과 학부모들에게 피해를 봤다고 해서 어렵게 진입한 학교를 떠날수는 없는 노릇 아닌가(?)

학교에 남아서 버티자니 괴롭고, 학교를 버리고 떠나자니 난감하고…

교감교장 관리자들의 도움도 변변하게 못받고 교사 혼자서 고립된 채로 고통받는 교직생활을 어떻게 대처할까(?)

결론은 '현재 교사 본인이 처한 상황을 너무 크게 확대해서 생각하지 말라'는 것이다. 즉, 돌이킬 수 없는 대형 교통사고로 생각하지 말고 그냥 평범한 접촉사고 쯤으로 간단하게 생각하라고 주문드리고 싶다.

우리 현대인들이 사소한 접촉사고 살짝 났다고 운전대 안 잡을 수 없는 것처럼 막무가내식 학생과 학부모들에게 낯선 상황 겪었다고 교단을 떠날수는 없다는 것이다.

대단히 죄송한 표현이지만 '앞으로 우리 교사들도 좀 뻔뻔해지라'고 간곡하게 주문드리고 싶다.

우리 교사들이 도대체 무엇을 얼마나 잘못했는가(?)

수업 시간에 실수로 다치고, 급우들과 다투고, 넘어지고...

이 모든게 자연스러운 현상이고 성장하는 과정에서 필연적으로 발생되는 통과의뢰임에도 작금의 현실은 교사와 학교를 마치 파렴치범 다루듯이 몰아붙이고 있다.

2025년부터 교직생활은 더 이상 막무가내식 학생과 학부모들에게 끌려 다니지 말자!

그러기 위해서는 마음 수련하면서 내공을 쌓는 것도 중요하지만, 필자는 좀 색다른 주문을 드리고 싶다.

주말이나 방학 때 교양·전공관련 소양을 쌓는 것 보다는 우리 서민들의 민생 현장을 자주 방문하고 체험하면서 세상에 대한 근육을 키워보길 적극 추천 드린다.

노량진 수산시장
가락동 농수산물 도매시장
서울역광장 노숙인 급식소
친척들이 운영하는 자영업 알바체험(슈퍼, 식당, 편의점 등)
도배시공 현장, 타일시공 현장, 싱크대 공장, 아파트공사 현장 등등

재래시장 현장에서 과일이나 야채 판매하시는 분들의 하루 일과를 지켜보면 정말로 경외감이 들 정도로 대단하시다는 느낌을 받는다.

특히, '한 여름철 35도가 넘는 폭염에도 새벽부터 나와서 에어컨도 없이 하루 종일 이런저런 손님들 맞이하는 것을 보면 교직에 있는 내 자신이 비교할수 없을 정도로 행복하구나'라는 생각이 든다.

수박 사러온 손님중에는 수박을 10분 이상을 이리저리 두드려 보다가 그냥 가시는 손님, 수박 살짝 덜 익었다고 반품하는 손님, 2천원 깍아 달라는 손님, 지하주차장까지 배달 요구하는 손님 등등

　별의별 손님들이 오고 가는데도 수박가게 사장님은 항상 싱글벙글 웃으면서 장사를 하신다. '힘들지 않으세요(?) 물어보면, 그냥 할만해요' 하면서 웃음으로 대신하신다. 진상 손님들에게 성질나는대로 원칙대로 대응하면 진작에 수박장수 폐업할 수밖에 없다고 단언하신다.

　그렇다! 이제 대학교에서 가르쳐 준 교육학 만으로는 학교에서 버텨낼 재간이 없다. 우리 교사들도 교육이 아닌 다른 일들을 다양하게 겪어 보면서 사회적 근육을 길러야 버틸수 있는 세상이 도래했다.

　이렇게까지 해야되냐(?)고 한탄하지 말고 교육을 위한 또다른 연수 받는다는 관점으로 준비하자!

| 주제 | **1. 부적응학생 때문에 힘들다(?)** |

대부분의 학생들은(그 학생이 ➡ 그 학생)
- 모든 학생은 다르다(?)
- 어떤 학생은 ➡ 희(喜)
- 어떤 학생은 ➡ 노(怒)
- 어떤 학생은 ➡ 애(哀)
- 어떤 학생은 ➡ 락(樂)
- 급한 학생부터 구출하자!

대상 및 해결방법

누구부터〉

담임 교사를 맡게 되면 학급 정원 25명 중에서 1년 내내 담임교사의 속을 많이 썩이는 학생들이 적게는 10%, 많게는 20% 정도 된다.

해마다 맞이하게 되는 부적응학생 5~6명을 천덕꾸러기 취급하거나 배제시키면 오히려 더 큰 부작용으로 나타 날 수 있기에, 학급의 주요 행사에서 중용시키거나 비중 있는 역할을 부여하면서 자존감을 길러주는 것을 권장한다.

물론 교사는 교육자이기에 학급구성원 25명 전원을 골고루 편견없이 대하는게 맞겠지만 그 중에도 교사의 관심과 사랑이 한시라도 급한 학생부터 손길을 뻗어줘야 된다. 그 대상은? 가정에서 충분한 관심과 돌봄이 결핍된 학생들이다. 부적응의 형태는 은둔형 외톨이 · 수업 방해형 · 교권침해형 · 절도 · 금품 갈취형 등 다양한 형태로 나타나는데 사전 예방이 최선이다. 그런데 이 과정에서 학교현장의 선생님들은 온갖 에너지를 소모시키면서 애를 태운다.

담임교사 마음의 근육 기르기〉

부적응학생들은 상태가 좋아 지다가도 어느 순간 갑자기 이탈하는 경우가 있다. 아이들은 원래 속을 썩이면서 크게 마련이다. 자동차 타이어가 펑크 나면 수리한 후 태연하게 운전하듯이 교사는 학교에서 있었던 모든 일들을 퇴근과 동시에 깨끗하게 지워버리고 일상으로 돌아가면 된다. 잘 안되더라도 혼자서 독백처럼 '우리 학생들은 문제없다'고 계속해서 되뇌이다 보면 미워지는 학생들이 한명도 없게 된다. 교사는 지나간 잔상을 빨리 지워버리고 본래의 상태로 회복시키는 연습이 필요하다. 교사 자신 곧 내 마음이 행복해지기 때문이다. 결국 내가 있어야 아이들도 만날 수 있기 때문이다. 따라서 아이들을 오랫동안 만나기 위해서는 교사 자신이 행복해야 된다.

| 주제 | **2. 부적응학생은 어디에서 왔는가(?)** |

부적응학생은 왜 발생하는가(?)
- 마땅히 누려야 될 인간의 본능 결핍(?)
- 따뜻한 사랑, 관심, 보호… 결핍!
- 자기들끼리 결혼➡자기들끼리 이혼
- 어느날 출생 ➡ 어느날 혼자 방치!
  (한손에 스마트폰 쥐어 놓고)
- 과거엔 친척이➡요즘엔 무방비 방치

대상 및 해결방법

누구부터〉

최근의 학교 현장은 이른바 결손가정 자녀들을 잘 키워내는 게 중요한 과업이 되었다. 결손가정 자녀들을 방치하게 되면 학교생활 부적응으로 이어지게 될 가능성이 매우 높아지기 때문이다. 부모님으로부터 한없는 사랑을 받으면서 커도 부족할 판인데, 어느 날 갑자기 부모님이 결별하는 대참사가 발생한 것이다. 어린 청소년들에겐 이것 보다 더 큰 충격은 없을 것이다. 가정에서 발생된 엄청난 결핍을 누가 채워 줄 것인가(?) 과거에는 이모·고모·삼촌·할머니 등이 채워 주었지만 최근에는 그마저도 기대하기 힘든 세상이 되었다.

어떻게 대처할까(?)

정서적으로 결핍된 학생들의 공통점은 주변 사람들로부터 관심·보호·사랑·존중·인정을 제대로 못 받았다는 것이다. 그 아이들이 학기 초에 기선제압 차원에서 주먹을 쓰고 난리를 쳤을 때, 정면 대결은 자제하는 것이 좋다. 물론 잘못한 부분은 교칙에 따라서 처벌하겠지만 교사가 정색을 하면서 질책하는 것은 금물이다. 결핍 학생들이 지닌 사연과 원인을 파악하고 일부라도 조금씩 채워주게 되면 아이들은 서서히 변화를 보인다.

가정과 친척이 채워주지 못하는 부분을 이제는 학교가 채워줘야 되는 시대가 왔다. 학교는 이모·고모·삼촌 역할은 물론 동네 병원 의사 역할까지도 감수해야 된다. 아이들이 정서적 결핍을 딛고 회복하기까지는 많은 시간이 걸리겠지만 끊임없는 지지와 응원이 필요하다.

| 주제 | **3. 부적응학생 구출 비결(?)** |

> **대부분의 학생들은(그 학생이 ➡ 그 학생)**
> - 모든 학생은 다르다(?)
> - 어떤 학생은 ➡ 희(喜)
> - 어떤 학생은 ➡ 노(怒)
> - 어떤 학생은 ➡ 애(哀)
> - 어떤 학생은 ➡ 락(樂)
> - **급한 학생부터 구출하자!**

대상 및 해결방법

구출 시기

학기 초부터 발 빠르게 하루라도 먼저 다가가서 손 내미는 게 최선이다. 일부 학생들은 가정에서 입은 데미지 때문에 좀처럼 마음을 열지 않는 경우도 있지만, 열 번 찍어 안 넘어가는 나무 없다. 교사는 어른이고 교육 전문가인 만큼 교사가 먼저 고개 숙이고 다가가면 아이들은 어지간하면 따라오게 마련이다. 절대로 비굴한 게 아니고 굴복도 아니다. 급하기 때문이다.

구출 방법

학습적인 부분보다는 학교에 나오는 그 자체를 대견하게 생각하고 지지와 칭찬을 해주면서 학교에 대한 애정과 소속감을 느낄 수 있도록 한다. 간간히 간식을 제공하면서 학교가 따뜻한 곳이라는 느낌과 신뢰를 주는 게 중요하다.
- 학급 내에서 의미 있는 역할을 부여하면서 자존감을 키워주는 게 중요하다. 학급의 체육부장 같은 직책을 주고 학급의 체육 행사를 진두지휘할 기회를 주는 것이 효과가 좋다.
- 학교생활 속에서 소소한 칭찬 거리를 끊임없이 생산해서 작은 칭찬을 자주하는 것이 효과가 높다. 곧 아이들에게는 100점짜리 칭찬 한 달에 한번 주는 것 보다는 10점짜리 칭찬을 10회에 걸쳐서 나눠 주는 게 좋다는 것이다.
- 이른바 부적응학생들이 마음을 잡고 나면 최대의 수혜자는 바로 교사들이다. 일단 수업시간에 수업 방해 및 교권침해가 사라진다. 사고칠 때는 밉다가도 조금씩 나아지는 모습을 볼 때 마다 엔돌핀이 무한정 쏟아지는 느낌이다. 교사들이 행복하기 위해서는 아이들을 하루 속히 구출하는 게 저비용 고효율 상책이라고 할 수 있다.

| 주제 | **4. 진상학부모, 비상식적 동료 때문에 학교가 싫어요(?)** |

올해는 제발, 제발, 제발(?)

- 진상 학부모 우리반 안돼(?)
- 부적응학생은 다른반으로(?)
- 비상식적 동료는 반품(?)
- 비상식적 동료 A/S는 누가(?)
- 행복한 교사 Vs 불행한 교사

대상 및 해결방법

무엇이 문제일까〉

　한국 교총이 작성한 통계에 따르면 교사들이 교직생활 중 어려움을 호소하는 요소는 수업이나 업무 때문보다는 학생·학부모·동료 등 학교내에 존재하는 사람들과의 관계 때문이라고 한다.

- 최근 한국의 학교 선생님들이 교직생활을 하면서 가장 두려움의 대상은 학부모라고 한다. 결론적으로 말하자면 전혀 그럴 필요가 없다. 학부모는 괴물이 아니고 적군도 아니다. 교사 자신과 같은 편이라고 생각하면 한없이 편하고 듬직한 우군이라고 생각하면 된다.
- 악성민원을 지속적으로 제기하는 학부모 때문에 교직생활 자체가 싫어지는데 어찌 미워하지 않을 수가 있겠냐(?)고 하지만, 그렇게 몰상식한 학부모는 시간이 지나가면 내 앞에서 전부 사라진다는 것을 간과하면 안 된다. 교사 자신이 비도덕적인 실수를 하지 않았다면 일부 학부모들의 악성민원에 사로잡히지 말고 그냥 건성으로 넘기는 게 중요하다는 것이다.
- 악성민원이 어디 학교에만 있겠는가(?) 동사무소·구청·시청·공기업 등등 어딜 가더라도 악성민원 제기하는 사람은 늘 존재하기 마련이다. 그래서 그들과 같이 길을 걸어간다고 생각하면 힘들게 하나도 없을 것이다.
- 비상식적 동료들 때문에 교직생활에 고충을 토로하는 교사들도 많은데 그 또한 병가지상사라고 치부하길 바란다. 학교를 그만두고 대기업 공채로 입사하면 비상식적 선배들이 없을까(?) 우리 사회 어딜 가더라도 내 맘에 쏙 드는 직장은 이 세상에 없다. 비상식적 동료들의 수군거림이 있으면 한쪽 귀로 듣고 한쪽 귀로 흘리면 그만이다. 내 인생 살아가면서 내가 주인공이 되기 위해서는 내 행복 내가 선별적으로 가꾸는 수밖에 없다.

주제 **5. 우리도 행복 할 수 있을까(?)**

행복한 교사는 무엇이 다른가?

- 항상 긍정적인 교사!
- 항상 친절한 교사!
- 항상 미소짓는 교사!
- 항상 성실한 교사
- 항상 너그러운 교사

행복의 조건

- 막말하지 않는 교사, 큰소리 치지 않는 교사, 소통하는 교사!
- 칭찬을 하는 교사, 동료들의 장점을 전하는 교사, 항상 미소 짓는 교사!
- 교사들도 행복할 수 있을까(?)
- 야생에서 자라는 이름 없는 잡초들과 나무들처럼 우리 교사들도 학생·학부모·동료들에게 항상 너그럽고 묵묵히 생활하면 된다.
- 일부 부적응학생들과 학부모들의 낯선 행동에 대해서 너무 민감하게 일희일비 않고 1년에 최소 몇 건은 필연적으로 발생될 것으로 미리 염두해 두면 아무것도 아닐 수도 있다. 1학기에 '학폭' 없으면 2학기에 어김없이 발생되는 것처럼 사람들 생활하는 곳에 시시비비가 있을 수밖에 없다는 생각을 하면서 생활하면 된다.
- 자동차가 주행을 하게 되면 필연적으로 크고 작은 교통사고가 발생되는 것처럼 사람이 모이고 학생이 모이는데 어찌 다툼이 없겠는가(?) 예상치 못한 상황이 발생 되더라도 스트레스 받지 않고 침착하게 대응하면 모든 게 지나가게 된다.
- 일부 동료들, 일부 학부모들의 비상식적 행위 역시도 곧바로 정색하고 대응하지 않고 침착하게 들어주다 보면 절반은 해결되는 것이 다반사다.
- 교사 자신이 행복하기 위해서는 교사 자신도 스스로 작은 성취·작은 행복을 생활속에서 발견하고 적극적으로 사용해야만 된다.
- 지인들과의 적당한 교류·운동·맛집 투어 등을 통해서 교사 스스로 행복해지려고 노력해야 된다.
- 학교에서 교직생활을 하다 보면 적지 않은 스트레스가 밀려오게 마련이지만 절대로 짜증내지 말고 항상 넉넉한 마음으로 '세상에서 내가 가장 행복하다'고 속삭이면서 하루를 보내면 학교라는 곳은 세상에서 가장 행복한 공간이 될 수도 있다.
- 남들과 비교하지 않고 '내 인생 내가 주인공이다' 생각하면서 걸어 가자!

2부 희망을 주는 학교

1교시 훌륭한 초등학교는 무엇이 다른가?

초등학교는 교사천국(?)

불과 10여 년 전까지만 하더라도 초등학교 1학년 담임은 초등학교 선생님들께서 가장 선호하는 보직이었다. 이유는 타학년에 비해서 수업 시수가 상대적으로 적을 뿐만 아니라, 학생들이 아직 어리기 때문에 고학년들에 비해서 교사들의 지시에 비교적 잘 따르기 때문이다.

거기에 4교시 수업을 마치면 학부모님들께서 청소당번 조를 짜서 학생들을 대신하여 매일같이 청소를 해주기 때문에 그야말로 1학년 담임선생님들은 꽃방석이나 다름없었다. 따라서 1학년 담임은 거의 모든 학교가 젊은 교사들보다는 연세 지긋 하신 고참 원로 선생님들의 전유물이나 다름없었다.

그렇지만 지금은 다 지나간 아련한 추억으로 남아 있을 뿐이고, 1~2학년 저학년 담임은 누구도 떠 맞지 않으려는 가장 기피하는 보직이 돼 버린 지 오래다.

그렇다면 그토록 선호하던 1~2학년 담임을 극도로 기피하게 만든 이유는 무엇일까?

대한민국에 갑자기 전쟁이라도 일어나고 천재지변이라도 일어난 것 일까? 초등학교에서 저학년 담임을 기피하는 원인이 어디에 있는지 살펴보고자 한다.

초등학교에 나타난 금쪽이들

이미 초등학교 입학 전부터 스마트폰 중독이 시작된 아이들이 초등학교에 입학해서 교실을 휘젓고 다니고 있다.

일명 금쪽이들이 나타난 것이다.

원래 '금쪽'이라는 단어는

1. 작은 조각의 금.
2. 아주 귀한 것을 비유적으로 이르는 말이다.

그런데 최근에 '금쪽이'라는 단어는 원래의 어원과는 다르게 오은영 박사께서 진행하는 방송에서 '금쪽이'라는 단어를 사용하시면서 다른 의미로 사용되고 있다.

오은영 박사는 원래 정신건강의학과 전문의이며 대학교 교수님이었는데, 2005년 SBS의 육아프로그램 '우리 아이가 달라졌어요'를 진행하며 유명해졌다. 그러다가 2020년부터 채널A에서 '금쪽 같은 내새끼'를 통해 폭발적인 관심을 끌고 있다.

〈출처 : 채널A 금쪽같은 내새끼〉

요즘 학교현장에서 금쪽이를 찾는 것은 크게 어렵지 않다. 모든 교실에 2~3명씩, 많게는 5~6명에 이르고 있기 때문이다. 특수학급이 아닌 일반 학급에서 금쪽이들을 손쉽게 찾아 볼 수 있다. 사실 코로나 이전에는 금쪽이라는 존재조차도 모른 채 '그냥 좀 나대는 아이'로 치부하면서 1년을 보내기에 바빴다.

교실안에 머물러 있던 금쪽이가 세상 밖으로 드러난 것은 위에서 언급한 오은영 박사님의 금쪽상담소 영향이 절대적이라고 할 수 있다.

사람들은 너도나도 공감했고 시청률은 최고 절정을 달렸다. 오은영 박사는 순식간에 스타덤에 올랐고 무에서 유를 창조하시는 마이더스의 손처럼 존경을 받았다. 왜냐하면 금쪽이 부모님들이나 일선 학교 선생님들이 1년 내내 해결 못하는 것을 오은영 박사님은 단박에 해결 해 내시는 신박한 비법을 제공하였기 때문이다.

반면에 학교현장 교사들은 금쪽이들을 제대로 케어하지도 못하는 무능한 존재일까(?) 교사들은 금쪽이들에 대해서 제대로 된 연수 한 번 받지 않은 상태에서 무방비 상태로 그들을 맞이할 수밖에 없었다.

그렇다면 오은영 박사의 족집게 해법은 어디에서 왔을까(?) 오은영 박사는 아동·청소년 심리학 및 상담 분야에서 깊은 전문성을 가진 전문가이다. 오은영 박사는 심리학을 전공하고, 아동·청소년 심리학 분야에서 오랜 학문적 연구와 경험을 쌓았다. 그는 부모-자녀 관계, 아동 발달, 청소년의 심리적 문제 등을 다루는 다양한 연구와 이론을 바탕으로 심리학적 접근을 제공하고 있다.

오은영 박사는 다수의 부모 교육과 상담을 진행하면서 실질적인 사례를 다룬 경험이 풍부하다. 부모와 자녀 간의 갈등 해결, 청소년 문제 행동 개선, 아동의 정서적 발달 지원 등 다양한 실무 경험을 바탕으로 실제적인 해결책을 제시하고 있다.

오은영 박사는 심리학적 이론에 기반한 접근을 실생활에 적용할 수 있도록 변형하여, 부모와 자녀가 쉽게 이해하고 실천할 수 있는 방법을 제시하였다. 이는 그의 조언이 많은 사람들에게 실제로 도움이 되는 이유이기도 하다.

오은영 박사는 사람들의 다양한 상황에 맞춘 맞춤형 조언을 제공한다. 부모가 겪는 구체적인 문제에 대해 심리학적 관점에서 적합한 해결책을 제시하며, 각 개인이나 가족에 맞춘 심리 상담을 통해 긍정적인 변화를 유도한다.

특히 '오은영의 금쪽같은 내 새끼' 같은 프로그램에서는 아동 및 청소년 문제를 심리학적으로 접근하며, 그가 제시하는 해결책이 실용적이고 효과적이라는 평가를 받고 있다.

오은영 박사는 단순히 심리학에 국한되지 않고, 부모와 자녀 간의 관계, 가정 내 교육 방식 등 심리학과 관련된 다양한 사회적 문제들에 대해서도 전문적인 견해를 제시해 왔다.

이와 같은 오은영 박사의 전문성 덕분에 그는 많은 사람들에게 신뢰를 얻고 있으며, 그의 조언은 실생활에 유용하고 효과적이다.

학교 현장에 계신 선생님들 또한 금쪽이 전문가는 아니지만 아이들의 심리학적 측면과 실생활을 유기적으로 고려하면서 학교공동체와 협의하면서 대처할 시대가 온 것이다.

금쪽이 발생 원인

'금쪽이'는 종종 문제행동을 보이는 아동을 일컫는 대중적인 표현으로, 아이들이 일상생활에서 분노·짜증·공격성·비행·학습 부진·사회성 결여 등 다양한 문제를 나타내는 경우를 뜻한다.

금쪽이 문제는 단순히 아이의 잘못이나 성격으로 치부할 수 없는 복합적인 요인에서 비롯된다. 아이의 문제행동은 종종 그들 스스로 해결할 수 없는 신호로, 가정·학교·사회가 협력하여 그 원인을 찾아 적절히 대응해야 한다. 아이가 건강하게 성장할 수 있도록 안정적인 환경과 지지가 필요하다.

금쪽이 유형은 다양하다.
하루종일 엎드려 잠자는 유형
잠시도 가만히 있지 못하고 계속해서 나대는 유형
수업시간에 사사건건 간섭하면서 수업방해 하는 유형
갑자기 이유 없이 분노하고 화를 참지 못하는 유형
하루종일 누구하고도 어울리지 않고 우울감에 빠진 유형

그 많은 금쪽이들은 어디에서 시작되었을까(?)
금쪽이와 관련된 연구나 제대로 되어 있을까(?)
학교현장 교사들은 아무런 준비도 없이 대학교 졸업 후 무방비 상태로 금쪽이들과 마주치는 현실이 돼 버렸다.
그렇다면 태어나서 처음부터 금쪽이 활동을 시작하지는 않았을 텐데,
무엇 때문에 금쪽이의 길을 걷게 되었을까(?)
아마도 단순한 이유 때문은 아닐 것으로 추측된다.
현대문명과 핵가족화·맞벌이가정 증가·인터넷 게임문화 확산·스마트폰 중독·불안정한 가정상태 등이 영향을 주지 않았을까 예상이 된다.

인간은 남녀노소를 불문하고 기본적인 인간의 본능과 욕구가 중요하다. 곧 잘

먹고, 잘 놀고, 잘 자면 될 텐데 그 쉽고도 평범한 일상들이 제대로 지켜지지 않는 것이 주된 원인이 아닐까 싶다.

인간은 출생 후 8세 때까지 겪었던 경험이 자신의 감성·감정 등의 영역이 거의 80% 이상 자리 잡는다고 알려져 있다. 그 시기에 잘 놀고, 잘 웃고, 잘 어울리는 행위들을 했는지 여부(?)가 매우 중요하다.

이러한 문제행동은 단순히 아이의 성격 문제로 볼 수 없으며, 심리적 · 환경적 · 사회적 · 생물학적 요인이 복합적으로 작용하는 것으로 알려졌다.

심리적 요인

- 초기 양육자와의 안정적인 애착 형성이 부족할 경우, 정서적 안정감이 결여되고 불안, 분노와 같은 문제행동으로 나타날 수 있음.
- 아이가 자신의 감정을 잘 이해하거나 표현하는 방법을 배우지 못함.
- 스스로 통제할 수 없는 좌절감을 과도한 행동으로 표출.
- 자신에 대한 부정적인 인식이 형성되면, 주목받기 위해 과장된 행동을 하거나 반항적인 태도를 보일 수 있음.

환경적 요인

가정 환경
- 양육 태도 문제.
- 지나치게 엄격하거나 방임적인 부모의 태도.
- 부모의 일관성 없는 규율이 아이의 혼란을 초래.
- 부모 간의 불화, 이혼 등으로 인해 아이가 불안을 경험하고 이를 행동으로 표현.
- 가족의 경제적 어려움이 아이에게 간접적으로 부정적인 영향을 미침.

학교 환경
- 학업 성취도에 대한 과도한 기대나 실패 경험이 아이에게 스트레스를 줌.
- 또래 친구들과의 관계 문제(왕따 · 따돌림 등)로 인해 사회적 소외감 발생.

사회적 요인

- 스마트폰·게임 등의 과도한 사용이 정서 조절 능력을 저하시킬 수 있음.
- 가상 세계에 대한 의존으로 현실에서의 사회적 관계 형성이 어려워질 가능성.
- 현대 사회는 SNS 등을 통해 경쟁과 비교를 부추기며, 이는 아이들에게도 영향을 미쳐 스트레스와 열등감을 유발.

생물학적 요인

- ADHD·자폐 스펙트럼 장애·불안 장애 등은 유전적 요인과 관련될 수 있음.
- 감정 조절과 충동 억제를 담당하는 전두엽 발달이 미숙할 경우 문제행동이 나타날 수 있음.
- 도파민, 세로토닌과 같은 신경전달물질의 불균형이 과잉행동이나 불안, 우울과 관련될 수 있음.

문화적 요인

- 학업과 성과 중심의 사회 분위기가 아이들에게 지나친 스트레스를 부여.
- 가족·학교·사회에서 아이를 평가하는 태도가 부정적 자아상을 강화.

해결 및 예방을 위한 접근 방법

가정에서의 역할

- 안정적이고 일관된 양육 태도를 유지.
- 아이의 감정을 공감하고 대화로 소통하는 환경 조성.

학교 및 교육기관의 역할

- 경쟁보다는 협력과 참여를 강조하는 교육 방식.
- 또래 관계 문제를 해결하기 위한 상담 및 프로그램 제공.

전문가 상담 및 치료

- 심리치료·놀이치료·가족 상담 등을 통해 문제의 근본 원인을 해결.
- 필요 시 약물 치료를 병행하여 생물학적 요인을 조절.

과거와 달리 한국인들은 빈부와 상관없이 모든 가전제품·자가용·편의시설 등을 갖추고 있지만 삶의 만족도는 그다지 높지가 않다.

남부럽지 않게 골고루 갖추고 있지만 과거 빈곤했던 시절보다 더 많이 다투고 싸운다면 우리 아이들은 어떻게 될까(?)

태어나자마자 갓난아기 시절부터 어린이집에 맡겨졌다가 오후에 찾으러 간다. 아기는 엄마의 품에서 안 떨어지려고 본능적으로 울어댄다.

조금 더 커서 5~6세가 되면 좀 나아지려나 했더니, 피아노학원·태권도학원·유치원이 기다리고 있다.

옛날 아이들은 부모에게 꾸중을 들으면 들판에 나가서 동네 아이들과 어울려서 뒹굴다 보면 어느새 다 잊어버렸는데, 요즘 아이들은 게임과 스마트폰 외에는 마땅히 발산할 거리가 없다. 이런저런 사유로 가정과 사회에서 시작된 우울한 경험들이 모여 각기 저마다의 금쪽이가 되어서 학교로 넘어오게 된 것이다.

학교는 다양한 금쪽이들로 차고 넘친다. 특히 초등학교 선생님들께서 많은 어려움을 겪고 있다.

이 시대가 함께 고민하고 함께 키워 나가자!

〈학교에 등교하는 모든 학생들은 늘 환영받고 축복 받아야 된다.

학교에 1등이 어디있고 꼴찌가 어디 있는가?

우리 아이들 모두가 자신의 인생에 주인공으로 살아 갈 수 있도록 지지하고 응원하자!

가정에서 우울했던 학생들도 학교에 오면 살판나게 해 주자!

아침 등교시간 부터 활짝 웃으면서 반겨주는게 학교의 역할이다.〉

방황하는 아이들

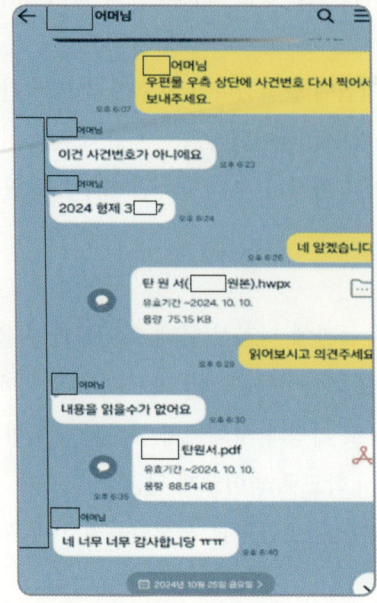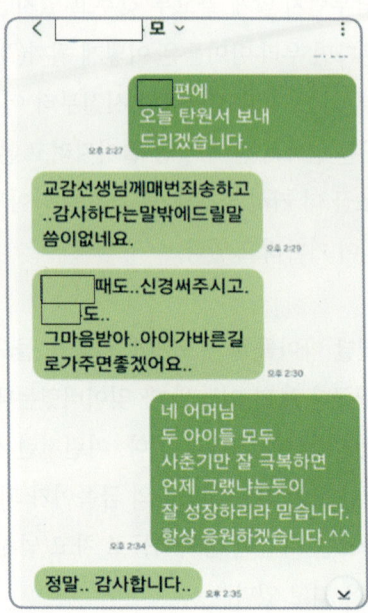

〈아이들이 방황할 때 학부모와 힘을 합치면 학교에 평화가 오게 된다〉

2017년 3월 29일, 인천 동춘동에서 9세 어린이 유괴 살인사건이 발생하였다. 주범 김 모양(17세), 공범 박 모양(18세)의 부모님은 전문직 직업이었고, 변호사를 13명이나 선임(나중에 3명으로 감소)할 정도의 경제적으로도 윤택한 환경이었다. 그런데 자녀들은 끔찍한 살인사건을 저질러 버렸다.

김양은 고1 중퇴, 박양은 여고 졸업 후 재수 중이었는데, 평소 학교 내에서 잘 적응하지 못한 이른바 부적응학생들이었던 것으로 알려졌다.

그렇다면 경제적으로 넉넉한 가정에서 성장했던 두 학생이 도대체 무엇 때문에 끔찍한 살인범으로 법정에 서게 되었을까?

어린 시절에는 멀쩡하게 여느 학생들처럼 잘 다니다가 사춘기 시절에 잠깐 방황한 것이었을까?

사건 발생 후 언론을 비롯한 세상 사람들은 사건이 일어난 배경과 원인에 대해서는 누구하나 관심이 없고, 김 양과 박 양의 끔찍하고 잔인한 범행 수법에 대해서만 집중적으로 질타하고 비판하였다.

그렇게 몇날 며칠을 세상이 떠나갈 듯 집중적으로 보도하더니 인천 동춘동 초등학생 살인사건은 사람들의 관심으로부터 서서히 잊혀졌다.

필자가 7년이나 지나버린 사건을 다시 소환한 이유는 김 양을 조금이라도 비호하거나 동정하고 싶은 생각이 있어서가 아니다.

부적응의 원인

인천 동춘동 초등학생 살인사건이 일어난 지 어느새 7년이나 지났는데 '왜 뜬금없이 아픈 기억을 소환하냐?'고 하겠지만, 이 사건은 학교 현장에서 교육을 하는 사람들에게 그냥 1회성 아픈 추억으로 흘려버리기보다는 재발 방지 차원에서 함께 고민하자는 이야기다.

범죄 동기는?

- 국민들 공분
- 대중들의 관심밖으로…
- 결과만 논쟁
- 소년법 개정?
- 사건발생 원인 규명 못하고 증발한 사건

필자가 판단하기엔 이 사건은 사전에 충분히 예방할 수 있었다는 안타까움이 마음 한편에 짙게 깔려 있다. 따라서 지금이라도 학교 현장에 있는 모든 공동체구성원들끼리 이 사건이 발생하게 된 원인과 예방할 수 있는 방법은 없었는지 함께 고찰해 보고 싶은 것이다. 왜냐하면 제2의 제3의 김 양과 같은 사람이 더 이상 나와서는 절대로 안 되기 때문이다.

김 양처럼 어린 시절부터 맞벌이 부모님 슬하에서 성장하면서 다양한 돌봄 시설을 옮겨 다니면서 크는 학생들은 앞으로도 여전할 것이기 때문이다. 학교만으로도 안 된다. 이런 아이들을 예방하는 작업은 가정+학교+이웃+교육청+교육부가 함께 대처해야만 된다. '한 아이를 키우는데 온 마을이 필요하다.'는 격언도 있지 않는가?

그에 앞서 가정과 학교 차원에서 예방할 수 있는 방법은 없는지 함께 고민해 보자! 왜냐하면 이 땅에 두 번 다시 김 양과 같은 사람이 나와서는 안 되기 때문이다.

재판 과정에서 알려진 바에 따르면 주범 김 모양은 어린 시절부터 우울증과 조현병으로 치료를 받았던 것으로 알려졌다. 김 양의 동창들의 증언에 의하면 초등학교 때도 자기 팔을 손으로 긁어서 자해를 했을 때, 담임선생님께서 "왜 그러냐?"고 묻자, 김 양은 "애들한테 짜증나는데 그걸 애들한테 풀면 안 되니까 저한

테 푸는 거예요."라고 했다고 한다.

중학생 때는 학교 난간에 매달려 있어서 교사가 뜯어 말린 적도 있다고 한다. 김 양의 비정상적인 조짐은 유아시절, 초등학교·중학교 시절에 충분히 인지되었음에도 그에 상응한 적절한 대책이 없었다는 것이다. 평소 김 양을 진료했던 정신과 주치의는 "김 양에게는 우울증 증세와 적응 장애가 있었고, 뉘앙스 같은 비언어적 요소를 이해하지 못하는 등 사회적 상호작용에 장애가 있었다."고 증언한 바 있다.

김 양은 전문의와 면담 중 "인간의 3분의 2는 사라지는 게 낫고, 인류는 적은 수로 생존하는 게 맞다. 맨 밑에 깔려 있는 계층을 제거하는 게 낫다고 생각한다.", 그리고 "고양이 목 졸라 봐야겠다." "시체 꿈을 꾸는데 무섭지 않다." 등의 이야기를 했다."라고 하였다.

누구의 책임일까(?)

그렇다면 누가 김 양을 우울하게 만들었을까(?)
김 양의 부모님은 김 양이 유아기 어린 시절부터 직장 관계로 늘 바쁘셨다.
김 양 부모님처럼 맞벌이 하시면서 바쁘신 부모님들이 어디 김 양의 부모님만 그럴까(?) 부모님 바쁘기 때문에 보육시설에 다니는 아기들이 모두 소아우울증에 걸릴까(?) 또한 이번 사건을 김 양의 부모님에게만 고스란히 책임지라고 할 수 있을까(?)
어디서 원인을 찾아야 할지는 우리 모두의 숙제인 것 같다.
우리는 이 대목에서 학교는 어떤 역할을 해야만 했을까(?) 깊이 고찰해보아야 한다.
만일 김 양과 같은 학생이 우리 주변에 다시 나타나면 지난 번처럼 학교는 침묵하는 게 맞을까(?) 학생은 괴로워하고 우울해 하는데도 학교는 공부만 가르치고 여전히 침묵하는 게 맞을까(?)
학교는 공부 가르치는 곳이므로 학생이 자퇴를 하건 말건 방임해도 되는 걸까

〈출처 : tvN 어쩌다 어른〉

(?) 그 또한 학생의 보호자인 맞벌이 하시는 부모님들 몫이므로 법적으로 학교는 아무런 책임이 없을까(?)

우리 학교공동체는 앞으로 이 대목에서 어떻게 해야 할까(?) 학교공동체가 어떻게 처신하는 것이 최선인지 지금부터라도 함께 대처하고 머리를 맞대야 한다.

왜냐하면 일부의 아이들이 학교를 떠나가고 있기 때문이다.

더 이상 학생들 보호자들에게만 책임을 전가시켜서는 곤란하다. 그 분들은 교육 전문가들이 아니다. 그 분들은 하루하루 생업에 쫓기면서 쉼 없이 바쁘게 살아가는 분들이다. 그 분들은 자녀를 양육하시기는 하지만 교육의 전문가는 아니기 때문이다. 이제 팔 벗고 학교 모든 공동체가 나서야 될 때가 왔다.

이제 더 이상 학교가 뒷짐지고 모른채 해서는 안 된다. 왜냐하면 제2의 김 양과 같은 학생이 얼마든지 나올 수 있기 때문이다.

반칙을 하게 되는 원인

범죄 심리학자이신 경기대학교 이수정 교수님께서는 한 강연에서 김 양 사건을 뇌과학적 차원에서 매우 촘촘하게 분석하신 바 있는데 필자는 100% 공감이 간다.

이수정 교수님께서는 '우리 인간들은 어떤 환경에서 성장했느냐에 따라서 평생 반칙 한 번 안하고 반듯하게 살아가는 부류가 있고, 반면에 툭하면 반칙을 할 수밖에 없는 사람들이 있다'고 역설하였다. 그것을 결정짓는 결정적인 키는 바로

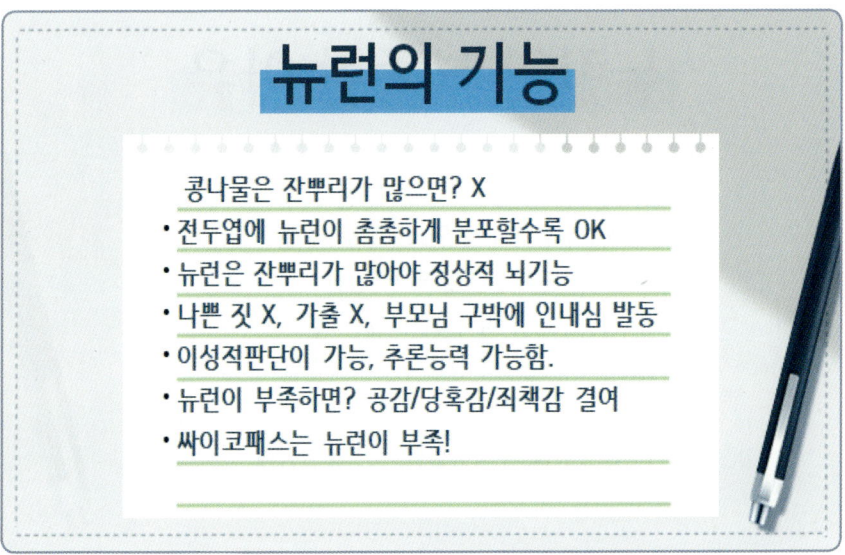

우리 뇌 세포를 구성하고 있는 뉴런이라는 존재 때문이라고 한다.

위 그림에서 단순한 환경에서 성장한 쥐는 뉴런이 단순한 반면에 오른쪽에 다양하고 풍성한 환경에서 성장한 쥐의 뉴런은 매우 풍성하고 발달되어 있다는 것이다.

우리 사람들 역시도 오른쪽 그림처럼 뉴런이 활발하게 발달해야만 전두엽이 정상적으로 발달된다.

이수정 교수님 말씀에 따르면, 정상적인 사람은 뉴런의 개수가 약 1,000억 개까지 성장하지만, 비정상적인 환경에서 성장한 어린이들은 약 400억 개 정도로 성장이 멈춰버린다는 것이다.

정상적으로 뉴런이 성장한 청소년들은 부모님이나 선생님들의 질책에도 인내심을 발휘하지만, 뉴런이 부족한 청소년들은 공감능력 부족, 당혹감, 죄책감 결여 등으로 이어진다고 한다.

그렇다면 경제력이 넉넉한 부모님 슬하에서 성장하는 어린이들이 뉴런이 부족한 이유는 무엇일까(?)

이유는(?) 먹는 것과 주변 가족들과의 대화와 어울림 부족이라고 한다.

맞벌이 하시는 대부분의 부모님들께서 자녀들의 식사를 제 시간에 맞춰서 못 준다는 이야기이다. 그러다보니 부모님이 오실 때까지 굶고 있거나 간단하게 편

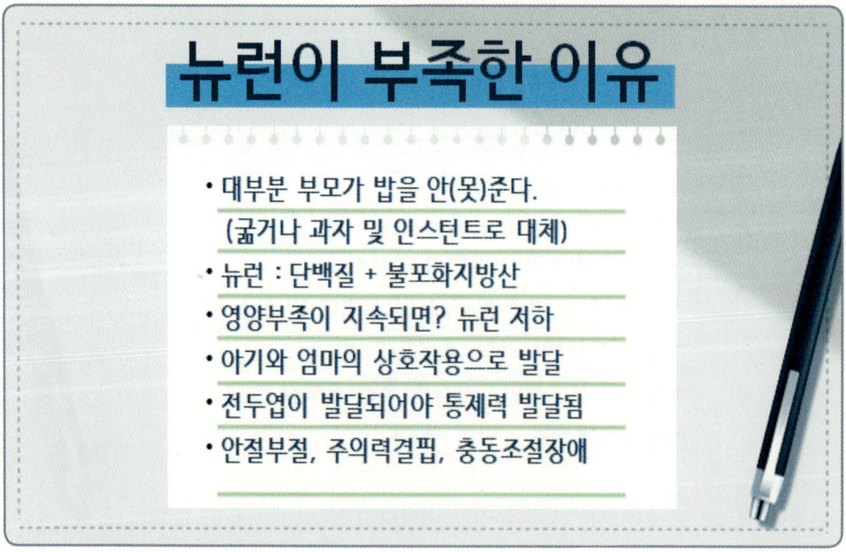

뉴런이 부족한 이유

- 대부분 부모가 밥을 안(못)준다.
  (굶거나 과자 및 인스턴트로 대체)
- 뉴런 : 단백질 + 불포화지방산
- 영양부족이 지속되면? 뉴런 저하
- 아기와 엄마의 상호작용으로 발달
- 전두엽이 발달되어야 통제력 발달됨
- 안절부절, 주의력결핍, 충동조절장애

의점 과자로 때우거나 인스턴트 식품으로 대체하는 게 일반적이다. 거기에 더해서 맞벌이 하시는 부모님들께서 늦은 귀가로 인해서 자녀들과 서로 대화하고 최소한의 교류 및 상호작용 할 절대시간이 부족하다는 것이다.

특히 엄마와 자녀들과의 대화를 통한 상호작용은 전두엽 발달에 일등 공신이라고 한다. 전두엽이 정상적으로 발달된 청소년들은 낯선 상황이 발생되더라도 주어진 상황에 당황하지 않고 침착하게 대응하면서 안정적으로 대처한다는 것이다.

우리나라는 배달의 민족답게 전 세계에서 택배와 배달 관련은 최첨단을 달리고 있다. 전화만 하면 거의 모든 음식이 집으로 배달되어 오지만 가정 에서 만큼은 Ctrl+C + Ctrl+V가 아닌 질박한 뚝배기 문화를 익히도록 연습이 되어야만 품성 넉넉한 아이들을 길러낼 수 있다.

아무리 바쁘더라도 청소년들에게 배달 음식보다는 가족들끼리 직접 조리해서 서로 얼굴을 마주보면서 식사를 하는 연습이 요망된다.

아파트(유년기) 기초공사 100년을 좌우한다!

2023년 4월 29일 인천광역시 서구 검단신도시 아파트 신축 현장에서 지하주차장 1층과 지하주차장 2층의 지붕층이 연쇄적으로 붕괴되어 무너져 내렸다. 밤 11시경 지하주차장 1층의 지붕층이 먼저 붕괴되었고 그 하중에 의해 지하주차장 2층의 지붕층이 연쇄적으로 붕괴된 사고다. 다행히 아무 작업이 없던 시간에 발생해서 인명피해는 없었으나 무너진 부분의 상부가 어린이 물놀이터가 설치될 예정이었기 때문에 완공 후에 일어났다면 많은 인명피해가 발생할 수 있는 사고였다.

국토교통부 건설사고조사위원회는
1) 설계·감리·시공 등 부실로 인한 **전단보강근의 미설치**,
2) 붕괴구간 **콘크리트 강도부족** 등 품질관리 미흡,
3) 공사과정에서 추가되는 **하중을 적게 고려한 점** 등을 사고원인으로 지목했

아파트 기초공사 부실 VS 유년기 정서적 결핍

검단 철근부실 아파트 붕괴 / 유년기 게임중독+방임+방치

다. 또 전단강도가 부족한 기둥 11개소에 전단보강근이 있었다면 모두 전단강도가 확보되는 것을 확인했다면, 사고를사전에 방지할 수 있었을 것이다. 이는 전단보강근 부족이 결정적인 사고 원인이었음을 보여준 것이다.

한국인들에게 아파트는 가장 소중한 삶의 터전이고 보금자리나 다름없다. 아파트 공사에서 가장 중요한 구간이 기초공사 구간이라고 생각된다. 어떤 건물이든 기초가 튼튼해야 오랫동안 튼튼하게 버티는 것이다.

사람의 성장 또한 마찬가지다. 아파트가 기초공사가 중요하다면 사람은 어린 시절 성장환경이 중요하다. 사람은 어린 시절 성장에 필요한 적절한 영양섭취와 정서적 발달이 동반되어야 정상적인 사회인으로 성장할 수 있는 것이다. 그저 일상적으로 섭취하는 간식과 식사 공급하면 끝나는 것이 아니다. 뇌과학자 교수님들 말씀에 따르면 어린 시절 주변 성장환경은 뇌세포를 형성하고 있는 뉴런의 성장에 지대한 영향을 미치는 것으로 나타났다.

어린 시절 아동학대
어린 시절 영양결핍
어린 시절 애정결핍

어린 시절 방임·방치
어린 시절 부모님 늦은 귀가
어린 시절 부모님의 가정불화
어린 시절 여러 시설 돌봄 전전

위에서 열거한 사항들이 어린 청소년들의 정상적인 발달에 방해를 하는 요인들이다.

문제는 정상적으로 화목한 가정에서 성장한 청소년들마저도 주의력 결핍 및 정서적 결핍증세를 보이는 사례가 나오고 있다는 것이다. 따라서 어린 청소년들의 유년시절이야말로 앞으로 성인으로 성장하는데 가장 중요한 시간임을 알 수 있다.

지금의 대한민국은 세계 10위에 상당하는 선진국으로 발돋움하였다. 그로 인해 대한민국 국민들은 낡은 주택 대신에 멋진 아파트를, 남루한 헌옷 대신에 멋진 브랜드 의류를 입고, 멋진 자가용도 보유하였다. 이처럼 어른들은 화려함과 편리함을 얻은 대신에 어린 청소년들은 정서적 결핍이 발생되고 있다. 청소년들의 정서적 결핍을 더 이상 가정에서 발생된 일쯤으로 치부하고 모른 채 방치할 수가 없다. 국가기관·지방자치단체·교육기관이 적극적으로 나서야 될 때이다.

학교공동체의 역할

학교는 앞으로 어떤 역할을 해야 할까(?) 진지하게 고민하고 밤을 새워서라도 함께 대책을 세워보자! 왜냐하면 최근에는 김 양의 부모님처럼 맞벌이를 하시면서 자녀들에게 많은 시간을 할애할 수 없는 가정이 너무나도 많다는 것이다.

이런 아이들에게 있어서 실질적 보호자 역할을 해 줄 사람은 누굴까(?)

할아버지 할머니, 고모나 이모일까(?) 옛날처럼 부모님을 대신해서 친인척이 그런 역할을 해주면 좋겠지만 사실은 기대하기 어려운 세상이 돼 버렸다.

〈학교에 등교하는 모든 아이들은 모두가 주인공이 될 수 있도록 응원하자.
공부 실력에 주눅들지 않고 세상을 힘차게 개척할 수 있도록 씩씩하게 키워보자!
교사들은 수업 진도 나가고 학부모님들은 아이들 서포터즈 역할 틈틈이 하면서 역할 분담하니 학교에 웃음 꽃 만발하고 행복이 찾아 온다.
우리 어머님들 모두가 주인공이고 천사님들입니다. 〉

그렇다면 김 양처럼 바쁘신 부모님 슬하에서 우울하게 성장한 학생들은 누가 다독여주고 돌봄을 해야할까(?) 필자는 단연코 김 양이 다녔던 초등학교·중학교·고등학교가 그 기능과 역할을 했어야 된다고 본다. 왜냐하면 김 양에게는 학교에 있는 친구들이나 상담쌤이나 선생님들이 기댈 수 있는 마지막 보루나 다름없었기 때문이다.

그렇다고 지금에 와서 김 양이 다녔던 학교쌤들이나 친구들에게 책임을 묻자는 이야기가 아니다. 그 분들도 그 당시에는 김 양이 그렇게 힘들었는지 몰랐을 가능성이 매우 크다.

그렇다면 무엇이 문제였을까(?) 바로 김 양과 같은 소수의 우울감 있는 학생들이 안정적으로 맘 터놓고 발산할 수 있는 사회적 분위기가 전혀 마련되지 않았다는 것이다.

이제부터는 더 이상 방치할 수는 없다. 가정·학교·이웃·동네·지자체·교육청·교육부가 함께 머리를 맞대고 대처해야 된다.

〈점심시간 스포츠리그에 출전하는 아이들은 자신이 마치 국가대표 선수가 된 것처럼 자부심을 갖는다. 공부 실력은 중요하지 않다. 뭐라도 한가지 긍정적 경험을 쌓게 된다면 그것 만으로도 성공이다. 경기에 출전하는 선수 못지않게 북치고 장구치고 응원하는 친구들도 주인공이다. 누가 시키지도 않았는데도 경기장 분위기를 후끈 끌어 올린다. 학교에 평화가 찾아오고 있다.〉

스스로 성장하는 천재들

아기가 태어나서 20세가 되기까지 성장하는 과정은 모두가 판이하게 다르다. 운 좋게도 무난한 가정에서 태어난 아기들이 있는가 하면, 반대로 불우한 환경에서 태어난 아기들도 부지기수로 많다. 다 큰 어른들도 감당하기 어려운 일들을 불과 5~6세에 불과한 아이들에게 여과 없이 펼쳐지는 낯선 상황들은 차마 눈 뜨고 볼 수가 없다. 그 엄청난 숏킹하고 슬픈 상황 속에서도 반듯하게 커주길 기대하는 것은 어찌 보면 사기꾼 심보를 가진 것이나 다름없다.

학교에 근무하다 보면, 최근에 입학하는 학생들은 과거에 비해서 외형적으로는 성장하였으나 내면적으로 적지 않은 우울감을 지닌 학생들이 많이 보인다는 것이다. 학교 교육을 받기도 전에 가정에서부터 온갖 난장판을 경험하고 학교에 등교한 학생들은 공부에 전념할 수 없는 상황에서 그저 몸만 등교하는 것이다.

부모님의 갑작스런 사망

부모님의 갑작스런 결별

부모님의 갑작스런 사업 실패로 인한 가정 해체

어린 아이들에게 이 보다 더 충격적인 상황이 더 있을까(?)

그런데 엄청난 고난과 충격을 겪고도 비행이나 탈선하지 않고 꿋꿋하게 앞만 보고 성장한 사람들이 있다.

우리 주변에서
가끔은 기적과도 같은 일들이 일어나면서
우리들에게 꿈과 희망을 주기도 한다.
특히 어린 청소년들에게는 '나도 할 수 있다'는 신념과 모티브를 제공하였다는 데 깊은 의미가 있다.

야구천재 이대호 선수

축구천재 안정환 선수

미스터 트롯이 낳은 임영웅

헤비메탈 뮤지션 임재범

"공부가 가장 쉬웠어요" 저자 장승수 변호사 등등

특히 이제는 방송인으로 더 유명한 축구선수 출신 안정환 선수와 야구대장 이대호 선수는 정말로 한국인들이 사랑하고 존경하는 감사한 분들이다. 위에 열거한 모든 분들을 자세하게 쓰고 싶지만 지면 관계상 대표적으로 안정환 선수 한 분만 조심스럽게 소개 올리고자 한다.

마을과 함께 성장한 안정환
- 외할머니 + 이모님 가족 + 선배 부모님 + 코치·감독선생님

안정환 선수의 외모만 얼핏 봤을 때는 부잣집에 태어나서 돈 걱정 없이 윤택하게 성장한 모습이지만, 실상은 엄청난 빈곤을 겪으면서 성장한 것으로 알려졌다.

안정환 선수는 익히 알려진 것처럼 어린 시절 외할머니와 어렵게 생활한 것으로 알려졌다. 서울 흑석동 산동네 판잣집에서 외할머니와 생활하면서 너무나도 배가 고픈 나머지 무와 배추를 서리하거나 흑석동 뒷산에 올라가서 돼지감자를 캐 먹으면서 허기진 배를 달랬다고 한다.

불교 신자들이 한강에서 방생한 거북이를 다시 붙잡아서 물고기 판매하는 가게로 가져다주고 용돈을 벌었고, 산에서 수거한 삐라를 파출소에 갖다주고 학용품을 받으면 주변 친구들에게 저렴하게 판매해서 굶주린 배를 채웠다고 한다.

뿐만 아니라 한강변에서 무속인들이 굿판을 벌인 후 남기고 간 음식들을 얻어먹기도 하였다. 뒷바라지 하기 힘든 외할머니는 안정환의 축구부 입단을 당연히 반대하셨지만, 초등학교 시절 안정환은 축구부에 가입하면 빵과 우유를 간식으로 준다는 말에 축구를 시작하였다고 한다.

외할머니와 생활하던 안정환이 한때는 수원에 계신 이모님 댁에서 서울에 소재하는 초등학교를 2시간 남짓 통학을 하다가 차비와 시간을 아끼고자 집에 가는 것을 포기하고 학교내 체육 창고에서 잠을 청한 경우도 많다고 한다.

어느 날 학교에서 축구 연습을 하고 지친 몸을 이끌고 이모님 댁에 밤 늦게 도

부모님 없어도 성공할 수 있다(?)
- 아빠(사망)
- 외할머니가 키워줌
- 축구부에서 빵과 우유
- 선배들 상습적인 폭행
- 어머니 도박 빚 탕감
- 학교 창고에서 취침

착했는데, 이모님 부부가 심하게 부부 싸움을 하는 상황이 발생되면 집에 들어가지도 못한 채 바깥에서 굶주린 배를 움켜지고 기다린 적도 있었다고 한다.

그런데 초등학교 5학년 시절 축구부를 지원해 주시던 선배 부모님의 지제분이 졸업을 하면서 축구부가 해체되는 상황에서 안정환 선수만 서울 대림초등학교로 전학을 가서 축구를 간신히 이어가게 되었다.

축구부 학부모님들의 남모른 지원과 축구부 회비 면제 같은 배려를 받으면서 축구선수 안정환은 무럭무럭 성장을 거듭하였다.

안정환 선수는 남서울중학교 졸업 당시 명문고에서 스카웃 제의가 있었지만 다 뿌리치고 축구부 동기 14명을 모두 받아준다는 서울공고에 진학하게 되었다.

그런데 다른 친구들에 비해 축구에 남다른 재능을 보였던 안정환은 고등학교에 진학해서도 고비를 맞았다. 다름 아닌 축구부 선배들의 엄청난 폭압과 구타를 견딜 수가 없어서 축구부 숙소를 이탈한 적이 한두 번이 아니었다고 한다.

축구부 동료들은 주말에 쉬는 날 보약 먹고 충전할 때 지하철 5호선 목동역 건설현장에 잡부로 투입되어 단기 알바로 돈을 벌어가면서 헤쳐나왔다고 한다.

어찌어찌해서 간신히 고등학교를 졸업을 앞둔 안정환 선수는 축구 최고의 명문대학교 고려대 또는 연세대를 가고 싶었으나 졸업 동기들을 모두 받아주겠다는 아주대학교를 진학하였다.

서울공고 감독님의 뜻대로 아주대학교 축구부에 진학 한 안정환 선수는 오로지 실력 하나만으로 유니버시아드 대표를 거쳐서 드디어 국가 대표선수로 발탁되었다. 인간 승리가 아닐 수 없다.

1998년 대우로얄즈에 입단한 안정환 선수는 1999년 K리그 35경기에서 21골이라는 대기록을 세우고 MVP가 되었다.

　초중고등학교 시절 축구화 한 켤레도 제대로 구입할 돈이 없었던 안정환 선수, 선배들에게 숱한 폭력을 당하면서도 꿋꿋하게 버텨내면서 기적을 일구어 냈다.

　안정환 선수 본인의 엄청난 노력과 인내심은 물론이고, 늦은 밤 선수들에게 간식과 식사를 아낌없이 지원했던 학부모님들 또한 주인공이 아닐 수 없다.

　그래서 사람은 독불장군은 나올 수가 없다. 누군가의 따뜻한 배려와 헌신이 있었다. 이름 없는 축구부 학부모님들과 초중고 코치·감독 선생님들의 헌신과 배려가 축구선수 안정환이 있기까지 밑거름이 되지 않았을까 생각된다.

　이런 엄청난 선수가 대한민국 국민이라는 게 자랑스럽다.

　새해에는 '뭉치면 찬다' 같은 예능뿐만이 아니라 초중고등학교 학생들을 대상으로 학창시절 추억과 경험 등을 위주로 강연 활동도 해 주시면 좋지 않을까 기대해 본다.

　우리 사회 곳곳에서 주어진 역경을 극복하고 남들 보란 듯이 제2의 안정환 선수가 자꾸자꾸 나와 주었으면 좋겠다.

　〈안정환 선수가 축구선수로 성공한 배경은 운동 신경도 뛰어 났겠지만 어린시절부터 눈물 젖은 빵과 우유, 한강 둔치 무속인들이 버리고 간 음식물, 고등학교 시절 노동현장 아르바이트가 축구선수 안정환을 절실하게 정신무장 시킨 것 처럼 제2의 안정환이 되기 위해서는 교실 수업 뿐만아니라 주말 농산물시장 근로체험 같은 사서고생 체험도 끊임없이 시도하면서 우리 아이들을 굳세게 키워보자!〉

신창원의 탈선

신창원은 대한민국에서 이름이 알려진 탈옥수이다. 그러나 그의 범죄 이력과 탈선에는 사회적·환경적·개인적 요인들이 복합적으로 작용하였다.

가정 환경 요인

빈곤한 가정환경
- 신창원은 전북 김제군의 가난한 농촌 가정에서 태어났다. 가족이 경제적으로 어려운 상황에서 성장하며 기본적인 정서적, 물질적 지원을 충분히 받지 못함.
- 빈곤한 환경은 그의 초등학교 시절부터 불안정한 생활과 낮은 자존감의 원인이 되었고, 사회에 대한 불만을 키우는 계기가 됨.

가족 해체와 정서적 방치
- 부모의 잦은 다툼과 가정 내 갈등으로 인해 안정적인 가정의 울타리를 경험하지 못함.
- 가족의 정서적 지지가 부족한 상황에서 외부 환경의 부정적인 영향을 받기 쉬운 상태가 됨.

교육과 사회적 요인

학교 부적응
- 신창원은 학업에 흥미를 느끼지 못하고 중학교를 중퇴함. 이는 사회적 기회를 제한하고, 비행 청소년들과 어울리는 계기가 됨.
- 교육 체계 내에서 문제 학생으로 낙인찍히며 적절한 도움을 받지 못한 점도 그의 탈선에 영향을 미침.

사회적 불평등과 좌절
- 경제적 어려움과 낮은 사회적 지위로 인해 사회적 불만과 좌절을 느낌.
- 낮은 사회적 계층에서 벗어나기 위한 합법적 경로를 찾지 못하고, 범죄를 통해 빠른 성공과 만족을 추구하려는 경향을 보임.

개인적 성향과 심리적 요인

충동성과 반사회적 성향
- 어린 시절부터 충동적이고 즉각적인 만족을 추구하는 성향을 보임.
- 권위에 대한 반발심과 규칙을 거부하려는 태도가 강했음. 이러한 성향은 범죄와 탈옥을 반복하는 데 영향을 미침.

인정 욕구와 영웅 심리
- 신창원은 자신의 탈옥과 도피 생활을 통해 대중의 관심과 인정을 받고자 하는 욕구가 강했음.
- 자신의 행동을 미화하거나, 대중에게 영웅처럼 비춰지길 바라는 심리가 있었던 것으로 보임.

사회 시스템의 한계

재활 시스템 부족
- 신창원은 범죄를 저지른 후 체포되었지만, 교도소 내에서의 교화나 재활 기회가 충분하지 않았음.

- 교도소 환경은 그에게 범죄를 반복하지 않도록 지원하기보다는, 더욱 반항적인 태도를 키우는 계기가 되었음.

취약한 청소년 보호 체계
- 청소년 시절부터 적절한 보호와 지도를 받을 기회가 없었음. 사회 안전망이 약해 문제 청소년이 성인 범죄자로 전환되는 것을 막지 못했음.

범죄와 탈옥의 배경 심리
- 사회적 불만: 경제적 어려움과 사회적 차별에서 기인한 불만이 신창원을 탈선으로 이끈 주요 원인 중 하나로 작용함.
- 도전 욕구: 자신의 능력을 과시하거나 시스템의 허점을 도전하고자 하는 욕구가 탈옥과 같은 극단적 행동으로 이어짐.
- 현실 도피: 안정적인 삶을 유지할 수 있는 기반이 없었기 때문에 범죄와 탈옥을 통해 불안정한 현실에서 벗어나고자 함.

결론

신창원의 탈선은 가정환경 · 교육체계 · 사회적 불평등 · 개인적 성향 그리고 사회 시스템의 한계가 복합적으로 작용함. 이는 단순히 개인의 책임으로 치부할 수 없는 문제이며, 사회적 지원 체계와 재활 시스템의 중요성을 다시 한 번 환기시킴. 신창원의 사례는 **개인의 탈선을 예방하기 위해 조기 개입, 사회적 지원, 그리고 재활 프로그램**의 필요성을 보여주는 대표적인 사례라 할 수 있음.

가정과 학교가 방치한 신창원

신창원은 1990년대 후반 한국사회를 떠들썩하게 뒤흔들고 다닌 인물이며 범죄자 최초로 대도 또는 홍길동이라는 별명까지 생겼으며 그를 비유하여 신길동이라고 부르기도 하였다. 심지어는 그에 대한 책자와 만화 팬까페가 인기몰이를 하는 등 신창원 신드롬까지 생겼다.

필자가 학교 교사생활 시작 후 채 10년도 안 되었을 때 발생한 신창원 사건은 교사인 내게 여러 가지로 시사하는 바가 컸다.

특히 신창원 본인 주장에 따르면 초등학교 5학년 때 담임선생님으로부터 '이 새끼야, 돈 안 가져왔는데 뭐하러 학교 와(?) 빨리 꺼져'라는 막말을 듣고 마음에 큰 상처를 받은 것이 범죄자가 된 계기가 되었다고 한다.

신창원 표현에 따르면 '그때부터 자신의 마음속에서 악마가 태어났다.'고 진술하였다. 가정적으로도 어머니가 간암으로 일찍 돌아가시고 계모의 학대와 폭압, 아버지의 폭력 등으로 초등학교 때부터 가출을 반복하였다고 한다. 어찌보면 신창원 입장에서는 자신을 보호해 줄 마지막 언덕이라고 생각했던 담임선생님으로부터 '빨리 꺼져'라는 막말까지 듣자 학교생활에서도 흥미를 잃고 친구들과 잘 어울리지 못하던 중, 중학교에 진학한 지 3개월 만에 퇴학을 당하였다.

우리는 이 대목에서 교칙을 위반한 신창원이 퇴학까지 당할 만한 일이었는지 면밀하게 되새겨 볼 필요가 있다. 이제 세상에 태어나서 13년밖에 살아보지 못한 신창원에게 퇴학 처분은 사형선고나 다름 없었던 것이다.

필자도 어린 시절 지독한 가난 때문에 온갖 고초를 겪으면서 성장하였지만 신창원 만큼 심하게 겪지는 않은 것 같다. 아마도 그렇게 생각하는 이유는 가족이 옆에 있었기 때문일 것이다. 만13세 어린 학생에게 퇴학처분은 충격이었고 반항심은 더욱더 커져갔고 본격적인 비행과 탈선을 거듭하면서 소년원을 밥 먹듯이 드나들면서 본격적으로 범죄자의 길을 걷게 된다.

이 대목에서 만일 신창원에게 따뜻하게 위로해 줄 친척·친구부모님·학교선생님들이 계셨으면 어땠을까(?) 신창원에게 따뜻한 미소와 기다림이 있었다면 어땠을까(?) 신창원의 초등학교 졸업식 사진을 보면 웃음기라고는 1도 없이 쓸쓸한 표

정으로 서있다. 한창 장난 가득한 표정으로 축하받을 날인데도 누구한테도 제대로 축하받지 못하고 졸업식장을 떠나간 것이다.

　어려운 살림살이 때문에 남의 밭과 가게에서 먹을 것 훔쳐 먹고 닭서리, 수박서리를 상습적으로 하다가 14세 때부터 경찰서로 끌려갔다. 돌이켜보면 초등학교 5학년~중1때가 신창원 인생의 최대 분수령이었다.

　그러나 그 당시 신창원에게 누구하나 관심 갖지 않고 방임하는 사이에 신창원은 돌이킬 수 없는 범죄의 수렁으로 빠져들게 된 것이다.

　가정+친척+학교+사회가 힘을 합쳤다면 지금의 신창원은 얼마든지 예방할 수 있었다.

　어린 학생들에게 가정과 이웃, 그리고 학교의 역할과 기능은 참으로 중요하다. 사람 한 명을 완전히 극과 극으로 좌지우지할 수도 있다는 것이다. 문제는 이렇게도 중요한데도 신창원과 같은 비행 학생을 슬쩍 외면하고 방치하여도 어떤 불익도 없는 게 교육계 현실이기도 하다.

　신창원이 탈출 후 체포된 후 무기징역 받고 감옥에 갔으니 이제 모든 상황이 속시원하게 종료가 되었을까(?)

　그렇지 않다!

　신창원과 비슷한 상황에 놓인 후배들이 제2의 신창원, 제3의 신창원을 꿈꾸면서(?) 끊임없이 탈선을 시도하고 있다. 운 좋으면 수렁에서 벗어나고, 그렇지 않으면 소년원으로 가게 되고...

　신창원 개인의 불행은 신창원 한 명으로 끝나야 된다. 신창원이 자신의 일기를 공개한 의미는 자신을 과시하려는 의미가 아니라 제2의 신창원을 우리 사회가 막아 달라는 메시지나 다름없다.

　이제 더 이상의 신창원을 막기 위해서 학교와 사회가 함께 나서야 한다. 학교의 존재 이유는 미성숙한 어린 학생들을 올바른 길로 바르게 인도하기 위해서 존재하는 것이다.

　그것이 귀찮고 힘들어서 외면한다면 더 이상 학교는 존재할 이유가 없는 것이다.

표창원 교수의 성공 비결

　표창원은 범죄심리학자 · 경찰학 교수 · 정치인 등 다양한 분야에서 활동하고 있는 인물로, 그 분야의 성공한 케이스이다. 그의 성공은 개인적 노력과 환경적 요인, 그리고 끊임없는 자기계발에서 비롯되었다. 아래에서 표창원의 성공 원인을 분석해본다.

강한 학문적 열정과 자기계발

체계적인 학문적 배경
- 경찰대학교 졸업: 표창원은 경찰대학교를 졸업하며 경찰학에 대한 탄탄한 지식과 실무 경험을 쌓음.
- 해외 유학: 영국 엑시터 대학교에서 범죄심리학 박사 학위를 취득하며 국제적인 시각과 전문성을 확보.
- 유학을 통해 학문적 깊이뿐 아니라 다양한 문화와 관점을 경험하며 글로벌 경쟁력을 키움.

지속적인 연구와 학문적 기여
- 그는 범죄 심리와 경찰학 관련 논문과 저서를 통해 학계에 큰 기여를 했음.
- 연구 활동을 바탕으로 범죄심리학 전문가로 자리 잡아, 학문과 현실 문제를 연결하는 실질적인 해결책을 제안함.

개인적 성향과 노력

철저한 자기관리와 책임감
- 표창원은 자신의 분야에서 최고가 되기 위해 꾸준히 노력하며, 목표를 위해 체계적으로 준비함.
- 경찰과 학자로서 엄격한 규율과 높은 책임감을 유지하며 신뢰를 쌓음.

도전정신
- 안정적인 학문적 경력을 가지고 있음에도, 국회의원으로 도전하여 사회 문제 해결에 직접 참여하고자 했음.
- 그는 기존의 틀을 깨고 새로운 분야로 도전하며 자신만의 영역을 넓힘.

대중과의 소통 능력

범죄 심리학의 대중화
- 범죄와 심리학이라는 전문적인 주제를 대중이 이해하기 쉽게 설명하며 많은 사람들에게 영향을 미침.

- 방송·강연·저서를 통해 범죄 문제의 본질과 해결책을 전달하며 신뢰를 얻음.

대중적 신뢰와 친근함
- 학자이자 공인으로서 솔직하고 소신 있는 태도를 보여주며 대중의 공감을 얻음.
- 논리적이면서도 공감 능력이 뛰어나, 사회적 문제에 대한 설득력 있는 주장을 펼침.

사회적 책임감과 공익 실현 의지

정의감과 사회문제 해결에 대한 열정
- 표창원은 단순히 연구에 그치지 않고, 범죄와 사회 문제를 해결하기 위한 실질적인 행동에 앞장섬.
- 국회의원 시절에는 경찰 개혁·범죄 예방 정책·사회 정의 실현 등 공익을 위한 활동에 헌신함.

공공선 추구
- 그는 자신의 지식을 활용하여 사회에 기여하고자 하는 강한 사명감을 가지고 있음.
- 이를 통해 학계뿐 아니라 정치, 대중 강연 등 다양한 분야에서 영향력을 발휘함.

환경적 요인

안정적인 지원 체계
- 경찰대학교라는 안정적인 기반은 그가 학문적, 실무적 전문성을 키우는 데 중요한 역할을 함.
- 유학을 통해 학문적 발전과 다양한 경험을 쌓을 수 있는 기회를 얻음.

사회적 흐름과 적합성
- 범죄와 심리에 대한 대중의 관심이 증가하면서 그의 전문성이 시대적 요구에 부합함.
- 사회적으로 신뢰받는 경찰학 교수라는 직업적 배경이 그의 공적 활동에 긍정적인 영향을 미침.

리더십과 협력 능력

팀워크와 협력
- 경찰 출신으로서 협력과 조직 내 의사소통의 중요성을 잘 이해하고 실천함.
- 국회의원 활동에서도 다양한 이해관계자들과 소통하며 문제를 해결하려는 태도를 보임.

리더십
- 학계와 정치에서 리더십을 발휘하며, 조직과 개인을 효과적으로 이끔.
- 특히, 범죄심리학을 대중화하고 정책적으로 실현하는 과정에서 그는 탁월한 리더십을 보여줌.

결론

표창원의 성공은 단순한 개인적 재능에만 의존한 것이 아니라, 학문적 열정·지속적인 자기계발·대중과의 소통·사회적 책임감 등의 조화로 이루어진 결과이다. 특히 그는 자신의 전문성을 활용해 사회에 기여하려는 태도로 대중의 신뢰와 존경을 얻었으며, 이는 노력과 환경이 결합된 성공의 전형적인 사례라 할 수 있다.

가정과 학교가 성장시킨 표창원

대한민국 사람들은 경상북도 포항에서 출생 후 서울로 전학 후에 빈곤한 환경에서도 악착같이 학업에 매진하여 성공한 표창원 교수를 존경한다. 사람들은 표창원 교수가 이루어 낸 결과에 대해서만 주목할 뿐 성공하기까지의 과정에 대해서는 무관심하다.

표창원 교수는 신창원과 마찬가지로 가난한 집안 형편에 절망해 학창 시절 툭하면 주먹 싸움을 하였고 패싸움에 휘말려 양호실이나 병원에 실려 가는 것은 흔했고, 형이랑 싸우다가 칼을 휘둘러서 형에게 상처를 입혔던 행위 등을 보면 모범생은 아니었다.

표창원은 야간 자율학습을 피해 도망 다니면서도 꾸준한 독서를 통해서 자신의 내면에 내재된 분노와 폭력성을 긍정적인 방향으로 잠재우고 지혜를 불어 넣어 주었다. 누가 시키지도 않았는데도 말이다.

표창원이 성공하기까지는 타고난 천재성과 엄청난 노력이 있었겠지만 무엇보다도 가난한 환경에서도 묵묵히 뒷바라지 해주신 부모님의 헌신과 사랑이 없었다면 불가능하였을 것이다.

뿐만 아니라 고등학교 재학시절에는 야간 자율학습을 상습적으로 도망을 갔다고 한다.

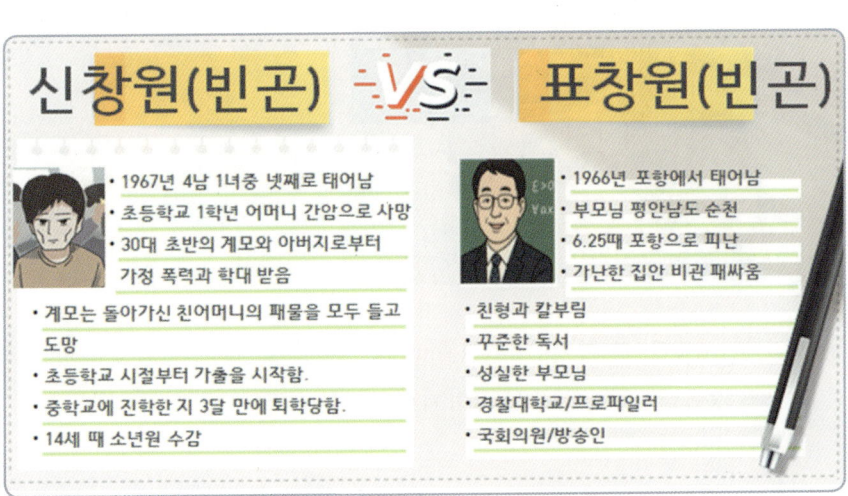

학교내 분위기가 엄중했던 그 시절에 감히 엄두도 못내던 것을 표창원은 감행하였는데, 심하게 혼내지 않고 기다려준 선생님들이 계셨다. 이 엄청난 천재를 표창원의 모교 고려고등학교 선생님들께서는 익히 알고 계셨던 것이다.

신창원과 표창원!
두 사람 모두 대한민국이 전체적으로 빈곤하고 고달팠던 비슷한 시기에 태어났지만 두 사람의 인생행로는 완전히 극과 극으로 엇갈려 버렸다.
딱 한 글자 차이임에도 인생의 향방은 극단적으로 엇갈려 버렸다. 위 두 사람을 갈라놓은 것은 다름 아닌 '사랑'과 기다림이다. 사랑이라는 유기질 거름이 두 사람의 인생 향방을 극단적으로 갈라놓은 것이다.
특히 유소년 시절 가정환경과 학교생활이 미치는 영향이 학생들에게 얼마나 지대한지(?)를 알 수가 있다.
이제 우리 교육은 제2의 신창원은 예방하고, 제2의 표창원을 길러낼 수 있도록 힘을 모아야 한다. 우리 교육이 갈 길이다.

〈학교에서 다양한 체험과 긍정적 경험을 쌓게 해야만 제2의 표창원이 나올 수 있다. 우리 아이들이 실수를 하더라도 묵묵히 지켜보고 기다려 주면서 씩씩하게 길러 보자!〉

2교시 실내형 초등학생 성공 전략

실내형 초등학생에 대한 대책

'실내형 초등학생'이란 주로 실내에서 활동하는 것을 선호하고, 신체 활동보다는 디지털 기기나 실내 활동에 더 많은 시간을 보내는 아이들을 지칭한다. 이러한 생활 방식은 신체 발달, 사회성, 정서 발달에 부정적인 영향을 줄 수 있으므로, 실내형 아이들에게 맞춘 대책이 필요하다.

신체 활동 증가 방안

흥미를 자극하는 실외 활동 제공
- 실내 활동에 익숙한 아이들에게 흥미를 유발할 수 있는 실외 활동을 계획한다.
- 예: 보물찾기 게임·자연 탐방·운동회와 같은 놀이형 신체 활동.

- 아이가 좋아하는 요소(예: 캐릭터, 경쟁, 창의력 발휘)를 포함한 프로그램 설계.

가족과 함께하는 야외 시간 마련
- 부모와 함께 산책·자전거 타기·공원 방문 등의 활동을 주기적으로 진행한다.
- 가족 중심의 활동은 실외 활동에 대한 거부감을 줄이고, 긍정적인 경험을 제공한다.

스포츠 및 동아리 활동 참여 유도
- 축구·농구·태권도 등 다양한 스포츠나 야외 중심 동아리에 참여하도록 장려한다.
- 실내형 성향의 학생일수록 소규모로 운영되거나 개인적인 성취감을 느낄 수 있는 활동(예: 배드민턴, 수영)이 적합하다.

〈학부모님들은 국영수사과 이른바 주요 과목을 중요하게 생각하는데, 교육 현장에서 지켜본 필자가 보기에 가장 중요한 과목은 스포츠 과목이다. 스포츠를 단순한 운동으로 규정하는 것도 잘못된 편견이다. 스포츠는 인간의 심성은 물론 인간의 질병까지도 말끔하게 고쳐 놓는 최고의 명의나 다름없다. 운동 좋아하는 사람중에 우울증 환자 없는게 증명한다. 우리 아이들이 밝고 건강하게 성장하는데는 학교 체육선생님들의 수고와 헌신을 빼놓을수가 없다. 봄가을 황사철은 물론이고 바람 불고 추운 날도 운동장에서 아이들과 같이 뛰면서 수고를 아끼지 않는 체육선생님들에게 아낌없는 박수를 보내드리자!

우리 청소년들에게는 학교수업과 학원수업·각종 숙제·각종 수행평가에 이르기까지 너무나도 많은 것들이 옥죄고 있는게 현실이다. 우리 아이들이 숙제와 수행평가 보다도 밤낮으로 뛰어 놀고 땀 흘리도록 마당을 펼쳐주자!)

학교 내 신체 활동 시간 확대
- 학교에서의 체육 수업을 놀이 기반으로 재설계하거나, 실외 활동 시간이 부족하지 않도록 보완한다.
- 예: 활동형 체육 프로그램(예: 줄다리기, 릴레이 게임)을 통해 즐겁게 참여하도록 유도.

디지털 기기 사용 시간 관리

디지털 기기 사용 제한 규칙 설정
- 부모와 자녀가 함께 하루 디지털 기기 사용 시간을 설정한다.
- 예: 게임이나 유튜브 시청 시간을 1~2시간으로 제한.
  사용 후 보상이나 다른 활동으로 전환하도록 유도한다.

건강한 대체 활동 제안
- 디지털 기기 대신 창의력과 사고력을 자극하는 활동을 제공.
- 예: 레고 만들기, 그림 그리기, 책 읽기, DIY 만들기.
  디지털 활동과 유사한 재미를 주는 보드게임·퍼즐·과학 실험 키트도 효과적이다.

기기 사용과 실외 활동 결합
- 디지털 기기를 활용해 실외 활동을 장려.
- 예: 증강현실(AR)을 활용한 보물찾기 앱, 걷기 운동 게임(포켓몬 GO와 같은 게임).

사회성 발달 및 대인 관계 강화

소규모 그룹 활동 제공
- 실내형 학생들이 심리적 부담을 느끼지 않도록, 소규모 그룹 중심의 사회적

활동을 유도한다.
- 예: 학교 또는 지역 커뮤니티에서 진행하는 미술, 독서, 코딩 동아리 등.
- 그룹 활동 내에서 협력과 의사소통의 중요성을 배우도록 지원.

친구와의 놀이 시간 제공
- 아이들이 친구와 자연스럽게 교류할 수 있는 환경을 마련.
- 예: 친구를 집에 초대해 간단한 놀이 활동(보드게임, 쿠키 만들기)을 함께 진행.

부모가 초등학생들이 교류할 수 있는 **플레이 데이트(playdate)**를 주선.

리더십과 자신감 개발 활동
- 자신감을 높이고 사회적 상호작용을 유도하는 프로그램(발표회, 협동 프로젝트 등)을 제공함.
- 아이가 관심 있는 주제를 기반으로 발표하거나 협력 활동을 하는 프로그램을 운영.

(평소 부족함 없이 학교생활 하던 아이들이 병들고 힘없는 어르신들 위문공연을 통해서 정신 번쩍 차리고 철들게 된다. 어르신들의 힘없는 손으로 손주같은 아이들에게 일일이 '부모님과 선생님 말씀 잘 듣고 공부 열심히 하라'고 격려해 주신다. 아이들이 어르신들에게 드린 것보다도 어르신들께서 아이들에게 사랑 넘치도록 따뜻한 정을 안겨주신다.)

정서적 지원 및 상담

아이의 성향 이해하기
- 실내형 성향이 반드시 부정적인 것은 아니므로, 아이의 관심사와 강점을 존중하며 이를 바탕으로 활동을 계획한다.
- 아이와 대화하여 그들이 왜 실내 활동을 선호하는지, 어떤 활동에 흥미를 느끼는지 탐구한다.

전문 상담 지원
- 실내 활동 과다로 인해 정서적 불안, 우울 증상이 나타날 경우 전문가와 상담을 진행한다.
- 심리 전문가가 자기 표현력, 정서 안정, 대인관계 기술을 키울 수 있도록 도움을 제공한다.

환경적 요인 개선

실외 활동 친화적 환경 조성
- 학교나 지역에서 실외 활동을 더 쉽게 접할 수 있도록 환경을 조성한다.
- 예: 초등학교 내 놀이 시설, 운동 공간 확대.
- 지역사회와 연계한 아웃도어 프로그램(산책, 캠핑 등) 제공.

가정 환경 변화
- 가정 내에 신체 활동을 장려할 수 있는 소규모 공간을 마련.
- 예: 실내 트램펄린, 줄넘기 공간, 실내 체육 용품 제공.

결론

실내형 초등학생을 위한 대책은 실내 성향을 존중하면서도 신체 활동과 사회적 교류를 유도하는 균형 잡힌 접근이 중요하다. 아이의 취향과 관심사를 중심으로 다양한 활동을 설계하고, 부모와 학교가 협력하여 아이가 건강한 방식으로 신체적·정서적·사회적으로 성장할 수 있도록 지원한다.

| 주제 | 요리교실에서 우울감 탈출하기 |

| 키워드 | 주변 사람들과의 끊임없는 상호작용으로 소속감·자신감·자존감을 가득 채워서 우울감·고립감 탈출 |

| 내용 | – 활동내역 : 점심시간에 친구들과 함께 요리
– 사업기간 : 3월 1일 ~ 12월 31일
〈기대효과〉
– 친구들과 유대감 향상 및 학교에 대한 친밀감 상승 |

- 참가대상 : 희망하는 학생들을 선발하되 평소 친구들과 교류가 많지 않았던 학생들을 우선적으로 선발함.
- 메뉴 : 라면 · 라볶이 · 컵라면 · 짜파게티 등
- 기획목적 : 학교생활에 어려움을 겪는 학생들과의 라포 형성
- 학교의 변화 : 요즘 학생들은 수업료 · 교복비 · 급식비 · 수학여행 체험학습비까지도 모든게 무상교육이 이루어진 상태인데도 학교생활이 즐겁지 않다고 한다. 이제 학교는 가정에서 채워주지 못하는 부분을 감당할 수밖에 없는 시대가 온 것이다.
- 담당교사 : 1회성이 아니고 지속적으로 이어 가기 위해서는 모든 교사가 동참하는 게 좋다. 하지만 일단 시작은 누군가가 전담하면서 학교의 평화로운 분위기를 정착시키는 게 중요하다.
- 기대효과 : 고립감 탈출과 소속감 상승, 자존감과 자신감 상승

가벼운 소재를 매개로 학생들과 신뢰관계 형성하면서 정서적 격려와 지지를 지속적으로 해줌.

- 요즘 아이들에게 가장 필요한 것은 다양한 부류의 사람들과 접촉하면서 운동하고 연대하면서 소통하고 경험을 쌓게 하는 것이 중요하다.

| 주제 | 친구집에서 세상을 만나자! |

| 키워드 | 주변 사람들과의 끊임없는 상호작용으로 소속감·자신감·자존감을 가득 채워서 우울감·고립감 탈출 |

| 내용 | – 활동내역 : 주말에 친구집 방문해서 수다 떨기
– 방문시기 : 매주 금요일 저녁 ~ 토요일 오전
〈 기대효과 〉
– 밤새도록 학교·게임·공부·학원·부모님 이야기 나누면서 스트레스 해소하고 활력찾기 |

- 대상 : 학급의 모든 학생
- 기획목적 : 실내에서 주로 활동하는 학생들에게 친구들과의 오프라인 접촉과 확대를 도모함.
- 필요성 : 요즘 학생들은 놀고 싶어도 놀 시간이 없을 정도로 지나치게 빡빡한 일정을 소화하고 있다. 어른들 보다도 더 숨 막히는 아이들에게 주말을 이용하여 친구들 집에서 밤새 떠들고 발산할 수 있도록 해야 한다.
- 기대효과 : 연대감을 높이고 상호작용이 가능함
- 학원수업, 학원숙제 등으로 지쳐버린 우리 아이들에게 여백의 시간을 부여하고 친구들과 스트레스를 날려버리도록 배려하자.
- 친구와 밤을 같이 지샌다는 것은 단순한 의미가 아니라 아이들 마음속 영혼까지도 맑게 정화시켜주는 효과가 있다.
- 아이들은 하루종일 타인으로부터 듣기와 지시를 받을 뿐 자신이 주인공이 되어서 주체적인 활동에 익숙하지 않다.
- 친구와의 1박 2일을 통해서 서로가 주인공이 될 수 있는 기회를 부여하자.

주제	수업방해 학생에겐 간식이 최고!
키워드	주변 사람들과의 끊임없는 상호작용으로 소속감·자신감·자존감을 가득 채워서 우울감·고립감 탈출
내용	- 활동내역 : 아침 건너 뛴 친구들 간식제공 - 공급시기 : 3. 2 ~ 12. 31. 〈 기대효과 〉 - 학교는 따뜻한 정을 나누는 장소 학교는 친구들과 우정을 나누는 소중한 곳

- 대상 : 학교생활에 어려움을 겪는 학생들
- 기획목적 : 학교에 대한 친근감, 친구들과의 상호작용 확대
- 메뉴 : 초코파이 · 컵라면 · 짜파게티 등
- 필요성 : 과거 학생들은 밥이 없어서 못 먹었고, 요즘 학생들은 밥이 있어도 안 먹고 등교하는 학생들이 너무나도 많다. 밤늦게까지 게임하고 학원숙제로 지친 아이들에게 약간의 간식은 꿀맛 같은 선물이다. 아이들에게 비싼 선물이 아니라 사소한 선물로 학교생활을 즐겁게 하도록 도와주자.
- 기대효과 : 동료들과의 친근감 느끼기, 타인과의 상호작용
- 가정에서 정서적으로 결핍된 아이들이 학교에 와서 부적응으로 나타나는 경우가 비일비재하다. 이런 아이들 모두를 교권침해, 수업방해로 처벌하는 게 능사는 아니다.
- 자신들도 잘하고 싶고 관심 받고 싶은데 실천이 안 되는 아이들이 많다. 이런 학생들이 비주류가 아닌 자신감을 갖고 긍정적인 학교생활을 이어갈 수 있도록 긍정의 바이러스를 지속적으로 전해주자.
- 이제 학교는 지식적 영역 뿐만 아니라 동네 병원 의사 역할은 물론 아이들의 삼촌·이모·고모 역할까지 수행해야 되는 세상이 와 버렸다.

| 주제 | 게임 중독 학생에겐 야구장이 최고죠! |

| 키워드 | 주변 사람들과의 끊임없는 상호작용으로 소속감·자신감·자존감을 가득 채워서 우울감·고립감 탈출 |

| 내용 | – 활동내역 : 학원에 지친 학생들과 야구장에서 수다
– 방문시기 : 4월 ~ 9월(주중 경기)
〈 기대효과 〉
– 게임에 중독된 학생들에게 야구장에 울려 퍼지는 함성과 울림을 통해서 실내활동을 자제하고 역동적인 삶을 살아갈 수 있도록 계기를 마련해 준다. |

보고 듣고 소리치며 평화적 감정 회복
(새로운 준비와 도약)

- 대상 : 희망하는 학생들
- 기획목적 : 실내활동으로 지친 학생들에게 오프라인 활동을 통해서 새로운 활력소를 제공해 줌.
- 필요성 : 생활의 활력을 찾고, 삶의 현장 체험
- 사이버상에서 온라인 게임에 익숙하던 아이들에게 실제 현장에서 역동적인 응원문화 모습을 보면서 일반 시민들의 평화로운 삶을 체험하도록 도와 줌.
- 기대효과 : 더불어 사는 사회 체험
- 전혀 모르는 일반 시민들과 한데 섞여서 응원 같이하면서 타인에 대한 평화적 감수성을 길러 줌.
- 야구장에서 구경 못지 않은 것이 야구장 군것질이다. 떡볶이 · 순대 · 햄버거 · 꼬치구이 등 다양한 군것질을 경험을 하면서 학교생활에 지쳐 있던 자신에게 활력과 신바람 에너지를 채워 넣은 경험을 하게 된다.
- 야구장은 주인공이 따로 없다. 누구나 자기 자신이 주인공이 될 수 있는 곳이다. 마음껏 포효하고 발산해도 누가 뭐라고 할 사람이 없다. 아이들이 실내에서 움추렸던 자아를 마음껏 끄집어 내는 계기가 될 수 있다.

| 주제 | 결혼식행사 동참으로 우울감 탈출하기 |

| 키워드 | 주변 사람들과의 끊임없는 상호작용으로 소속감·자신감·자존감을 가득 채워서 우울감·고립감 탈출 |

| 내용 | – 활동내역 : 친인척 결혼식행사 함께하기
– 방문시기 : 부정기적 선택
〈 기대효과 〉
– 친인척 및 지인 결혼식에 함께하면서 공동체의식과 자신감을 찾을 수 있는 기회 부여함 |

친인척들 행사 동참
(소속감 및 우울감 해소)

- 대상 : 결손가정자녀, 맞벌이가정자녀 등
- 기획목적 : 일반 시민들의 평화로운 일상을 경험하면서 우울감 등을 해소하고 새롭게 힘을 낼 수 있도록 도와 줌.
- 기대효과 : 혼자가 아니라는 연대감과 소속감을 길러준다.
- 부잣집 학생들 입장에서는 코웃음 치겠지만 상황이 여의치 않은 학생들에게 결혼식장 문화는 너무나도 생소하고 신비롭기도 한 경험이다.
- 태어나서 결혼식 행사를 처음 가보는 학생들이 의외로 많다는 것이다. 신랑신부가 세상에 태어나서 가장 행복한 순간을 현장에서 직관하고 축하 해주는 경험을 통해서 자신의 속에 있었던 우울감을 털어 버리기를 기대한다.
- 우울감은 남들과 왁자지껄 어울리면서 털어버리는 게 가장 효과가 좋다. 아이들이 사람들과 다양하게 어울리면서 서로 존중하고 배려하면서 살아가는 모습을 배우고 익히도록 도와주자.
- 인간은 누구나 행복하게 살아 갈 권리가 있다. 어린 시절 가정적으로 불우한 환경에 처한 아이들에게 일반 가정의 행복한 현장에 자연스럽게 동참시키면서 행복 바이러스를 자연스럽게 스며들게 하는 것이 중요하다.
- 친척도 아닌 학교가 왜 해야 하는데(?) 반발하지 말고 힘없는 그 아이들의 손을 따뜻하게 잡아 주자! 학교는 이제 가정에서 충분한 돌봄을 못 받는 학생들에게 이모·고모·삼촌 역할을 해야만 된다.

| 주제 | 텃밭 활동으로 자신감 채우기 |

| 키워드 | 주변 사람들과의 끊임없는 상호작용으로 소속감·자신감·자존감을 가득 채워서 우울감·고립감 탈출 |

| 내용 | – 활동내역 : 학교내 대안교실 활동
– 활동시기 : 매주 화요일, 수요일 오후
〈 기대효과 〉
– 자연에 대한 신비로움과 생명에 대한 이해력 고취
– 학교내 텃밭가꾸기를 통해서 작은 성취감 고취 |

- 대상 : 학교생활에 어려움을 겪는 학생들
- 기획목적 : 실내 활동에 익숙한 학생들에게 외부 활동 참여를 통해서 자신감 및 활력소를 길러 줌.
- 품종선택 : 상추·쑥갓·토마토·참외·애호박·고추·강화순무·배추·오이·감자·고구마 등
- 필요성 : 온라인게임과 학원 수업에 지쳐있는 학생들에게 자연의 소중함과 생명에 대한 신비로움을 길러 줌.
- 기대효과 : 땀과 노동의 소중함 인식
- 아이들에게 익숙한 스마트폰 화면과 컴퓨터 화면에서 벗어나서 비바람을 견뎌내고 얼굴을 내미는 식물들을 보면서 사전에 준비하는 것이 얼마나 중요하다는 것을 느끼게 함.
- 아직은 쌀쌀한 4월 중순, 자신들이 심어 놓은 상추 모종이 추위를 견뎌내면서 사뿐사뿐 고개를 내미는 모습을 보면서 아이들은 긍정적 경험과 평화로운 마음을 갖게 됨.
- 학교내 작은 텃밭이지만 봄부터 거름 주고 흙도 만지면서 잡초 제거하는 일상을 겪으면서 일종의 책임감 같은 것을 느끼게 함.

주제	등산으로 내인생 설계하기
키워드	주변 사람들과의 끊임없는 상호작용으로 소속감·자신감·자존감을 가득 채워서 우울감·고립감 탈출
내용	– 활동내역 : 주말에 친구들과 산행하고 땀 흘리기 – 방문시기 : 매주 토요일 오전 〈 기대효과 〉 – 1주일 내내 실내에서 받은 우울감, 스트레스 해소 – 협동심, 자존감, 자신감, 소속감 고취

- 대상 : 희망학생들, 내성적인 학생들
- 기획목적 : 실내활동에 익숙한 학생들에게 외부활동을 통해서 공간지각 능력과 자신감을 길럼 줌.
- 기대효과 :
- 협동심과 인내력 배양과 자신감 고양
- 평소 학교생활에 자신감이 떨어진 학생들에게 활력소를 제공함.
- 평소 학교생활에 흥미가 없던 학생들에게 새로운 목표 의식을 길러 줌.
- 산에서 오고 가는 사람들을 마주하면서 사람들에 대한 적응력을 길러 줌.
- 친구들과 교류가 많지 않았던 학생들에게 등산을 통해서 친밀감을 증대시키고 학교생활에 새로운 에너지를 부여함.
- 자기 자신에 대해서 자존감이 낮았던 학생들에게 등산을 통해서 작은 성취를 맛보게 하고 자신감을 고양시켜 줌.
- 밤늦게까지 게임하던 일상을 벗어나도록 근면성을 일깨워 줌.
- 처음부터 높은 산을 오르기 보다는 학교 근처 평범한 야산을 활용하다가 서서히 난이도를 높이는 것이 좋다.
- 처음에는 단체로 움직이다가 나중에는 모둠별로 목표 지점에 모이도록 하는 것이 교육적 효과도 높고 모둠별 결속력을 다지게 된다.

| 주제 | 재래시장 체험학습으로 자신감 키우기 |

| 키워드 | 주변 사람들과의 끊임없는 상호작용으로 소속감·자신감·자존감을 가득 채워서 우울감·고립감 탈출 |

| 내용 | – 활동내역 : 복지사 선생님과 함께하는 체험학습
– 방문시기 : 매주 1회 5일장날
〈 기대효과 〉
– 작고 꾸밈없는 서민들의 일상을 배움
– 하루를 열심히 살아가는 시민들 모습 배움 |

〈출처 : GH TV〉

- 대상 : 희망하는 학생들, 내성적인 학생들
- 기획목적 : 화려하지는 않지만 시민들이 소박하게 열심히 살아가는 모습을 보면서 근면성을 고취시켜 줌.
- 기대효과 :
- 소소한 시민들의 근면성 익힘, 인정의 아름다움 체험
- 온라인 원격 거래가 일상화된 세대들에게 오프라인에서 사람들과 직접 대면하면서 푸근한 인심을 느끼게 됨.
- 길거리 노점하시는 분들이 인내심을 갖고 손님을 기다리고 친절하게 돈을 버시는 모습을 보면서 성실성을 고취시켜 줌.
- 대형마트에서 구경할 수 없는 메주 · 늙은호박 · 강화순무 등의 물건들을 보면서 푸근한 시골 5일장의 정서를 느끼게 함.
- 화려함보다는 질박하고 투박한 5일장의 풍광을 시야에 담으면서 아이들에게 상상력과 안정감을 길러 줌.
- 시골 5일장에서 군것질 체험을 통해서 아이들 기억에 훈훈한 한 페이지를 채워 줌.
- 카드보다는 현금을 주고받는 정겨운 5일장을 통해서 배달 음식 주문하던 패턴을 지양하고 직접 구입하고 직접 조리하는 습관을 길러 줌.

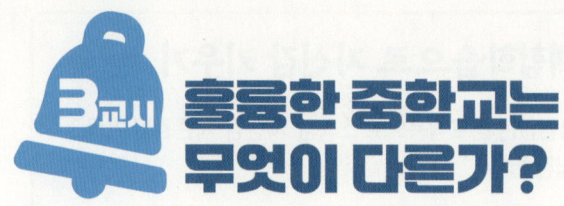

학교는 삶을 가꾸고 나누는 교육공동체!
학생은 행복한 삶을 경험하며
미래 사회를 살아가는데 필요한 가치를 배우고 익힌다!

숨 막히는 중학교

중학교 시절은 초등학교와 고등학교 사이에 끼어서 이도저도 아닌 것 같지만 실제로는 한 인간의 평생을 결정짓는 아주 중요한 시기다.
이제 초등학교 교육과정 6년을 마치게 되면자신의 자녀가
'공부로 갈 것인가(?)'
'직업교육으로 갈 것인가(?)'결정하는 게 지혜롭다.

사실은 초등학교 5~6학년 때쯤이면 짐작이 된다. 그러나 대한민국의 부모님들은 자신의 자녀 상태를 쉽사리 받아들이지 않는다. 심지어 전교 꼴찌도 학원 보내고, 전교 1등도 학원 보내는 대한민국이다. 일단 중학교에 입학하게 되면 초딩 때와는 비교도 안 될 정도로 다양한 과목이 기다리고 있다. 국어 · 영어 · 수학 · 사회 · 과학 · 도덕 · 역사 · 세계사 · 음악 · 미술 · 체육 · 기술가정 · 정보컴퓨터 · 한문 등등
아침 7시에 기상 하여 세면하고 식사하고 헐레벌떡 학교에 등교하면 8시 30분이다. 1교시부터 6교시까지 빡빡하게 수업 받고 오후 4시에 귀가 후 태권도 체육관 가서 2시간 국영수 학원가서 6시 ~ 9시, 9시 30분에 귀가하면 온 몸은 힘들고

지친다.

학교는 학교대로 빡빡하고
학원은 학원대로 빡빡하다.

특히 저녁 6시부터 시작되는 학원 수업은 감히 상상을 못할 정도로 타이트하다. 끊임없는 평가와 비교 분석을 통해서 상위권 학급으로 레벨업을 시도한다.

성적 불변의 법칙

초등학교를 졸업하게 되면 학생들의 학습 능력은 어느 정도 검증이 된다는 게 전문가들의 의견이다.

학교를 다녀보고 공부를 해 본 사람들은 누구나 아는 것처럼, 한명의 학생이 공부에 적합한 학생인지(?) 부적합한지(?) 대체로 파악이 된다.

그래서 독일의 부모님들은 초등학교 4년 과정을 마치게 되면 담임선생님의 의견에 따라서 인문계 중고등학교로 갈 건지(?) 기능직 직업학교로 갈건지(?)를 결정한다.

실제로 독일의 경우에는 4가지 형태의 중고등학교가 있다.

첫째, 9년 과정의 김나지움(우리나라 인문계 중고등학교에 해당)
둘째, 6년 과정의 레알슐레(우리나라 사무직+기술직 직업학교 해당)
셋째, 5년 과정의 하웁트슐레(우리나라 기능직 직업학교에 해당)
넷째, 종합학교(김나지움 + 레알슐레 + 하웁트슐레)

그런데 재미있는 것은 상급학교 진학군 선택을 학생 부모님이 아니라 주로 담임선생님의 의견을 따른다는 것이다.

우리나라 같았으면 당장 교육청에 민원 들어가고 난리가 난다.

성적 불변의 법칙(?)

- 입학성적이 ➡ 졸업성적으로?

- 중1(30점) ➡ 중3(30점)
- 중1(50점) ➡ 중3(50점)
- 중1(70점) ➡ 중3(70점)
- 중1(90점) ➡ 중3(90점)

중학교 입학 후 좀처럼 바뀌지 않는 게 있다.
바로 학교 성적이다.
흔히들 '사람이 노력해서 안 되는 게 어디있냐(?)'고 하는데 …
인정하고 싶지 않지만 엄연히 존재한다.

사정이 이런데도 학생들의 보호자들은 자녀들의 성적을 인정하려 들지 않는다. 학원에 다니면서 조금만 노력하면 얼마든지 따라 잡을 수 있다고 확신을 하는 게 현실이다.

보호자와 학원 사이에 낀 학생들은 숨이 막혀 죽을 지경이다.

모두가 서울대 가는가(?)

어른들은 마치 모든 아이들이 공부 열심히 하면 출세할 것처럼 쉽게 이야기를 한다. 중학교 아이들은 어린 시절부터 학원·체육관·학교 시스템에 지쳐있는 상태다. 이 아이들에게 더 이상의 희망 고문을 시켜가면서 공부를 강요하는 것은 또 다른 형태의 학대 행위나 다름없다.

우리는 이 아이들에게 '공부 말고도 행복하게 살 수 있다'는 것을 분명하게 말해주어야 된다. 가장 적절한 시기가 중학교 시절이다.

서울대 · 스카이 · 인서울 · 수도권 대학교···

봄철의 아지랑이처럼 사라지더라도 아쉬워하지 말자!

그보다 더 소중한 것은 우리 아이들의 행복이다.

우리 아이들의 그 행복은 누구도 침탈해선 안 된다.

내가 놓은 자식이라고 하여도 내 것이 아니다. 아이들은 부모의 소유격이 될 수 없다. 부모의 허영심 때문에 아이들을 늦은 밤까지 학원에 가두어 놓는 것은 명백한 아동학대나 다름없다.

필자가 학부모들에게 아무리 호소해도 소용이 없다. 공부 안(못)해도 얼마든지 행복하게 잘 살 수 있도록 건강하게 잘 키워주는 게 이 시대 교육의 소명이라고 생각한다.

아이들의 즐거운 학교생활을 위해서는 담임선생님은 물론이고 교과선생님 역할도 대단히 중요하다. 강의식 일변도로 진도 나가는 선생님들이 아직도 부지기

수다. 특히 영어·수학·과학 교과에서는 학생들의 수준차가 극명하게 나타나고 있다. 그런데도 대부분의 선생님들은 현재와 같은 대중교육 시스템에서는 어찌 뾰족한 묘수가 없다.

유일한 방법은 교과선생님의 소신이다. 교감·교장 눈치 보지 않고 소신껏 진도 나가는 것이다. 이해력이 좋은 아이들에게는 자율적 학습을 적용시키고, 이해력이 살짝 쳐지는 학생들에게는 난이도를 조정해서 학습시키고, 이해력·학습능력이 많이 떨어지는 학생들에게는 흥미 위주의 미션을 제시해서 즐거움을 제공한다. 수업 시작 후 교사 혼자 원맨쇼 하듯이 혼자서 떠들면서 1시간 마치는 수업으로는 우리 아이들에게 재앙을 제공하는 것이다.

4~5명씩 분임조 형태의 학습을 정착화시켜야 된다.

빠르면 빠른 대로

느리면 느린 대로

뭔가를 경험할 수 있도록, 뭔가 긍정적 경험을 한 개라도 하면 성공이다. 긍정적 경험을 쌓게 되면 무조건 성공이다.

아빠는 치과 의사 엄마는 약사

강남에서 치과를 개업한 원장님은 서울 소재 약대를 나온 약사 출신 여성을 아내로 맞이하였다. 결혼 후 슬하에 아들 두 명을 놓고 오순도순 화목하게 살던 치과 원장님 가정에 어느 순간부터 먹구름이 끼이게 되었다.

자신의 아들도 당연히 전교 1등과 전과목에 걸쳐 우수하기를 기대 하였으나 현실은 다르다. 목동과 강남에 중학교 학생들은 2개~3개 틀리면 학급에서 꼴찌라는 소문이 자자하다.

아버지와 아들의 관계는 점점 더 멀어지고 대화도 단절 되 가던 시점에서 아들은 학교에 가는 것을 포기하고 지각과 결석을 반복하였다.

주변에서 치과 원장에게 '아들은 아들 인생이 있고, 아빠는 아빠 인생이 있으니 그냥 모른 척 하셔요.'라고 조언을 하였지만, 소용이 없었다. 그러다가 고등학교 다니던 아들의 결석이 잦아지고 걷잡을 수 없는 상황까지 치 닫자(?)

치과 원장은 포기 아닌 포기를 한 후 아빠와 아들은 새로운 행복을 찾았다. 약사 출신 엄마의 완벽에 가까운 학습 컨설팅과 현역 치과의사 아빠의 과한 기대치 등으로 숨 막혔던 아들이 엄마·아빠의 내려놓음으로 다시 살아났다. 아들은 남은 고등학교 생활을 무사히 마치고 본인 스스로 원하는 대학을 선택하여 때늦은 공부 재미에 빠져있다.

엄마 아빠의 공부 허영심으로 하마터면 큰 일 날 뻔했다. 서울대가 아니고 스카이가 아니더라도 얼마든지 행복할 수 있다는 것을 치과의사 아들이 온 몸으로 증명하고 보여주었다.

모범생의 반란

민석이는 중학교 입학 후 하루도 빠짐없이 하루 15시간 이상 진행되던 강행군에 주저앉고 말았다. 중학교 2학년 들어서 처음으로 학교를 빠지기 시작하였다. 하루·이틀·사흘 결석 일자가 점점 늘어나면서 학교와는 더욱 멀어지기 시작하였다.

처음에 며칠은 잠자코 지켜보던 어머니는 더 이상 못 참고 본격적인 성화가 시작되었다.

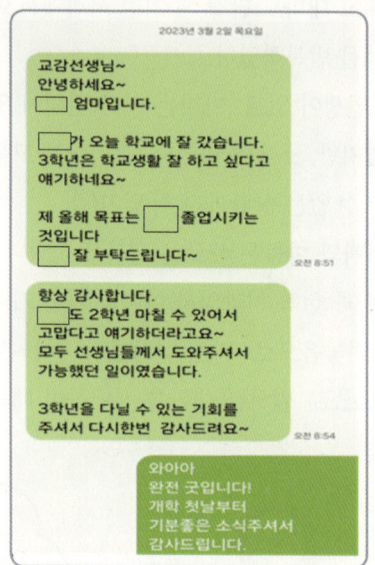 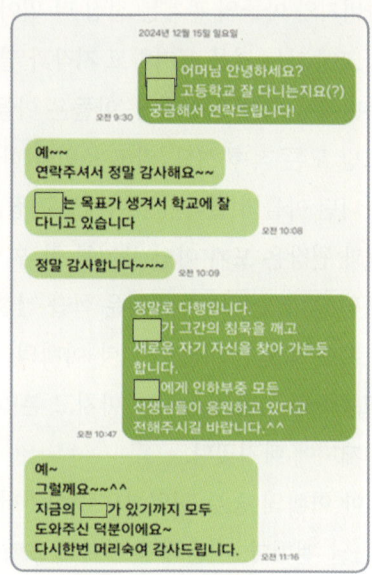

〈어려움에 빠진 초보엄마·초보아빠에게 도움을 주게 되면 학교에 평화가 찾아 온다〉

그렇지만 어머니가 아무리 달래고 소리쳐 봐도 민석이는 꿈쩍을 안한다. 새벽 5시까지 게임하고 하루 종일 깊은 잠에 빠진다. 오후 6시쯤이나 되어서야 부스스 일어나서 눈꼽을 띤다. 결석 일수가 10일이 지나도 민석이는 전혀 미동도 하지 않고 오로지 게임에 열중이다.

어머니는 더 이상은 못 참겠다고 작심을 하고 소리를 고래고래 지른다. 힘으로 제압하려던 엄마가 도리어 중 3 아들에게 밀리기 시작한다.

엄마가 어느 날 '학원 빼줄테니 학교는 다니자'고 타협안을 제시했지만 민석이는 꿈쩍을 안한다. 결석일수가 30일을 넘어 40일, 50일, 60일에 도달하였다. 이제 3일만 결석하면 자동으로 퇴학(유예) 처리된다. 할 수 없이 담임과 교감이 마지막으로 가정 방문을 가서 마지막 타협안을 제시하였다. '민석이가 어머니 자동차 타고 학교주차장에 와서 담임샘 얼굴만 보고 가면 출석으로 인정해 주겠다'고 제안하였다. 학업숙려제고 뭐고 다 필요 없다던 민석이가 2학기 개학 후 약간의 변화가 보였다. 결과는 대성공이다.

민석이는 그 후로 단 한 번도 빠지지 않고 3학년을 무사히 마치고 졸업을 하였다.

엄마 아빠, 제발 싸우지 말아 주세요!

학창시절 부모님의 가정불화는 어린 학생들에게는 가장 큰 충격이다.

가정불화로 인한 폐해는 아이들의 정서발달 저해는 물론이고 두뇌발달에도 상당한 악영향을 끼치는 것으로 알려졌다.

사람들은 학생들의 학교생활 부적응의 원인을 자꾸 엉뚱한데서 찾고 있는데, 사실은 근본적인 원인은 대부분은 가정에서부터 출발한다. 가정에서 따뜻하고 화목하게 생활했던 학생들은 학교에서 다툼이나 반목을 하지 않는다.

상대방이 시비를 걸더라도 묵묵히 참고 견디지 맞장구치거나 반격을 하지 않는다. 한 마디로 평화감수성 자체가 가정에서부터 잘 길러진 것을 알 수 있다.

엄마 아빠와 화목하고 행복하게 사는 것!

모든 사람들의 희망이고 추구하는 바이다. 마음만 먹으면 돈도 많이 안 들고도 행복하게 살 수가 있다. 그런데 그 쉽고도 당연한 것이 현실 세계에서는 좀처럼 잘 지켜지지 않는다. 어떤 분들은 사흘이 멀다 하고 싸우고 헤어지고 서로 물어뜯고 난리다.

남녀가 서로 좋다고 할 때는 언제고 살짝만 틀어지면 괴성을 지르면서 안 살겠다고 법원으로 간다.

얼마 전, HOT 멤버 토니안 씨(氏)가 오은영 박사님의 금쪽상담소에 출연해서 자신은 네 명의 어머니를 모셨다고 한다.

여섯 살 무렵 '자신의 친어머니와 친아버지가 헤어질 때 슬프지 않았냐(?)고 했더니, 토니안은 오히려 잘됐다'고 회고를 하였다. 왜냐하면 엄마 아빠가 헤어지기 전까지 어린 자녀들 앞에서 너무나도 심하게 다투는 것을 자주 목격하다 보니까 차라리 헤어지게 되면 싸우는 모습을 안 보게 된다는 기대감이 있었기 때문이다.

이와 같이 가정에서의 우울한 기억은 고스란히 어린 자녀들에게 응어리로 남아있다. 그것이 우울로 이어지고, 분노 폭발로 이어지고, 타인과의 충돌로 이어질 가능성이 매우 크다는 것이다.

과거에는 부모의 불화가 발생되면 완충지대 역할을 해주시는 친인척들(이모·고모·할머니·삼촌 등)이 존재하였지만 최근에는 그 마저도 기대할 수 없는 각박한 세상이 되었다.

이렇게 시작된 우울과 분노가 학교에 와서 수업방해·교권침해·학교폭력 등으로 이어지고 있다.

이런 현상이 어디 인천에만 있겠는가(?)

서울·부산·대구·울산·대전·광주·수원 … 전국 각 시도교육청에서 가장 골치 아픈 사안이 학교폭력 사건이다. 얼마나 골치가 아팠으면, 2004년 전 세계에서 최초로 학교폭력 예방 및 대책에 관한 법률이 탄생하였을까(?)

부모의 가정불화가 자녀들에게 미치는 영향

가정은 자녀의 성장 과정에서 안정감을 제공해야 할 가장 중요한 환경이다. 그러나 부모 간의 가정불화가 지속되면, 자녀는 신체적·정서적·사회적 그리고 심리적으로 심각한 영향을 받을 수 있다. 특히 이러한 상황이 반복적이고 해결되지 않을 경우, 자녀의 발달에 장기적인 부정적 영향을 미칠 수 있다.

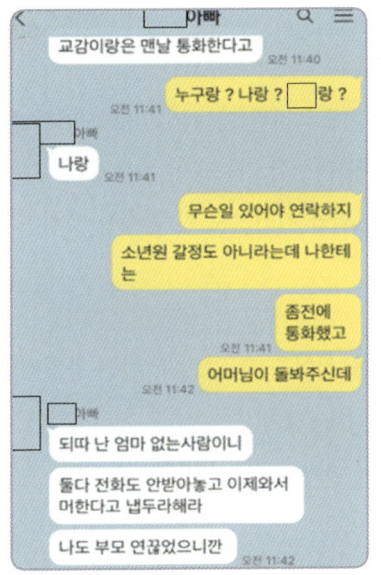 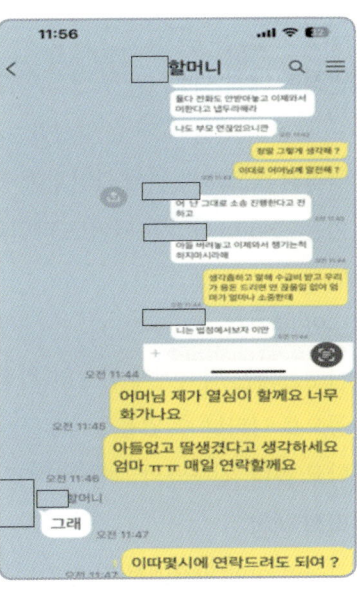

〈어른들의 갈등은 자녀들의 정서 결핍과 방황으로 이어진다〉

정서적 영향

불안과 스트레스
- 부모 간의 갈등은 자녀에게 정서적 불안을 초래함.
- 지속적인 긴장 상태로 인해 자녀는 안전한 가정환경을 상실하며, 불안과 스트레스를 만성적으로 경험할 가능성이 높다.

우울감과 자존감 저하
- 부모의 불화를 목격하거나 그 영향을 받는 자녀는 스스로를 무가치하게 느낄 수 있음.

- 이는 자존감 저하와 더불어 우울증으로 이어질 가능성이 있음.

죄책감
- 자녀는 부모의 불화가 자신의 잘못 때문이라고 오해할 수 있음.
- 이런 경우 죄책감과 심리적 부담감이 커지며, 자신이 상황을 바꾸지 못하는 데 대한 좌절감을 느낄 수 있음.

심리적 영향

불안정한 애착 형성
- 부모 간의 갈등이 자주 발생하는 가정에서 자란 자녀는 부모와의 관계에서 안정감을 느끼지 못해 불안정한 애착을 형성할 가능성이 높음.
- 이는 자녀가 성인이 되어도 타인과 신뢰를 기반으로 한 관계를 맺기 어렵게 만듦.

분노와 공격성
- 가정불화는 자녀에게 분노와 좌절감을 심어줄 수 있으며, 이는 공격적인 행동으로 나타날 수 있음.
- 학교 폭력, 친구와의 갈등 등 부정적인 대인관계로 이어질 가능성이 있음.

회피적 성향
- 갈등이 심한 환경에서 자란 자녀는 문제를 해결하기보다는 회피하려는 성향을 보일 수 있음.
- 이는 장기적으로 문제 해결 능력의 부족으로 이어질 수 있음.

학업 및 사회적 영향

학업 성취도 저하
- 부모의 불화로 인해 자녀는 학업에 집중하기 어렵고, 이는 학업 성취도 저하로 이어질 수 있음.
- 자녀는 학교에서의 과제와 활동에 흥미를 잃거나 학습 동기를 상실할 가능성이 높음.

사회적 고립
- 부모의 갈등으로 인한 스트레스는 자녀가 친구들과의 관계에서 위축되거나 고립되게 만들 수 있음.
- 다른 사람들과의 관계에서 신뢰와 안정감을 느끼지 못할 수 있음.

부적응 행동
- 부모의 불화는 자녀가 학교생활에서 부적응 행동(지각 · 결석 · 과잉 행동)을 보이게 할 가능성을 높임.
- 이는 또래 관계뿐 아니라 교사와의 관계에도 부정적인 영향을 미칠 수 있음.

신체적 영향

만성적인 스트레스 반응
- 부모의 갈등이 반복적으로 발생할 경우, 자녀는 지속적인 스트레스를 경험하며 신체적으로 두통, 복통, 소화불량 등의 증상을 호소할 수 있음.

수면 및 식습관 문제
- 불안정한 가정환경은 자녀의 수면 패턴과 식습관에도 영향을 미침.
- 불면증 · 식욕 감소 또는 폭식 등 건강 문제로 이어질 수 있음.

면역력 약화
- 만성적인 스트레스는 자녀의 면역 체계를 약화시켜 질병에 대한 저항력을 감소시킬 수 있음.

장기적 영향

대인관계 문제
- 부모의 갈등을 경험한 자녀는 성인이 된 후에도 타인과의 관계에서 신뢰와 안정감을 느끼지 못하는 경향이 있음.
- 갈등을 회피하거나 지나치게 의존적인 관계를 형성할 가능성이 있음.

자기 파괴적 행동
- 가정불화로 인해 자녀는 우울감이나 스트레스를 해소하기 위해 자기 파괴적

행동(알코올 남용, 약물 사용)을 선택할 수 있음.

부정적인 갈등 해결 방식 학습
- 부모가 갈등을 해결하지 못하는 모습을 반복적으로 본 자녀는 성인이 된 후 자신의 갈등 상황에서도 부정적인 방식을 모방할 가능성이 높음.
- 예: 폭언·폭력·침묵 등 비건설적인 의사소통 방식.

부모의 가정불화로 인한 피해 대책

부모 간 갈등 관리
- 부모는 자녀 앞에서 언성을 높이거나 싸우는 것을 피하며, 갈등이 발생했을 때는 차분한 태도로 해결하려는 모습을 보인다.

자녀와의 대화 강화
- 부모는 자녀와 정기적으로 대화하며 자녀가 느끼는 감정을 공감하고, 부모의 갈등이 자녀의 잘못이 아님을 명확히 설명해야 한다.

심리적 지원 제공
- 자녀가 부모의 갈등으로 인해 심리적 고통을 겪고 있다면, 상담사나 심리 전문가의 도움을 받아 문제를 해결하도록 돕는다.

건강한 가족 관계 구축
- 가족 활동(여행·운동·식사 시간)을 통해 가족 구성원 간의 유대를 강화하고 긍정적인 경험을 만들어 간다.

갈등 해결 교육
- 부모는 자녀에게 건강한 갈등 해결 방법(타협·경청·공감)을 모델링하여 긍정적인 대인관계 기술을 가르친다.

결론

부모의 가정불화는 자녀에게 다각적인 부정적 영향을 미칠 수 있으나, 부모가 갈등을 적절히 관리하고 자녀에게 안정감을 제공하려는 노력을 통해 피해를 최소화할 수 있다. 부모는 자녀의 정서적 안정을 최우선으로 고려하며, 건강한 가정환경을 조성하기 위해 적극적으로 노력해야 한다. 노력의 일환으로 문제 발생시 모든 과정을 자녀들에게 설명해주어야 한다.

정서적 결핍에 무너지는 아이들

영준이는 여섯 살 때 부모님과 헤어져서 충청남도 ㅇㅇ시에 소재한 보육원에 맡겨졌다.

보육원 생활은 결코 녹록하지 않았다. 보육원 선생님들의 엄격한 다스림과 체벌은 어린 영준이가 감당하기엔 너무나도 벅찬 상황이었다. 한 가지 다행스러운 것은 다른 아이들과 달리 아주 가끔씩 친엄마가 찾아온다는 것이다. 친어머니는 두 시간 남짓 머물면서 맛있는 것도 사주시고 예쁜 옷도 사 주셨다. 친엄마와의 따뜻한 추억도 잠깐뿐이다.

친엄마는 다음을 기약하고 영준이 손에 용돈 몇 푼 쥐어주고 작별을 한다. 친엄마의 방문 후 영준이는 혹독한 보육원 생활을 견뎌나갔다.

그런데 초등학교 4학년 무렵 보육원 선생님들의 체벌을 더 이상 못참고 친아빠에게 SOS 구조요청을 보냈다.

친아빠는 득달같이 달려와서 영준이를 인천으로 데려갔다. 그런데 인천에서

거주하시던 영준이 아빠는 혼자가 아니었다. 영준이가 보육원에서 생활하는 사이에 재혼을 하셨던 것이다. 영준이는 찬밥 더운밥 선택의 여지가 없었기 때문에 새엄마 슬하에서 끽소리 안하고 적응하려고 노력하였다. 천성이 온순하고 착한 영준이는 새엄마가 시키는 대로 무엇이든지 성실하게 하였다. 식사 후 설거지는 기본이고 세탁기 빨래, 세탁 후 빨래 정리정돈 · 방청소 · 거실청소 · 쓰레기 분리수거 · 음식쓰레기 등등 집안에 모든 잡다한 일들을 도맡아 하였다.

영준이가 중학교 1학년 입학할 무렵에 새엄마가 애기를 놓으면서 집안에는 싸늘한 기운이 감돌기 시작하였다. 왜냐하면 집안에 모든 일들은 물론이고 갓난 애기 육아마저도 중학교 1학년밖에 안 되는 영준이에게 시켰기 때문이다. 영준이는 학교 방과 후 오후 4시경 귀가하면 밤 12시까지 갓난아기를 돌봐 주어야 했다.

전형적인 아동학대나 다름없는데도 외부 사람들 누구도 알지 못했다. 영준이는 자신의 잘못인 양 새엄마에게 용서를 빌면서 학교를 다녔다. 영준이는 아기를 진심으로 아껴주면서 돌봐주었지만 새엄마의 폭압과 폭력은 끊이질 않았다.

가출과 쉼터

새엄마의 엄청난 괴롭힘과 학대에도 꿋꿋하게 견뎌내던 영준이가 인내심의 한계를 느끼고 2023년 8월 중순, 가출하였다. 영준이는 담임샘에게 그간의 상황을 모두 털어 놓았다. 학교는 규정된 매뉴얼에 따라서 관할 경찰서와 지자체에 신고 처리하고 학부모 항의에 대비한 만반의 준비를 갖췄다. 학교와 지자체는 상호 긴밀하게 협의하면서 당장 영준이가 거처할 쉼터를 물색하고 확보하였다.

그런데 이게 왠일인가(?) 영준이가 쉼터에서 잘 적응을 못하는 것이다.

이유는 쉼터의 규정이 만만

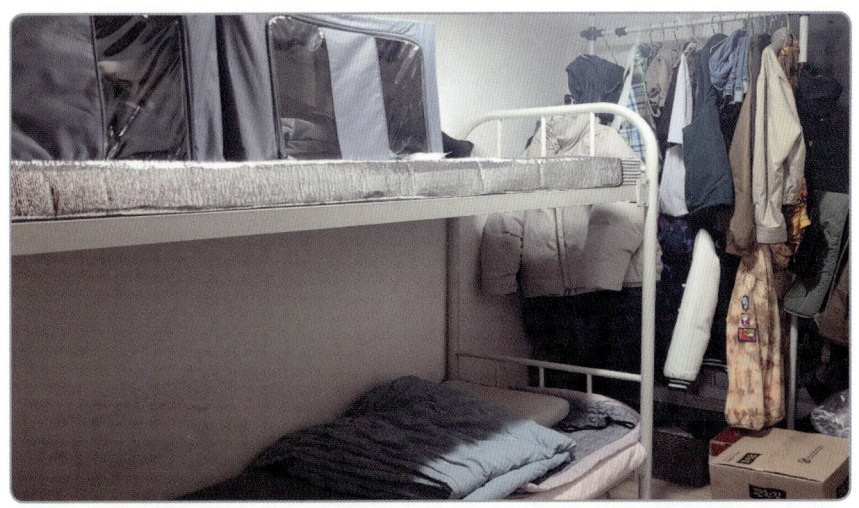

치 않기 때문이다. 영준이 말에 의하면 '가출팸'들이 가장 못견뎌하는 것은(?) 다름 아닌 오후 6시 이후에 휴대폰을 압수한다는 것이다. 가출팸들에게 있어서 휴대폰은 자신의 생명보다도 더 끔찍하게 여기는 것인데, 그것을 단번에 압수당한 채 긴 긴밤을 보내야 된다는 현실에 절망한다는 것이다.

주안역에서 노숙

영준이는 의식주 모두 따뜻하게 해결이 되는 쉼터와 결별하였다. 당장 힘들고 배고파도 자유분방한 생활을 하고 싶었던 것이다. 주안역 일대로 진출한 영준이는 본격적으로 가출팸들과 어울려 다니면서 온갖 비행을 일삼았다. 돈이 없고 오갈 데 없는 가출팸들은 눈에 보이는 게 없다. 사리분별 자체가 없다. 아무런 죄의식 없이 남의 가게에 들어가서 온갖 나쁜 짓을 벌인다. 무인점포에서 빵과 아이스크림 절도를 비롯해서 원조교제 현장을 급습해서 금품을 강취하는 등 영화에서 볼 듯한 악행을 서슴없이 벌이고 다녔다. 그런데 영준이가 다른 가출팸들과는 좀 다른 것이 가끔씩 결석은 하지만 지속적으로 학교에 등교를 한다는 것이다.

영준이가 가출 후 ○○○중 상담샘과 담임샘께서 꾸준히 문자로 연락하고 통화하고 신뢰를 이어간 것이다. ○○○중 상담샘과 담임샘의 역할이 참으로 위대하시고 지대하다는 생각이다. ○○○중 선생님들의 간곡한 설득과 상담으로 영준이는 주안역 노숙생활을 청산하고 또다른 쉼터를 입소해서 학교생활을 이어갔다.

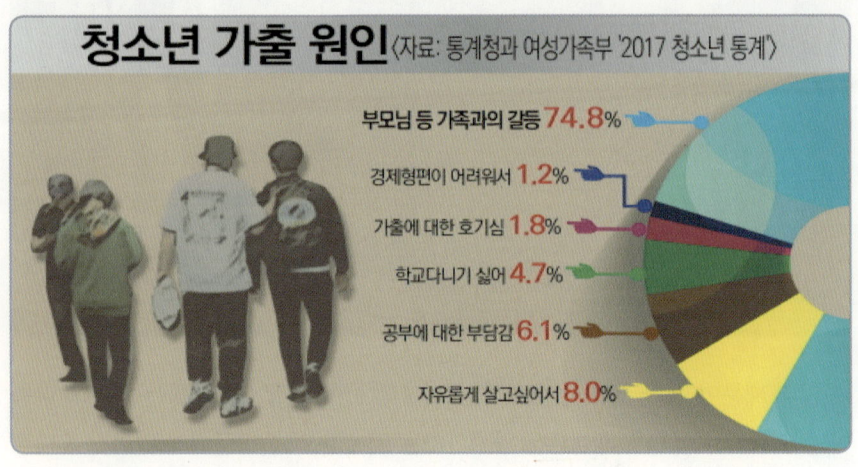

천사같은 경찰관

영준이가 학교생활을 좀더 안정적으로 해 나가기 위해서는 가출팸들에게 가장 소중한 것은 꾸준한 생활비 조달이 중요하다고 생각이 들었다. 그래서 필자는 당장에 인천시 미추홀구 소재 주안2동 행정복지센터를 찾아가서 SOS를 긴급하게 요청 드렸다. 주안2동 담당 공무원께서는 초특급 스피드로 영준이를 긴급구호 자금 지급 대상자로 지정해 주셨다. 천사가 따로 없었다.

영준이와 나는 담당공무원에게 두 번 세 번 감사 인사를 드리고 행정복지센터를 나왔다. 한동안 별일 없이 학교를 다니던 영준이는 또다시 쉼터를 가출하여 주안역 일대 가출팸들과 어울리기 시작하였다.

학교 선생 30년 이상을 하고 있지만 남의 자식들 키운다는 게 결코 만만치 않다는 것을 다시 한 번 절감하였다.

아이들은 얼마 만치 관심을 쏟아 부어야 될까(?)
아이들이 크기 위해서는 얼마만큼의 사랑이 필요할까(?)
가정에서 포기한 학생들을 학교는 어디까지 해줘야 될까(?)

쉼터에서 가출한 영준이는 주안역 일대에서 또다시 온갖 비행과 탈선을 이어 가던 어느 날, 서울 강남경찰서에서 연락이 왔다. 순간 이번에는 정말로 큰 일이 벌어졌다라는 생각이 스쳤다. 영준이가 성인들 4명과 함께 강남에 소재한 환전소를 급습하여 금품을 강탈하려다가 체포되었다는 것이다. 주안역 일대에서 바늘 도둑에 머물던 영준이가 인터넷에서 만난 사람들과 어울려서 환전소를 강탈한다는 계획을 세웠던 것이다. 그들 4인조 범인들은 D-day를 정한 후 강남 모처에서 처음 만나서 나름 치밀한 범죄 모의를 하였다. 현장에 투입 인원 2명, 바깥에서 망보는 인원 1명, 전체적으로 지휘하는 콘트롤타워 1명 등으로 해서 바로 실행에 옮겼다. 결과는 2명은 도주하고 2명은 현장에서 체포되었다. 참으로 어수룩한 떼 강도들이다.

대한민국처럼 치안이 완벽한 나라는 지구상에 없다. 도주한 떼강도 2명도 며칠 못 가서 체포되었다.

강남경찰서에 며칠간 구속되어 있던 영준이는 주범들에 비해서 상대적으로 범행 가담정도가 약하고 전과가 없고 재학 중인 점을 감안해서 불구속 수사로 배려를 해 주셨다. 다만 보호자가 직접 인수할 경우에만 석방시켜 주시겠다는 단서가

붙었다.

그런데 이게 어찌된 일인가(?) 강남경찰서 담당 형사님께서 영준이 친아빠와 새엄마에게 전화를 드렸으나 인수할 생각이 없다는 것이다.

2023년 11월 26일, 담당 형사님께서는 인천의료원 장례식장에서 장인어른 장

 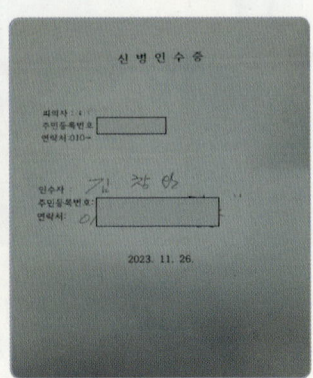

례절차를 준비하고 있던 필자에게 연락하여 상황을 설명하였다. 필자는 장례절차를 중단하고 강남경찰서 유치장으로 달려가서 영준이를 인수하였다. 인수에 필요한 인수증에 서명하고 데리고 나왔다.

그런데 잠시 후 강남경찰서 주차장에서 담당형사님과 헤어지려는 찰라에 담당 형사님께서 주머니에서 5만 원을 꺼내서 영준이 손에 쥐어 주시는 것이었다.

나는 순간 너무나도 미안하고 죄송해서 손사래를 치면서 극구 사양했지만 소용이 없었다.

필자는 담담형사님께 5만 원을 받을 테니 '영준이와 둘이서 사진 1장 같이 찍어주시길 바란다'고 제안드렸더니 수락하셨다. 인천으로 복귀한 영준이는 잠시나마 안정을 찾고 드디어 2024년 1월 7일 ○○○중을 졸업하였다.

졸업식날 멀리 부산에서 친어머니께서 오셨다. 필자는 진심으로 감사드렸다. 어머니는 오히려 '학교 담임샘을 비롯해서 관계자들께 고맙다'고 몇 번이고 고개를 숙이신다.

이 시대를 살아가는 학교 관계자들이 당연히 할 일이다. 영준이 같은 아이들을 외면하면 우리 사회가 어찌 되겠는가(?) 학교는 불우한 청소년들이 마지막으로 기댈 언덕이고 보루라는 생각을 다시 한 번 해 본다.

열 명의 선생님보다 한 명의 친엄마!

○○○중 졸업 후 한동안 잠잠하던 영준이에게서 편지 한통이 왔다. 안양에 소재한 소년분류심사원에 있다는 것이다. 졸업 후 착하게 생활하는 줄 알았는데, 알고 보니 그동안 누적된 범죄로 인해서 구속 수사를 안 할 수가 없다는 것이다. 오전 10시부터 30분간의 면회가 진행되었다.

초코파이 1개와 오렌지쥬스 1개를 사주었더니 맛있게 먹는다. 이제 두 번 다시 반칙 안하고 착하게 살겠다는 다짐을 받고 면회를 마쳤다.

 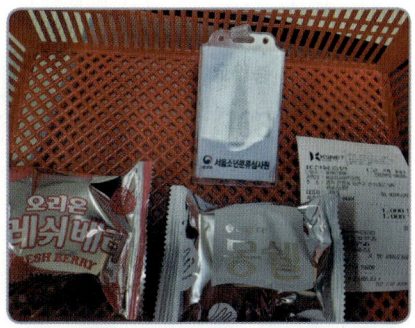

그 후 영준이는 한 달간의 분류심사원 생활을 마치고 당연히 석방될 줄 알았는데 전주소년원으로 이감되었다고 어머니로부터 연락이 왔다.

그동안 영준이에게 관심이 없던 어머니께서는 영준이가 구속된 후부터는 좀더 적극적인 관심을 가졌다. 정말로 다행스러운 일이다. 부산에서 전주소년원은 교통편도 수월하지 않은데도 몇 번이고 면회를 갔다. 필자는 영준이가 석방되면 인천생활 청산하고 부산에서 친어머니와 생활하기를 간절히 건의드렸다.

어머니의 정성 덕분일까(?) 영준이가 6개월 만에 석방되어 인천이 아닌 부산으로 갔다. 부산으로 간 영준이는 완전히 180° 달라졌다. 인천에서 봤던 영준이는 온데 간데 없다. 완전히 새 사람이 되어서 즐거운 학교생활을 한다고 연락이 왔다.

10명의 교사, 100명의 의사 필요 없다. 아이들에게는 단 한명의 엄마가 필요할 뿐이다. 여섯 살 때 헤어졌던 어머니를 17세가 되어서야 어머니 품에 안겼다. 만병통치약이 따로 없다. 어머니는 하늘 보다 높고, 바다 보다 깊다는 말을 실감해 본다.

200년을 앞서간 덴마크 '에프터 스콜레'

덴마크에는 다양한 대안학교들이 있다.

덴마크 전국에는 약 250개가 넘는 에프터 스콜레가 있다. 에프터 스콜레는 1년 과정의 단기 학교이다. 14세 ~ 18세에 해당하는 청소년들이 자신이 다니던 일반학교를 다니다가 잠시 휴학하고, 1년 동안(경우에 따라서 2~3년도 가능) 에프터 스콜레로 이동해서 진로탐색을 하는 과정이다. 학생들은 에프터 스콜레를 다니는 1년 동안 자신이 관심 있는 분야를 집중적으로 탐색하고 체험해본다.

흥미로운 것은 학교마다 학습과정이 다르다는 것이다.

〈출처 : 오마이뉴스〉

어떤 학교는 외국어에 대해서
어떤 학교는 음악에 대해서
어떤 학교는 뮤지컬에 대해서
어떤 학교는 여행에 대해서

어떤 학교는 글쓰기에 대해서
어떤 학교는 축구에 대해서
어떤 학교는 스포츠 에이전시에 대해서
어떤 학교는 문화콘텐츠에 대해서

덴마크 학생들은 기초과정 10학년(한국의 초등6년+중학교3년+고교1년)을 마치고 고등학교 입학 전에 에프터 스콜레를 선택해서 1년간 다녀보면서 자신의 적성과 진로를 탐색한다. 물론 필수도 아니고 강요도 아니다. 희망하는 학생들에 한해서 잠시 가던 길을 멈추고, 자신이 가고자 하는 길을 1년간 탐색하는 과정을 제도적으로 보장하는 것이다.

우리나라 같았으면 당장에 큰일 날 소리다. 1년은커녕 당장에 1주일도 어림없는 소리다. 왜냐하면 우리나라 학생들은 학교는 그렇다치고 학원 진도를 빠지면 큰 일 나기 때문이다. 모든 공부의 마지막은 대학 입학에 맞춰져 있기 때문이다.

대한민국 중학생들을 오전 7시부터 밤 10시까지 강행군 시키는 게 과연 적절한가(?) 얼마 전에 심한 장난과 실내 소란행위로 학생선도위원회 회부된 중학교 2학년 학생의 하루 일정이다.

〈밤 늦게까지 학생들을 기다리는 학원가 셔틀버스 행렬〉

국어 60점, 영어 75점, 수학 50점, 과학 50점!

월요일부터 금요일 밤늦게까지 학원에서 보낸 결과다. 어떤 날은 주말에도 학원에서 부르면 나가야 된다고 한다. 또 다른 형태의 아동학대는 아닌지 반문하고 싶다. 1주일 내내 좁은 공간에서 압박을 당하던 학생들을 누가 달래주고 해소시켜 줄 수 있을까(?)

경기 중에 부상을 당한 운동 선수들처럼 한 번쯤 쉬어 갈 학생들이 우리 주변에는 너무나도 많다. 사고를 치는 학생들만 보내자는 게 아니다. 이런저런 사연으로 심신이 지친 아이들이 쉴 곳이 필요하다.

SSG 랜더스	
강화 SSG 퓨처스필드 (Ganghwa SSG Futures Field)	
기공	2013년 4월 8일
개장	2015년 4월 1일
소재지	인천광역시 강화군 길상면 길상로 242-30
홈 구단	SSG 랜더스 2군
면적	11만 5386m²
크기	좌우 98m, 중앙 120m[8]
건설 비용	450억 원[9]

프로야구 2군 선수단은 실력이 부족한 선수들을 위해서 존재하는 곳이 아니다.
1군 경기에서 부상을 당한 선수들
일시적으로 슬럼프를 맞은 선수들
기술적인 보완이 필요한 선수들
멘탈적으로 보강이 필요한 선수들
체력적으로 보강이 필요한 선수들 등등
다양한 이유로 2군 캠프를 찾아서 컨디션 회복을 시도한다.

공부에 지치고
학원에 지치고

부모님 가정불화에 지친 아이들을
누가 회복시켜 줄까(?)

인천형 에프터 스콜레

1주일 내내 강행군하는 인천의 아이들을 쉬게 하자!
부모님의 가정불화로 우울한 아이들
학습에 대한 스트레스로 지친 아이들
교우관계로 힘들어하는 아이들
인천 학생들을 위한 재활 캠프가 필요하다.
수학 50점짜리 학생을 붙잡아 놓고 1주일 내내 혹사시키는 교육이 정상인가(?)
이런저런 사연으로 지친 인천의 아이들을
매주 월요일 오전 9시 인천시교육청에 모이게 하자!
강화도로 출발하는 버스 4대 준비하면 된다.
초등학교·중학교·고등학교·여학생 캠프 등으로 분류해서 차량에 탑승시킨 후 강화도로 출발시키자!

	해양환경 체험장	서사 체험학습장	흥왕 체험학습장	국화리 학생야영장
대상	초등학생	중고여학생	중학생	고등학생
수용인원	30~40명	30~40명	30~40명	50~60명
학습기간	4박 5일	4박 5일	4박 5일	4박 5일

덴마크 에프터 스콜레는 1년간 3~4명이 함께 지내는 기숙사 생활을 하게 하는 곳이다. 인생의 중요한 길목에서 자신의 삶을 성찰해보고 앞으로 나갈 방향을 탐색해 보는 것은 성장기에 있는 모든 학생들에게 필요하다.
어린 시절 부모님의 가정불화 때문에 어려움을 겪었던 친구들은 더욱더 그렇

다. 공부가 아닌 다른 것으로도 얼마든지 행복한 삶을 살 수 있다는 것을 스스로 느껴보게 해야 된다.

교실수업 외 다양한 활동을 통해서 잠재력을 발굴
자신의 성장과 학교생활 만족도를 높여 계획성 있는 미래 설계

요일 시간	월	화	수	목	금
1교시					
2교시		명상·요가 및 자유시간			
3교시					
4교시					
5교시	실용음악 교실/ 마켓팅교실	UCC 제작교실/ 유튜브 영상편집/ 드론 제작교실	Sports 교과 중점 활동	요리교실/ 예술/ 지점토	셀프 인테리어 교실/ 중장비 자격증교실
6교시					
7교시					
8교시					

에프터 스콜레는 스포츠·경제·미술·음악·여행·연극 등 다양한 학교들이 있지만 모든 에프터 스콜레가 공통으로 공유하고 있는 바탕이 있다. 다름 아닌 '삶을 위한 교육을 실천하고 있다'는 것이다. 자신이 앞으로 인생을 어떤 방향으로 살아 갈 것인지(?) 주변 사람들과 어떻게 서로 소통하고 나누고 배려하고 존중하면서 살아 갈 것인지(?)에 대해서 고찰하는 과정이다.

에프터 스콜레는 1년이라는 시간 동안 쉼 없이 탐구하고 발산하고 서로 어울리면서 상대방에 대한 존경심을 익히게 되는 곳이다.

우리나라도 스카이 졸업하면 출세한다는 정설이 점점 의미를 잃어가고 있다. 과거처럼 학벌 하나 가지고 평생을 우려먹던 시절은 지나간 것이다. 진정한 실력자를 키우기 위해서는 한 박자 쉬어 가더라도 자신을 되돌아 볼 수 있는 강화도 재활시스템을 가동해 보자!

좌충우돌 중학생 성공 전략

주제	겨울방학 대형사고 예방법

키워드: 친구, 사람, 존중, 배려, 더불어, 긍정, 도전, 경험, 체험, 자신감

내용:
- 활동내역 : 점심시간에 친구들과 함께 요리
- 활동기간 : 1월 1일 ~ 2월 28일(겨울방학 기간)
 〈기대효과〉
- 친구들과 유대감 향상 및 학교에 대한 친밀감 상승

- 대상 : 학교생활 부적응학생들
- 기획목적 :
- 기나긴 겨울방학은 학교생활에 어려움을 겪는 학생들에게는 자칫 비행으로 이어질 수 있는 계기가 되는데, 보호자의 케어를 제대로 못 받는 학생들에게 주기적으로 연락하고 미팅을 통해서 반칙을 사전에 예방하고자 함.
- 홍수가 나기전에 사전에 예방하면 비용도 적게들고 보다 더 풍요로운 가을 걷이를 할 수 있듯이 좌충우돌하는 아이들을 사전에 주기적으로 관심을 주고 사랑을 주게되면 아이들은 과격한 사고들을 배제하는 의리를 지키게 된다. 교사와 학생들 간에도 주고 받는게 있다 보면 묘한 의리감 같은게 형성된다. 그 또한 성장 과정에서 길러줘야 될 교육의 일부라고 할 수 있다.
- 기대효과 :
- 학교 생활의 지속과 친구들과의 유대감 형성
- 학교는 잔소리만 하고 벌점만 주는 곳이 아니고 자신들을 보호해주는 울타리라는 것을 느끼게 함. '웃는 얼굴에 침 못 뱉는다.'는 속담처럼 아이들을 방학 중에 주기적으로 학교로 불러서 간식을 제공하고 근황을 챙기는 것은 큰 비용 들이지 않고 우리 편을 만드는 소중한 계기가 됨.
- 우리 선조들이 한 집에서 음식을 같이 먹는 사람을 식구(食口)라는 표현을 쓴 것처럼 학생들 역시도 자신들에게 간식을 제공하고 나누는 학교 선생님들에게 이질감과 거부감을 느끼지 않고 식구라는 친밀감을 느끼는 계기가 됨.
- 학생들의 평화감수성 상승은 학교 바깥에서 각종 반칙활동을 예방하는데 매우 중요한 연결 고리가 된다. 학교는 아이들에게 마지막 보루다!

주제	중소기업 견학으로 내 인생을 개척하자!
키워드	친구, 사람, 존중, 배려, 더불어, 긍정, 도전, 경험, 체험, 자신감
내용	– 활동내역 : 주말 또는 방학중에 회사 견학 〈 기대효과 〉 – 인터넷게임과 학원수업에 지친 학생들에게 활력 제공 – 학교생활에 흥미를 상실한 학생들에게 새로운 활력소 제공 – 실내에서 생활하던 시야에서 폭넓은 세상을 느끼게 함

– 대상 : 결손가정자녀, 학교생활 부적응학생 등
– 기획목적 :
– 학교 바깥에서 벌어지는 세상에 대한 시야를 넓혀주고 희망찬 포부를 지니도록 계기를 고취시킴.
기대효과 :
– 부모님의 직업 이해와 도전 정신 고취시킴.
– 가정에서 보호자와의 상호작용 부족으로 주눅 들고 소극적인 학생들이 활력을 찾고 자신감을 가질 수 있는 계기를 제공함.
– 가정에서 부모님과의 갈등으로 힘든 시간을 보내는 학생들에게 산업현장의 역동적 모습을 눈으로 지켜보면서 목표의식을 갖도록 함.
– 열심히 노력하는 사람과 그렇지 않은 사람의 결과가 어떻다는 것을 느끼게 하면서, '부자와 가난한 자는 종이 한 장 차이'라는 것을 산업현장에서 눈으로 직접보고 느끼도록 한다.
– 누구나 처음에는 힘들고 초라하지만 열심히 노력하면 노력한 결과물은 정직하다는 것을 산업 현장을 통해서 느끼게 함.
– 힘들고 열악한 환경에서도 외국인 근로자들이 해 맑은 모습으로 주어진 업무에 최선을 다하는 모습을 보면서 목표 의식을 길러준다.

주제	수업방해 학생들에게 짜파게티를
키워드	친구, 사람, 존중, 배려, 더불어, 긍정, 도전, 경험, 체험, 자신감
내용	– 활동내역 : 아침 건너 뛴 친구들 간식제공(공급시기 : 수시로) 〈 기대효과 〉 – 학교는 따뜻한 정을 나누는 장소 　학교는 친구들과 우정을 나누는 소중한 곳

참가대상 : 수업방해 학생들
기획목적 : 벌 보다는 칭찬을, 우는 아기 사탕 1개 더 준다는 속담을 반영
기대효과 : 동료 의식 부여

- 수업을 방해하는 학생들의 유형과 사연은 참으로 다양하다. 2010년 이후에 나타난 스마트폰으로 인한 청소년들의 비행과 탈선은 학교생활 부적응 형태로 나타났음에도 좀처럼 개선되지 않던 중 음식을 통한 유화정책은 효과 만점이었다.
- 수업방해 학생들에게 주의도 주고 벌점도 부과하지만 그것으로 선도되지 않는 아이들이 부지기수다. 교사와 학생간의 감정적 지도 방식보다는 서로 신뢰관계를 바탕으로 한 계도가 상당한 효과가 발생한다.
- 학교의 권력을 교사들만의 독점에서 벗어나서 학생들을 애들 취급하는 것이 아니라 '젊은 어른'으로 대접해주면서 학교 권력의 일부를 학생들에게도 분담해주는 형태로 학교의 분위기를 이끌면서 교실의 평화를 유지함.
- 재미있는 것은 『손자병법』은 병법에 관한 서적인데도 '싸우지 말고 이길 수 있어야 된다'고 강조하고 있다. 마찬가지로 학교에서도 교사들도 학생들과의 첨예한 대립과 마찰보다는 학생들이 처한 상황을 헤아려주면서 적응을 이끌어 내는 것이 효과적이라고 할 수 있다.
- 학생들은 예고없이 반칙하고 좌충우돌하기 일쑤다. 이런 아이들에게 교칙을 앞세운 정면 대결보다는 음식을 앞세운 유화책이 100배 이상의 효과가 있다. 아무리 몸에 좋은 약이라 할지라도 아이들은 열광하지만 강력하게 반대하는 급부가 있으니 다름 아닌 동료 교사들이다. 동료 교사들의 은근한 질책과 반대를 견뎌내야만 성공할 수 있다. 교육이 만만치 않고 힘들다!

주제	학급 바베큐 파티에서 우울감 탈출하기
키워드	친구, 사람, 존중, 배려, 더불어, 긍정, 도전, 경험, 체험, 자신감
내용	− 활동내역 : 중간고사 및 기말고사 마친 후 − 도움요청 : 학부모께 그릇 및 집기 도움 요청 〈 기대효과 〉 − 학원 및 시험 스트레스 해소 　학부모님과 같은편이 되어서 공감대 형성

대상 : 담임학급 학생들
방법 : 5~6명 정도 모둠조 편성
사전 역할부여(석쇠준비,야채준비,김치준비,쌈장준비,번개탄준비 등)
기대효과 : 연대의식과 동료의식 부여
− 게임과다·학원수업·학교시험 등으로 지쳐있는 학생들에게 모처럼 발산하고 포효할 수 있는 기회를 제공하면서 학교를 다니는 재미를 제공함.
− 다소 내성적인 학생들에게 친구들과 스스럼없이 지낼 수 있는 계기를 마련해주고 마음의 그림자를 제거하는 계기를 제공함.
− 학교는 공부로 쥐어짜는 곳이 아니라 친구들과 놀고 운동하고 함께 공부하면서 추억을 쌓는 흥미로운 공동체라는 인식을 체득시켜 줌.
− 학부모님의 동참을 통해서 일부 결손가정 학생들에게 정서적 안정감을 부여하면서 정서적 결핍을 아무렇지도 않게 툭툭 털고 일어설 수 있도록 함.
− 친구들과 모둠조를 통해서 우울감을 지우고 소속감으로 자신을 성장시킬 수 있는 계기를 마련해 줌.
− 요즘 학생들 일정을 살펴보면 어른들도 감당하기 힘들 정도로 숨 막힌다.
− 아침 7시 기상→학교 등교(08시 30분~15시 30분)→귀가(16시)→학원수업(17시~20시)→귀가(20시 30분)→학교 숙제(20시 30분~22시)→게임→취침
− 학교가 단순히 공부만 하는 곳이 아니라 정서적으로 편하게 의지할 수 있는 가정의 역할도 절실하게 요망된다.

주제	학교내 고물상에서 게임중독 탈출하기

키워드	친구, 사람, 존중, 배려, 더불어, 긍정, 도전, 경험, 체험, 자신감

내용	– 활동내역 : 학교내 재활용품 분리수거 활동 – 활동시기 : 3월 ~ 12월(주 2회) 〈 기대효과 〉 – 자존감이 낮았던 학생들에게 새로운 활력을 제공함 – 용돈이 필요한 학생들에게 용돈을 확보할 수 있는 기회 제공

- 참가대상 : 학교내 대안교실 학생
- 기획목적 : 용돈 씀씀이가 심한 학생들에게 직접 땀 흘리면서 몸으로 체득하면서 절약 정신을 익히게 함.
- 기대효과 :
- 노동의 중요성과 경제관념 확보
- 스마트폰 중독, 게임중독 등으로 용돈을 쉽게 사용하는 학생들에게 용돈을 계획성 있고 알차게 사용하는 습관을 길러줌.
- 일부 학생들은 부족한 용돈을 학교에서 주변 친구들에게 차용 후 상환하지 않는 사례가 발생하고 있는 바 자신에게 필요한 용돈을 학교 고물상 아르바이트를 통해서 직접 벌어서 조달하도록 함.
- 무심코 버려지던 알루미늄 캔이 여러 개 모이게 되면 우리에게 유용한 자원이 되고 돈이 된다는 것을 체득하는 계기가 됨.
- 버려지는 쓰레기를 재활용하는 과정에서 세상에는 다양한 직업이 존재 한다는 것을 몸으로 체득하는 계기가 됨.
- 대개는 5~6교시 정규수업을 빼 주고 분리수거장에서 활동하는 만큼 대안교실이 성공하기 위해서는 학생·교사·학부모·관리자들 간에 합의와 융통성이 필요하다. 대안교실에 참여하는 학생들은 수업도 빼주고 약간의 용돈도 벌고 일석이조의 효과를 거둘 수 있기 때문에 호응이 높다.

주제	시골친척집에서 정서결핍 탈출하기!
키워드	친구, 사람, 존중, 배려, 더불어, 긍정, 도전, 경험, 체험, 자신감
내용	– 활동내역 : 친인척 시골집 방문하기 – 방문시기 : 방학 중 부정기적 선택 〈 기대효과 〉 – 친인척 및 지인들 친척집을 방문해서 평화감수성 고취 – 친구들과의 상호작용을 통해서 학교생활에 대한 자신감 확보

- 주요대상 : 희망하는 학생을 하되, 주로 친구들과 교류가 많지 않은 학생·내성적 성격을 지닌 학생·게임중독 학생·학원수업으로 지친학생 등
- 기획목적 : 학원수업, 학교수업 등으로 바쁜 일상을 보내는 도시 학생들에게서 나타나는 정서적 결핍을 채워주고자 함.
- 기대효과 :
- 동심을 일깨워 순수한 마음 가지기
- 하루하루 빡빡한 일정을 소화하느라 힘겨워하는 학생들에게 재충전의 시간을 부여하면서 정서적 안정감을 줌.
- 가정에서 부모님과 갈등 등으로 힘겨워하는 학생들에게 삶의 여백을 제공하고 자신의 주변을 되새겨 볼 시간적 여유를 제공함.
- 시골이라는 곳에서 개구리소리·이름 모를 풀벌레소리 등을 밤새 들어가면서 도시에서 찌들었던 독소를 제거하고 인간 본래의 순수했던 몸으로 회복을 시도함.
- 아이들은 사람들이 많이 찾는 놀이 동산을 선호 하지만 문화시설 거의 없는 시골에서 며칠 지내면서 아이들 몸 속에 전자파를 씻어주게 된다. 물장구 치고 미꾸라지 잡아보는 체험을 하면서 키워 보자!

| 주제 | 야채 판매를 통한 좌충우돌 탈출하기! |

| 키워드 | 친구, 사람, 존중, 배려, 더불어, 긍정, 도전, 경험, 체험, 자신감 |

| 내용 | – 활동내역 : 주말에 농산물 판매체험 및 봉사활동
– 방문시기 : 토요일 오전 10시 ~ 오후 3시
〈 기대효과 〉
– 상인들의 바쁜 일상을 체험하면서 자신감 고취
– 작은 성취를 통해서 자신감·자존감 고취 |

작은 성취(자존감 성장)

- 참가대상 : 희망하는 학생들 또는 좌충우돌 하는 학생들에게 권유
- 기획목적 : 평소 가정에서 바쁜 부모님과 상호작용이 부족했던 학생들에게 세상을 좀더 넓은 관점에서 느끼고 체득할 수 있는 기회 제공.
- 기대효과 :
- 삶의 현장 체험을 통한 세상 알기
- 평소 학교생활에 따분함을 느꼈던 학생들에게 활력소를 제공함.
- 평소 늦은 밤까지 학원 수업에 지쳐 있던 학생들에게 또 다른 세상이 있음을 느끼도록 하면서 새로운 목표를 세우는 데 도움을 줌.
- 시민들과의 상호작용 속에서 자신의 내면의 세계를 확인하고 목표를 이루기 위해서는 모든 노력을 기울여야 된다는 것을 몸으로 느끼게 함.
- 가정적으로 불우한 학생들에게는 '자신이 가장 불행하다'는 우울감을 지우고 세상은 내 스스로 개척하면 얼마든지 행복하게 살 수 있다는 자신감을 길러 줌.
- 실내와 사이버 상에서 활발했던 학생들에게 실제 현장을 느끼게 함.
- 아이들은 태어나서 생전 처음으로 수박·참외·딸기·오이·호박 등의 야채와 과일을 팔아 보면서 묘한 성취감을 느껴보게 된다.
- 한 개 한 개 팔릴 때 마다 몸 속에서 솟아 나오는 아드레날린은 겪어 보지 않은 사람들은 절대로 모른다. 다양한 거름을 주지 않고 좋은 결실을 맺을수는 없다. 아이들에게 다양한 긍정적 경험을 안겨주면서 키워 보자!

| 주제 | 주말 스포츠리그를 통한 좌충우돌 탈출하기! |

| 키워드 | 친구, 사람, 존중, 배려, 더불어, 긍정, 도전, 경험, 체험, 자신감 |

| 내용 | - 활동내역 : 학교내 스포츠동아리 활동
- 활동시기 : 매주 토요일
〈 기대효과 〉
- 평소 학원 스트레스 해소 및 발산
- 친구들과의 상호작용 확대로 자신감 상승 |

- 장소 : 학교 운동장
- 참가학생 : 1,2,3학년 희망학생
- 운동 : 축구 · 야구 · 배구 · 농구, 플로어볼, T볼 등
- 기대효과 : 협동심을 배움
- 학교와 학원 등에서 학습으로 지친 심신을 각종 운동과 체육 활동으로 쉴 수 있는 시간이 됨
- 학교 체육시간에는 개인 레슨을 제대로 못 받지만 주말 스포츠리그는 모두가 주전 선수이고 주인공이다.
- 낮은 자존감으로 힘든 시간을 보내는 학생들에게 매우 유익한 프로그램이다.
- 어떤 학원은 평일은 물론이고 주말에도 학생들을 학원으로 불러내서 공부를 시킨다고 한다.
- 주말에는 등산, 운동장, 야구장에서 마음껏 뛰어 놀고 발산시켜야 된다.
- 교실에서 1등은 못하지만 운동장에서는 내가 1등이다. 라는 자신감을 길러주는 것이 무엇보다도 중요합니다.
- 운동장에서 자신만의 세상을 그려보고 상상하면서 미래를 준비시키자!

주제	서대문형무소에서 좌충우돌 탈출하기!
키워드	친구, 사람, 존중, 배려, 더불어, 긍정, 도전, 경험, 체험, 자신감
내용	- 활동내역 : 주말에 친구들과 역사관 방문 - 방문시기 : 학기 중 주말(토요일 오전) 〈 기대효과 〉 - 역사의식 고취 - 평화감수성· 배려심·협동심·소속감 고취

- 장소 : 서대문형무소 역사관
- 참가학생 : 1,2,3학년 희망학생 및 좌충우돌 학생
- 관람코너 : 독립투사분들이 수용되셨던 지하 감옥, 고문시설 등
- 기대효과 : 애국심 고취 반칙 예방
- 평소 사소한 다툼으로 급우 간에 마찰을 빚었던 학생들이 타인에 대한 존중과 배려를 하는 등의 효과가 눈에 띄게 향상되었음.
- 평소 준법 정신이 다소 부족했던 학생들에게 자신을 돌이켜 보고 미래에 어떠한 삶을 살아야겠다는 목표를 세우는데 도움을 줌.
- 맹모삼천지교(孟母三遷之敎) : 이론적 공부보다 직접 체험함으로써 조국애를 지니게 함
- 성장기에 아이들에게 학습 환경 및 주변 환경은 대단히 중요한 의미를 갖는 만큼 가시적인 체험과 체득을 통해서 끊임없는 변화와 성장을 할 수 있도록 다양한 모티브를 제공함.
- 아이들은 사이버 게임에 중독이 되면서 반칙에 대한 죄책감 없이 성장하는 아이들이 많아지고 있다. 밀폐된 실내에서 게임 캐릭터에 익숙하던 아이들에게 현실속에 세상을 체험시키면서 하루 빨리 철들도록 안내 하자!
- 百聞 不如一見이라는 속담처럼 그토록 날뛰던 친구들이 서서히 철들게 되는 계기가 된다.

주제	농촌체험으로 좌충우돌 탈출하기!
키워드	친구, 사람, 존중, 배려, 더불어, 긍정, 도전, 경험, 체험, 자신감
내용	- 활동내역 : 하계방학 중 농촌 봉사활동 - 방문시기 : 7월 20일 ~ 10월 30일 〈 기대효과 〉 - 농촌에 대한 이해와 따뜻한 정서 체험 - 부지런한 농촌 사람들의 근면한 모습 배움

- 장소 : 강화도
- 참가학생 : 2,3학년 희망학생 및 좌충우돌 학생
- 수확작물 : 옥수수, 감자, 고구마, 감, 대추 등
- 유의사항 :
- 학생들은 농촌환경에 익숙하지 않은 만큼, 지나친 육체 노동이나 가시적 결과물이 보이지 않는 것 보다는 농작물을 수확할 수 있는 계절이 좋다.
- 기대효과 :
- 노동의 즐거움과 수확의 기쁨을 체험함.
- 도시의 학생들이 흙을 만져볼 기회가 거의 없던 만큼 흙을 손으로 만져 보면서 평화 감수성을 향상 시킴.
- 그동안 농작물 등을 마트에서 구경만 하다가 직접 눈 앞에서 만져보고 수확하면서 자연의 신비함과 성취감을 얻음.
- 교실이 아닌 교실 바깥에서도 마음을 가다듬고 새로운 계획을 세울 수 있도록 색다른 기회를 제공함.
- 흙 속에 숨어있던 고구마가 1~2개씩 나타날 때 마다 탄성을 지르며 성취감을 느끼게 된다.
- 곡괭이, 삽질을 하면서 평화가 익어 간다.

주제	점심시간 스포츠리그에서 좌충우돌 탈출하기
키워드	친구, 사람, 존중, 배려, 더불어, 긍정, 도전, 경험, 체험, 자신감
내용	- 활동내역 : 학급별 스포츠리그를 통한 소속감 증대 - 시기 : 매주 월요일~금요일 점심시간 〈 기대효과 〉 - 1주일 내내 실내에서 받은 우울감, 스트레스 해소 - 협동심, 자존감, 자신감, 소속감 고취

-장소 : 교내 소운동장, 대운동장이 아닌 소운동장을 선택한 이유는 복도 창문을 통해서 전교생들 시야에 들어오기 때문이다. 학생들에게 관심과 집중을 받을 수 있는 장소 선택이 중요함.

-시기 : 4월 ~ 11월(점심시간)

운영방법 : 학급별 토너먼트

종목 : 1학년(피구), 2학년(T볼), 3학년(바운드배구)

기대효과 : 소속감과 성취감 고취

- 학원수업, 게임 등으로 지쳐 있던 학생들에게 활력소 제공
- 학습에 어려움을 겪는 학생들에게는 참가하는 자체가 그냥 단순한 게임이 아니라 자신을 드러낼 수 있는 절호의 기회로 활용하면서 자신감, 소속감, 성취감을 고취시켜 줌.
- 교사(심판), 학부모(부심), 학생들이 서로 하나가 되어 학생들의 아이덴티티를 발산 하도록 지켜보면서 성장을 도와줌.
- 학교에 와서 하루종일 엎드려서 수업에 참여하지 않던 아이들, 어머님의 가출로 아무런 의욕이 없던 아이들, 아버지의 방임으로 길을 잃은 아이들에게 맘껏 발산할 수 있는 최소한의 마당이 절실하다.
- 길을 잃은 아이들에게 스포츠는 단순한 운동이 아니라 삶의 전부이고 생명줄이나 다름없다. 운동을 통해서 죽어가던 생명들이 살아나고 있다.

주제	어르신 위문공연으로 좌충우돌 탈출하기
키워드	친구, 사람, 존중, 배려, 더불어, 긍정, 도전, 경험, 체험, 자신감
내용	– 활동내역 : 방과후 어르신 방문해서 봉사활동 – 방문시기 : 학기중 월요일 오후 3시~5시 〈 기대효과 〉 – 윗 어른에 대한 공경심과 효심을 익히고 체득 – 타인에 대한 배려심과 존중감을 익힘

 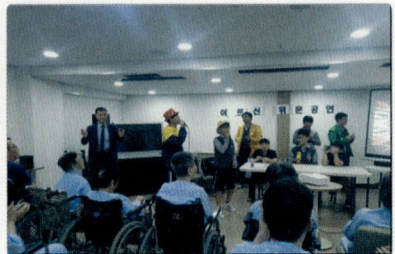

– 방문대상 : 인천지역 요양병원, 어르신 돌봄센터 등
– 방문목적 : 효체험 활동을 통해서 봉사에 대한 실질적 봉사정신 고취
– 기대효과 :
– 어르신 공경과 예절 습득
– 타인에 대한 봉사를 통해서 자신의 작은 힘으로 누군가에게 도움을 줄 수 있다는 자긍심, 자신감, 자존감을 고취시키는 게 가장 중요한 부분임.
– 작은성취 :
– 학생들에게 큰 거 한방이 아닌, 생활 속에서 작고 소소한 일상을 통해서 뭔가를 성취할 수 있고 성장할 수 있다는 성취감을 길러 주는 게 무엇보다도 중요하다.
– 표적으로는 외로운 어르신들을 위로해 드리고 도와드리는 것 같지만 내면적으로는 어린 학생들이 배워가는게 수치로 환산할 수 없을 정도로 많다.
– 상호작용 : 인터넷과 스마트폰에 중독된 청소년들에게 사람들과의 대면활동을 통해서 대인관계에 대한 자신감 습득과 소속감을 느끼게 함.
– 어떤 어르신들은 6개월째 자녀들이 한명도 찾아 오지 않는다고 하셨다. 중학교 철없는 아이들의 손을 잡아주며 공부 열심히 하라고 당부하신다. 학교에서 좌충우돌 하던 학생들의 눈빛이 바뀐다.

주제	가출학생 맞이하기

키워드	친구, 사람, 존중, 배려, 더불어, 긍정, 도전, 경험, 체험, 자신감

내용	– 대　　상 : 가출 후 오랜만에 등교한 학생들 – 방　　법 : 질책보다는 따뜻한 위로 〈 기대효과 〉 – 가출 후 복귀에 따른 걱정·두려움 해소 – 정서적 안정감 고취로 인하여 재발 방지 효과

메뉴 : 라면, 짜파게티, 과자, 쿠키 등

가출의 원인 : 부모님과의 갈등 · 가정불화 · 게임 · 도박 중독 등

주의사항 :

– 가출 학생들은 복귀 후에 불과 며칠 후 또다시 가출로 이어지는 경우가 많다. 따라서 큰 맘 먹고 학교로 복귀했을 때 심리적으로 위축되지 않도록 편안하게 안정감을 주면서 맞이하는 게 중요하다.

– 학생의 가출 행위가 '학생이 해서는 대단히 나쁜 행동으로 몰아가면서 죄책감을 느끼도록 하는 것은 지양해야 된다.' 아이들의 가출 원인은 다양 하므로 지도 교사들이 '아이고 얼마나 힘들었으면 가출했겠냐'고 하면서 공감해주고 위로해주는 자세가 효과가 좋다.

– 가출 기간이 길었던 학생들에게는 처음부터 매일매일 학교에 나오면 오히려 역효과가 날 수 있으므로 1주일에 2~3회만 나오도록 워밍업 기간을 배려하는 것도 효과가 좋다. '급할수록 돌아가라'는 속담이 딱 맞는 말이다.

– 학급의 담임교사는 가출학생이 친구들에게 주목받지 않도록 배려해주는 작업이 필요하다. 특히 가출에 대한 원인과 행동에 대해서 곧바로 조사 및 질책하는 것보다는 선생님들의 따뜻한 격려와 공감·배려가 요망된다.

대화 채널 유지 : 담임교사·상담교사 등 누구든지 가출학생과 상시로 연락이 유지되도록 라포 형성을 이어가는 게 중요하다.

주제	학교아르바이트를 통한 성취감 키우기
키워드	친구, 사람, 존중, 배려, 더불어, 긍정, 도전, 경험, 체험, 자신감
내용	– 활동내역 : 점심시간에 매점 운영 – 활동주체 : 학생회 및 알바 희망학생 〈 기대효과 〉 – 용돈이 반드시 필요한 학생들의 선호도가 높음 – 시간당 5천 원 수당지급으로 성취감 고취

작은 성취 : 학교에서 매점 알바를!

학교내 학생회실 등을 활용하여 간이 매점 등을 운영함.
주관 : 학생회 간부 학생들로 하되, 간간히 간절하게 용돈이 필요한 학생들을 3~4명 합류시켜서 동참시킴.
기대효과 :
– 수입·지출에 대한 경제교육 효과
– 부적응학생들 일부를 합류시켜서 자존감·자신감·소속감을 길러줄 수 있음.

작은 성취 : 학교에서 잡곡상을(?)

메뉴 : 국산 잡곡 10여종
단위 : 1Kg
판매 대상 : 학부모
판매 시간 : 점심시간
주관 : 학생회 간부+교내근로장학생
운영형태 : 학교내 간이생활협동조합
판매 방법 : 학부모가 자녀들에게 주문하는 방식을 취함.
기대효과 : 근로의 소중함 및 자신감 성취, 각종 비행 예방 효과

근로장학생 선발기준 및 운영 방법 :
– 극빈 가정 학생들 1순위 선발
– 인터넷도박 및 스포츠토에 중독된 학생들 우선 선발
– 부모님 이혼 후 가정에서 보호받지 못하고 방임·방치된 학생된 우선 선발
– 학부모회와 유기적으로 협력하여 학부모 단체대화방에 홍보 및 도움 요청
– 학부모회에서 두분 정도 자원봉사 협조를 받아서 근로학생들과 공동으로 운영하는 형태가 안정적이다.

재학생 탄원서 및 A/S

 학교생활에 어려움을 겪고 있는 재학생

- 아이들의 방황의 원인은 아이들마다 제각각 다르다. 이제 15세 안팎의 세월을 살아오면서 온갖 풍파를 겪은 아이들도 꽤 된다. 엄마·아빠와 함께 한창 행복한 시간을 보내야 될 시기에 소년원을 들락거리는 모습을 보면 참으로 먹먹하고 안타깝다.
- 모든 아이들은 사랑 받기 위해서 태어났는데 저마다 사랑의 깊이와 수량의 차이가 천차만별이다. 분명한 것은 한 명의 아이들도 포기하지 말고 철들때까지 기다려 주면서 줄 수 있는 모든 정성과 사랑을 모두 쏟아주자! 가정에서 결핍된 아이들, 학교와 교육청 지자체가 힘을 합쳐서 케어하자!

주제	졸업생 탄원서 및 A/S
대상	학교생활에 어려움을 겪고 있는 졸업생

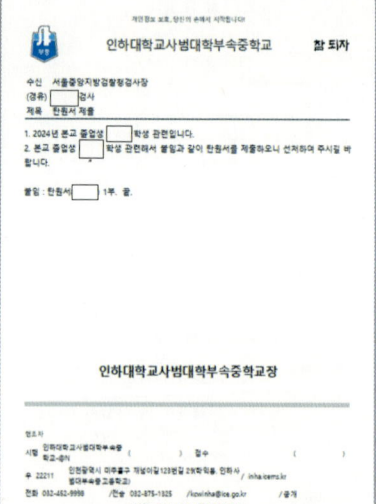

248 ▶ 긴급출동 학교 119

상위 1% 보다 나머지 99%가 중요하다!

　2000년대 이후 대한민국은 바야흐로 특목고 전성시대가 열렸다. 2000년대 이전까지만 하더라도 각 시도교육청 산하에 과학고등학교 1~2개 정도가 전부였으나, 외국어고등학교를 시작으로 국제고등학교 · 영재고등학교 · 영재예술고등학교 · 자립형사립고등학교 등등 중학교에서 공부 좀 한다는 학생들은 거의 다 빠져나가는 상황이 전개되었다.

　상위권대학교 입시결과는 일반고는 눈 씻고 찾아봐도 없다. 2025년도 서울대 수시전형 1단계 합격자 명단을 살펴보면 지역별, 공사립별로 특징이 두드러지고 있다.

〈2025 서울대 수시 1단계 합격자 현황〉 〈출처 : 베리타스 알파〉

어찌보면 서울대 진학할 학생들은 고등학교 입학할 때부터 정해진 것이나 다름없다고 해도 과언이 아니다.

그렇다면 위 표에서 나타난 서울대 합격자를 많이 배출한 고등학교는 그 원인이 어디에 있을까? 학교시설 우수? 뛰어난 교수학습법? 뛰어난 진학지도? 사실은 고등학교 입학 전부터 거의 천재들이나 다름없는 학생들이 상위권 고등학교에 입학하면서 고교 시절 3년을 보내게 되는 것이다. 이미 중학교를 졸업하면서부터 완벽한 기본기를 갖춘 상태에서 고등학교를 입학하게 된다. 심지어 고등학교 입학 전에 국·영·수·과학 정도는 진도를 마친 상태에서 고등학교를 입학한다고 보면 된다.

순위	고교명	의대	약대	치대	한의대	수의대	소재지	유형
1	상산고	157	38	31	8	3	전북 전주시	자사고(전국)
2	휘문고	114	31	19	10	4	서울 강남구	자사고(광역)
3	세화고	67	19	12	4	2	서울 서초구	자사고(광역)
4	중동고	57	9	3	5	2	서울 강남구	자사고(광역)
5	숙명여고	56	33	13	9	3	서울 강남구	일반고
6	강서고	51	11	7	8	4	서울 양천구	일반고
6	단대부고	51	13	6	5	5	서울 강남구	일반고
8	현대청운고	47	15	5	5	4	울산 동구	자사고(전국)
9	경신고	43	19	7	10	3	대구 수성구	일반고
10	중산고	42	16	5	4	10	서울 강남구	일반고
11	능인고	38	11	4	5	0	대구 수성구	일반고
12	경북고	35	12	3	8	0	대구 수성구	일반고
13	정화여고	34	8	7	4	2	대구 수성구	일반고
14	진선여고	34	17	6	10	2	서울 강남구	일반고
15	대륜고	33	19	6	6	5	대구 수성구	일반고
15	반포고	33	11	8	0	1	서울 서초구	일반고
15	해운대고	33	9	5	3	0	부산 해운대구	자사고(광역)
18	한일고	32	5	3	3	6	충남 공주시	일반고
19	보인고	31	5	6	1	1	서울 송파구	자사고(광역)
19	충남고	31	9	0	0	3	대전 서구	자공고
21	포항제철고	30	14	5	4	2	경북 포항시	자사고(전국)
22	중대부고	29	8	2	4	1	서울 강남구	일반고
23	화성고	28	34	13	11	6	경기 화성시	일반고
24	양정고	27	9	0	9	2	서울 양천구	자사고(광역)
25	배재고	26	6	0	5	0	서울 강동구	자사고(광역)
26	목동고	25	9	5	4	0	서울 양천구	일반고
26	보성고	25	3	2	5	0	서울 송파구	일반고
26	분당대진고	25	8	1	3	0	경기 성남시	일반고
29	운정고	24	11	6	4	1	경기 파주시	자공고
30	보평고	23	6	5	2	0	경기 성남시	일반고
30	상문고	23	7	4	5	1	서울 서초구	일반고

〈2024 의대·약대·치대·수의대 합격자 현황〉

그러다보니 이른바 일반 인문계고등학교의 학력수준은 너무나도 처참하게 떨어지는 상황이 발생되었다.

필자는 최근에 인천 ㅇㅇ고등학교 신입생 진단평가 결과를 보고 깜짝 놀랐다. 신입생 200여 명 중에서 영어 100점, 수학 100점이 단 1명도 없다는 것이다.

〈단위: 명〉

	국어	영어	수학
90점 이상	20	2	1
80점~89점	48	5	3
50점~79점	121	43	67
00점~49점	28	167	146
합계	217명	217명	217명

〈인천 ㅇㅇ고등학교 신입생 진단평가 통계〉

대학 진학을 목표로 한다는 인문계 고등학교에 수학 80점 이상이 4명, 영어 80점 이상이 7명이다.

두 눈을 똑바로 뜨고 쳐다보고 있지만 숫자는 달라지지 않는다. 상위권 학생들이 특목고로 빠져나간 일반계 고등학교 현실은 참으로 참담한 상황이 전개되고 있다.

더욱 놀라운 것은 217명의 학생들의 진단평가 시험범위는 고등학교 교과서가 아닌 100% 중학교 교과서에서 출제되었다는 게 더 충격적이다.

고등학교 교사들은 이 학생들을 앞으로 어떻게 성장 시킬 수 있을까?

일반계 인문고등학교에 저학력 사태는 일시적인 현상이 아니다. 이미 수년 전부터 고착화되었다.

졸업생들 역시도 서울대 진학은 0명이고 수도권 대학에 진학 숫자가 20여명에 불과한 실정이다. 아마도 수시 전형 제도가 아니었으면 이 마저도 불가능했을 것으로 짐작이 된다.

이 학생들을 잘 키워서 특목고에 진학한 친구들을 추월할 수 있을까(?)

〈단위: 명〉

인천 ○○고 진학 현황	
서울대/연대/고대	2(서울대 0명)
한의대/의대/교대	2
포항공대/카이스트	2
수도권 4년제 대학교	20

일반고와 이른바 특목고는 출발부터 많이 다르다. 일반고는 〈위 표〉에서 보듯이 평균 90점 이상도 찾기 힘들다

그렇지만 어찌 하겠는가? 이것이 현실인 만큼 최선을 다해서 훌륭하게 길러내야 된다.

그래서 독일의 부모님들은 이미 초등학교 졸업과 동시에 인문고를 갈 것인지? 직업계 고등학교를 갈 것인지? 결정한다는 것이다.

〈위 표〉에서 볼 수 있듯이 영어·수학 평균이 80점 미만의 학생들이 90% 이상을 차지하는 상황에서 정상적인 입시 교육이 되겠냐는 것이다.

중학교 성적 상위 1% 이내의 상위권 학생들은 특목고로 빠져나간 상태에서 나머지 99% 학생들을 어떻게 키울 것인가가 우리 교육현장의 중대한 과업이다.

일반고에 남아 있는 학생들에게 호소한다. 특목고로 진학한 학생들을 절대로 부러워하지 말자! 주눅들지도 말자.

성적 불변의 법칙(?)

- 입학성적이 → 졸업성적으로?
- 중1(30점) → 고3(30점)
- 중1(50점) → 고3(50점)
- 중1(70점) → 고3(70점)
- 중1(90점) → 고3(90점)

필자가 중학교 학생들을 30여 년 간 지도한 바에 의하면 〈위 표〉에서 보듯이 중학교 졸업 성적은 좀처럼 나아지지 않고 대부분의 학생들은 제자리를 맴도는 게 현실이다.

그렇다면 이 대목에서 중요한 것은 무엇일까? 자신의 성적은 항상 박스권에서 맴돌고 있다는 사실을 스스로 자각하고 자신의 최대치를 감안한 매우 예리한 생존 전략을 세울 필요가 있다.

그것은 바로 상위권 학생들이 상대적으로 덜 선호하는 틈새를 공략하는 것이다. 이른바 틈새시장 공략이다. 상위권 학생들이 허접하게 생각하는 직종과 직군을 정교하게 준비해서 회심의 일타를 준비하는 것이다.

학생들은 필자에게 이렇게 물어본다.
- 공부 못(안)해도 잘 살 수 있나요?

거기에 대해서 필자는 단연코 이렇게 답한다.
- 공부 못해도 방향 선택이 중요하다고!

그렇다! 대한민국의 청소년들에게는 스카이(SKY) 보다 더 중요한 것이 진로진학에 대한 방향 선택이 중요하다. 왜냐하면 스카이가 가지고 있던 프리미엄 시대는 끝났기 때문이다. 곧 스카이만 졸업하면 대기업 취업하던 시대는 옛날 이야기라는 것이다. 가성비 높고 롱런할 수 있는 자신만의 진로를 찾으면 되기 때문이다.

가성비 최고의 고등학교

스카이(SKY)는 물론이고 4년제 대학교만 졸업하면 출세하던 시대는 이미 저만치 지나 갔다. 그런데 4년제 대학교를 진학하지 않고도 대한민국 최고의 직장을 갈 수 있는 학교가 있다. 다름아닌 마이스터 고등학교! **마이스터고등학교**(Meister School)는 기존의 실업계 고등학교를 발전시킨 고등학교로서 일과 학습을 병행하여 해당분야의 기술장인을 육성하려는 목적을 가진 고등학교를 뜻한

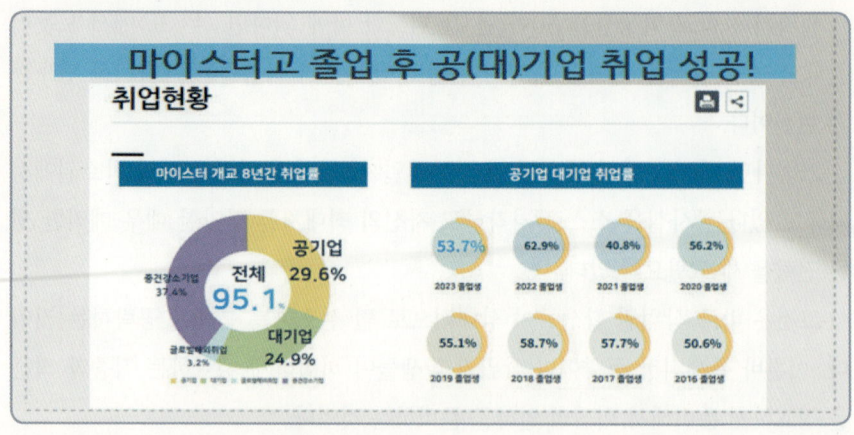

다. 바이오, 반도체, 자동차, 전자, 기계, 로봇, 통신, 조선, 항공, 에너지, 철강, 해양 등 다양한 기술 분야의 마이스터고가 전국각지에 47개교가 있다. '산업수요 맞춤형 고등학교'에 해당하는 학교로, 전문적인 직업교육의 발전을 위하여 산업계의 수요에 직접 연계된 맞춤형 직업교육에 중점을 두고 3년간의 교육을 통해 공(대)기업 취업률이 매년 50% 이상을 유지하고 있다.

  한국전력, 한국수력·원자력발전소, 남동발전, 중부발전, 현대제철, 현대중공업, 대우조선해양, 현대미포조선, 현대기아자동차, 포스코, GS칼텍스, 현대오일뱅크, 삼성중공업, 현대정공, 삼성반도체, SK하이닉스, 삼성바이오 등등 이루 헤아릴 수 없을 정도로 세계적 기업들이 마이스터고 출신들을 기다리고 있다.

  거의 모든 마이스터고가 기숙형으로 운영하고 있다. 최고의 시설에서 최고의 급식과 최고의 선생님들께서 최상의 교육을 통해 최고의 기능 인력을 양성하고 있는 것이다.

  가정에서 보호자들이 할 일은 거의 없다고 보면 된다. 자녀들을 마이스터고에 보내기만 하면 의식주+교육+취업률 95%까지 이루어 진다.

  특히, 군사학교인 공군항공과학고등학교에 입학(입교)하면 매월 봉급과 수학보조비까지 제공되기에 가정으로부터의 어떠한 경제적인 도움 없이도 고등학교 과정의 학업을 모두 마치고 임관할 수 있다.

  20세에 임관후 55세 정년 퇴직할 때 까지 근무하고 퇴직후에도 평생동안 군인연금 약 300만원을 수령 받게 된다.

구분	기본급[17]	수학보조비[18]	합계
1학년	640,000원		708,120원
2학년	800,000원	68,120원	868,120원
3학년	1,000,000원		1,068,120원

〈공군항공과학고등학교 재학생 매월 급여 현황〉

고등학교 재학중인 학생에게 매월 월급 100만원씩 주는 나라가 지구상에 어디 있을까? 석유 한방울 안 나오는 나라에서 기적을 창출하였다. 우리 선조들의 피땀 어린 헌신으로 이루어 낸 기적이다!

전공 과목 보다 취업이 중요하다!

몇 년 전 ㅇㅇ광역시 교사 임용고시 경쟁률 현황이다.

국어교사 1명 선발하는데 무려 45명이나 지원했다. 전교 1등을 해본들 어떻게 합격할 수 있겠는가?

영어 역시도 마찬가지다. 1명 선발하는데 42명이 응시하였다.

반면에 기술 교사는 6 : 1 밖에 되지 않는다. 상황이 이런데도 고3 학생들의 선호도는 경쟁률이 낮은 기술·정보컴퓨터가 아닌 국어·영어·수학이다.

어떤 학생들은 국영수 선생님들께서 기술 · 정보 · 음악 · 체육 선생님들보다 급여가 더 많은 것으로 착각하는 경우도 있다. 그런 이유 때문인지 전국의 사범대학 합격선을 살펴보면 취업이 힘든 국어·영어·수학교육과가 맨 위쪽을 차지하고 있다.

고등학교 담임선생님들께서는 학생들에게 '전공과목 보다 더 중요한 것은 취업'이라고 얘기해 주어야 된다. 어떤 분들은 '딱 한 번밖에 없는 인생'인데 '자기가 좋아하는 것 선택하라'고 강조하는데, 물론 틀린 말은 아니다. 그렇지만 '자기가 좋아하는 거 선택하다'가 실업자로 전락되면 어떻게 할 것인지?에 대해서도 면밀하게 검토되어야 한다. 심지어 스카이(SKY)보다 더 중요한 것도 방향 선택이라고 반드시 알려주어야 한다. 자칫 진로 방향 선택 잘못하게 되면 평생을 후회할 수 있기 때문이다.

전교 1등이 취직 못하는 나라(?)

2020학년도 ㅇㅇ시 교사임용고시 경쟁률

과목	경쟁률
국어	45.5 : 1
영어	42 : 1
음악	31 : 1
수학	23 : 1
역사	22 : 1
기술	6 : 1
정보	4.8 : 1
상담	3.7 : 1

〈위 표〉에서 보듯이 필자의 제자 및 지인들의 진로를 분석해 보면 초중고 재학시절 학업 성적이 취업 성공으로 연결되지는 않는다는 것이다.

따라서 초중고 재학시절 전교 1등을 부러워 할 것이 아니라 우리 사회제도권에 형성된 직업군의 틈새가 어디인지(?)를 객관적으로 분석하고 준비시켜줘야 하는 게 일반 고등학교 현장에서 할 일이다.

실제로 초중고 내내 전교 1등을 놓지 않았던 지인은 서울 소재 스카이(SKY)를 졸업했음에도 기간제 교사 생활을 전전하고 있는데 반해, 또 다른 지인은 중학교 시절 최상위권이 아니었는데도 지방 소재 ㅇㅇ대학교 기술교육과를 졸업하고 정교사 발령 받고 행복한 교직생활을 하고 있다.

취업하는데 있어서 명문대가 중요하지 않다. 정말로 중요한 것은 취업을 성공적으로 할 수 있느냐가 관건이다. 명문대 나와서 취준생으로 전락하느니 지방대를 나오더라도 취업이 확실한 실용적인 전공을 선택하는 게 무엇보다 중요하다.

이런 결정을 하기 위해서는 학교 선생님들만으로는 불가능하고 학생들의 보호자들과의 상호 유기적인 대화와 협조가 필요하다. 한명의 소중한 생명체의 일생을 좌우하는 중요한 갈림길이기 때문이다. 사람들은 재래 시장에 가서 몇만 원짜리 물건을 살 때는 시장 전체를 몇 번이나 왔다갔다 하면서 엄청난 고심을 하면서 어렵게 선택하는데, 정작 자신의 인생에서 가장 중요한 선택을 할 때는 그냥 대충 감으로 즉흥적으로 하는 경우가 많다는 것이다.

서울시 성수동에서 부동산중개업을 하는 친구의 이야기를 들어보면 '20억이 넘어가는 아파트 구입하는 경우에도 몇날 며칠을 심사숙고하는게 아니라 집 구경 불과 10여분 정도한 후에 바로 계약서 쓰자는 손님들이 많다'는 것이다. 그렇지만 아파트 매매보다 더 중요한 것이 자녀들의 인생인 만큼 영양가 만점의 전공을 신중하게 선택해서 후회 없는 인생을 살아가도록 해야하지 않을까 생각된다.

부모님의 특목고 욕심

초중고 시절 수재 소리를 들었던 제자는 과학에 대한 꿈이 전혀 없었는데도 부모님의 강요에 못 이겨 어린 시절부터 과학 영재반, 과학고 대비 학원 등을 다니면서 ㅇㅇ과학고를 입학을 하기는 했는데 딱 거기까지였다. 제자는 과학고 입학 후 본격적으로 부모님의 강요에 반기를 들기 시작하였기 때문이다.

특목고를 부러워하지 말자!

- 평균점수 90점 ➡ ㅇㅇ대 기술교육과 ➡ 임용고시 합격 ➡ 정교사 발령
- 평균점수 93점 ➡ ㅇㅇ여고 중퇴 ➡ 검정고시 ➡ 고려대학교 정시합격 ➡ 취업준비
- 평균점수 99점 ➡ ㅇㅇ과학고 ➡ 공주대 역사교육과 ➡ 정교사 5년 근무 후 퇴직
- 평균점수 99점 ➡ 인천과학고 ➡ 서울대 공대 ➡ 서울대 로스쿨 ➡ 부장검사 ➡ 변호사
- 평균점수 98점 ➡ ㅇㅇ외고 중퇴 ➡ 검정고시 ➡ 서울대 정시합격 ➡ 기간제교사 ➡ ㅇㅇ중 정교사
- 평균점수 98점 ➡ 일반고 ➡ 고려대학교 수시합격 ➡ 기간제교사 5년
- 평균점수 80~89점 ➡ 인하부중 ➡ 공군 마이스터고 ➡ 공군부사관 ➡ 55세까지 정년 보장
- 평균점수 95점 ➡ 인하대 수학교육과 ➡ 인하대 체육과 부전공 ➡ 임용고시 합격 ➡ 체육정교사 발령

제자는 과학고에서 생활은 하지만 공부에 손을 놓고 그냥 건성으로 3년의 시간을 보내면서 태업으로 일관하기 시작한 것이다. 그러니 성적이 제대로 나올 리가 없다.

과학고를 거의 전교 꼴찌로 졸업한 제자는 와신상담 끝에 드디어 본인이 좋아하는 길을 가기로 하였다. 다름 아닌 교사의 길이었다. 제자는 생소한 문과 과목을 혼자서 공부하며 재수생을 거쳐서 공주대 역사교육과에 합격하였다. 제자는 공주대 4년을 무난히 마치고 교사 임용고시를 한 번에 합격한 후 강화도 지역으로 초임 발령을 받고 꿈에도 그리던 교직 생활을 시작하였다. 제자는 부모님의 욕심과 강요가 아니었으면 훨씬 더 성장할 수도 있었을 것으로 예상된다.

봉산개도 우수가교(逢山開道 遇水架橋)

〈위 표〉에서 나타난 인하대 수학교육과 후배 A는 자신의 주전공 수학을 살짝 뒷전으로 미루고 뜬금없이 체육교육과 부전공을 하겠다는 것이다. 이유를 물어보니 수학은 인천시내 임용고시 모집인원이 10명 안팎인데 반해서, 체육 교과는 30명에 이르기 때문에 아무래도 합격될 가능성이 높지 않겠냐는 것이다.

인하대 후배 A는 체육교육과 부전공 과목을 착실하게 이수하고 인천시 교육청에서 주관한 교사임용고시 체육교과 부분에 당당히 합격의 영광을 누렸다.

봉산개도 우수가교(逢山開道 遇水架橋)란 말이 있다. '산을 만나면 길을 내고, 물을 만나면 다리를 놓는다.'는 뜻인 '봉산개도 우수가교'의 유래는 적벽대전에서 유비에게 패한 조조가 도망을 가던 중 부하들이 "길이 좁은 데다 새벽 비에 패인 진흙 구덩이에 말굽이 빠져 갈 수 없다."고 하자 호통을 치며 한 말이다. 조조는 "군대는 산을 만나면 길을 만들고, 물을 만나면 다리를 놓아 행군하는 법이다. 진흙 구덩이쯤 만났다고 행군을 못한다는 것이 말이 되느냐?"며 "흙을 나르고 섶을 깔아 구덩이를 메우고 행군하라."고 명령하였다.

조조의 말처럼 인하대 수학교육과 후배 A는 수학이라는 전공을 선택하기는 하였지만, 수학이라는 과목이 시기적으로 선발 인원이 많지 않은 점을 감안해서 끝까지 수학으로 도전하기보다는 상대적으로 더 많이 선발하는 체육교과 쪽으로 방향을 살짝 틀어서 취업에 성공한 케이스다. 우리 사람들의 인생사는 길을 걷다보면 화창하게 맑은 날이 있는가 하면 천둥 번개 치는 궂은 날씨도 있게 마련이다. 그때그때마다 융통성 있게 대처하면서 길을 걸어가야 할 것이다.

인하대 후배 A가 곧이곧대로 수학전공을 고집하였다면 아마도 지금까지도 교직에 입문하지 못했을지도 모를 일이다.

전교 꼴찌는 공무원, 전교 1등은 알바!

전교 1등이 알바하는 나라(?)

인천 ○○여고	전교 1등 졸업
SKY 신문방송과	과 수석
○○○ 공중파 방송 외주업체 2년 근무	150만원/월급 하루 10시간 이상 근무
○○대 약대 편입(4년)	3, 4년 하위권/5,6학년 상위권
서울 은평구 ○○병원	월 400만원/6개월 근무후 퇴직 현재 : 주말 알바/시간당 3만원

필자의 대학교 후배는 요즘 걱정이 많다. 〈위 표〉에서 보듯이 후배의 자녀는 고등학교 시절 전교 1등을 도맡아 하다가 이른바 명문대학교(SKY)를 졸업했음에도 지금 현재는 주말 알바 생활을 하고 있기 때문이다.

고등학교 졸업 후 PD의 꿈을 안고 명문대 신방과를 우수한 성적으로 입학하였다. 4년간의 대학생활 역시도 인천에서 서울까지 통학을 해 가면서 성실하게 우수한 성적으로 마쳤다.

4학년 재학 당시에 방송사 입사를 위하여 많은 노력을 기울였지만 정규직이 아닌 ㅇㅇㅇ방송사 외주업체에 간신히 취업을 하게 되었다.

그런데 말로만 듣던 외주업체의 처우는 참담한 수준이었다. 하루 평균 10시간 이상의 고된 작업을 밥 먹듯이 해도 고작 150만 원 남짓의 차비만 주었다는 것이다. 녹화 현장에는 TV 화면에서만 보았던 어마어마한 스타들이 눈앞에 있었지만, 고된 현장과 처우는 좀처럼 개선될 기미가 없었다고 한다.

200만 원도 안되는 급여를 받던 후배의 자녀는 딱 2년을 채우고 방송 현장에서 퇴직하고 인천으로 돌아왔다.

인천으로 복귀한 후배 자녀는 2년 동안 방송사 현장에서 지친 심신을 추스르면서 컨디션을 서서히 회복한 끝에 새로운 도전을 하기로 마음 먹었다. 우리나라 취업 현장이 아무래도 문과 계열보다는 이과 계열이 조금 더 수월할 것이라는 기대감 때문에 문과를 과감하게 포기하고 이과 계열의 사법고시라고 할 수 있는 약학대학에 도전하기로 마음 먹었다.

약학대학입문자격시험(Pharmacy Education Eligibility Test)은 2011학년도부터 2023학년도까지 국내 약학대학에 입학하기 위해 응시해야했던 시험이다. 당시 약대는 2+4 체제라 신입학이 아닌 편입학 방식으로만 입학이 가능했으며, 학년 역시 3학년부터 시작했다. PEET는 이과계열 시험 중에서는 MDEET, 기술고시, 변리사, GRE subject 등과 더불어 최고 난이도의 시험이라고 할 수 있었다. 문과에 사법고시가 있다면 이과에는 PEET가 있다는 말이 나오는 수준으로, 속칭 이과판 고시였다. 그리고 인기로만 따지자면 가장 인기 있는 시험 중에 하나였다. 다른 시험이 다 그렇지만 안정된 직업과 학벌 때문에 경쟁률이 매우 높기 때문에 난이도가 높을 수밖에 없었고 사실상 독학으로 이 시험을 합격하긴 불가능하기 때문에 많은 수험생들이 학원, 인강 등을 이용한다.

약학대학입문자격시험 시간표(2018학년도~폐지때까지 기준)				
교시	시험 영역	시험 시간	배점	문항 수
	입실 완료 시간	~08:30		
1	화학추론(일반화학)	09:00~10:15 (75분)	100	25
	휴식	10:15~10:40 (25분)		
2	화학추론(유기화학)	10:40~11:40 (60분)	100	20
	중식	11:40~12:45 (65분)		
3	물리추론	12:55~13:55 (60분)	100	20
	휴식	13:55~14:20 (25분)		
4	생물추론	14:20~15:35 (75분)	100	25

시험과목은 일반화학·유기화학·물리추론·생물추론 등 4과목으로 이루어졌다. 그런데 문과 출신의 후배 자녀는 대학교 때 전혀 배우지 않은 과목인데도 과감한 도전을 결행한 것이다.

방송사 외주 현장에서 엄청난 추위에 벌벌 떨었던 악몽을 한시도 잊을 수가 없었기 때문에 더 이상 두려울 것이 없었다. 여성이라서 군대를 다녀오지는 않았지만 열악한 방송 녹화 현장을 박봉에 시달리면서 몸과 마음이 엄청난 단련이 되었던 게 사실이다.

약학대학입문자격시험을 본 후 각 대학교에 편입학하는 과정은 크게 정성평가, 정량평가 두 가지 형태였다. 면접 비중이 높은 정성평가는 학벌(전적대)·나이·수상실적·봉사·자기소개서 등을 비중 있게 보았다. 서울 소재 ㅇㅇ여대 같은 경우에는 PEET 점수가 낮더라도 편입학이 가능한 구조였다. 왜냐하면 PEET 반영 비율이 20%에 불과하고, 나머지 반영비율이 공인영어성적 10%, GPA 30%, 서류 40%였다.

반면에 정량평가요소에 높은 비중을 두던 학교에서는 이전 학과/학부 성적(GPA), 공인영어시험 성적, PEET 점수, 면접 곧 4대 정량요소를 중심으로 선발했다.

정량평가를 실시한 대학교는 PEET 점수가 중요했으며, 나이는 보지 않았다. 따라서 20대 후반은 물론이고 30대 이상까지 본인의 능력만 된다면 합격할 수 있었다.

후배의 자녀는 2년간의 피나는 노력 끝에 이과계의 사법고시라고 불리는 약학대학입문자격시험(Pharmacy Education Eligibility Test)을 우수한 성적으로 통과하여 수도권 ㅇㅇ대학교 약학대학 편입학 시험에 드디어 최종 합격하였다.

PEET점수는 서울 소재 ㅇㅇ대학교에도 충분히 합격할 수 있는 성적이었지만 정성평가에 따른 불이익으로 인해 정량평가를 실시한 수도권 ㅇㅇ대학교에 우수한 성적으로 합격한 것이다.

그런데 막상 약학대학에 편입학한 후 공부를 해보니 만만치가 않았다. 학부 과정에서 이과 과목을 전혀 경험하지 않았기 때문에 1~2년간 상당한 어려움을 겪었지만 3년차부터는 타고난 성실성을 바탕으로 상위권 성적을 유지하면서 졸업하기에 이르렀다.

드디어 꿈에도 그리던 약사 자격증을 취득 후 서울시 은평구 소재 ㅇㅇ병원에 취업하였다.

**세상 사람들은
자기 좋아 하는 것,
자기 적성에 맞는 것 열심히 도전하라고 한다.**

여기 우리 사회가 시키는 대로 최선을 다한 한 젊은이가 잠시 숨을 고르고 있다. 무엇이 옳고 무엇이 그르다고 단정 할 수는 없겠지만, 중고등학교 학창시절 진로·진학 지도가 얼마나 중요한지(?)를 후배 자녀가 여실히 보여주었다. 좀 쉽게 갈 수도 있는 길을 너무나도 힘들게 굽이굽이 돌아서 간신히 목적지에 도착했다. 특히 고등학교 시절 학생들에게 현실에 대한 명확하고 실용적인 진로 지도를 통해 시행착오를 줄여주자!

전교 1등이 알바하는 나라(?)

소속	기간	비고
초중고	12년	10시간 이상 공부/1일
서울 ㅇㅇ대학교 신문방송학과	4년	하루 4시간 통학
공중파 방송 외주업체 취업	2년	10시간 이상 근무/1일
약학대학입문자격시험 준비	2년	15시간 이상 공부/1일
수도권 ㅇㅇ대학교 약학대학	4년	10시간 이상 공부/1일
서울 은평구 ㅇㅇ병원	6개월	8시간 근무/1일
인천 소재 ㅇㅇ약국	5개월	토, 일요일 주말 알바 각 10시간
총 합계	24년 6개월	

필자의 제자 영식이는 인하부중 재학시절 많은 방황과 혼란을 겪었지만 인천 ㅇㅇ고 입학 후 뒤늦게 공부를 시작해서 고3, 8월에 9급 공무원 최종 합격을 하였다.

아무도 예상치 못했던 일을 영식이가 이루어 냈다. 인간 승리가 따로 없다. 참으로 자랑스러운 일이 아닐 수 없다. 스카이 졸업해서도 알바하는 세상에 대한민국 국가 정규직 공무원이 된 것이다.

필자는 영식이를 학교 앞 식당으로 초청해서 조촐하게나마 축하 파티를 열어 주었다. 교직에 있는 사람들이 느낄 수 있는 최고로 행복한 순간이다. 교직에 있는 사람들은 급여가 넉넉하지 않은 상태에서 출발하지만 간간히 제자들로부터 오는 반가운 소식에 힘을 얻고 보람을 느낀다.

국가 공휴일	토요일/1년	일요일/1년	연가/1년	합계
15일	48일	48일	20일	131

공무원 월급이 그리 많지는 않지만 굶어 죽을 정도는 아니다. 정시 출근 정시 퇴근하는 공무원의 세계를 겪어보지 않으면 공무원 세계의 매력을 알지 못한다. 월급이 많지는 않지만 공무원 특유의 묘한 매력이 있다.

1년 처음에 시작하는 연봉은 2500만 원 남짓이지만 4000만 원 이상 받는 대기업 사원 부럽지 않다고 생각한다. 365일 중에서 출근 안 해도 되는 날짜가 거의 130일 이상이다.

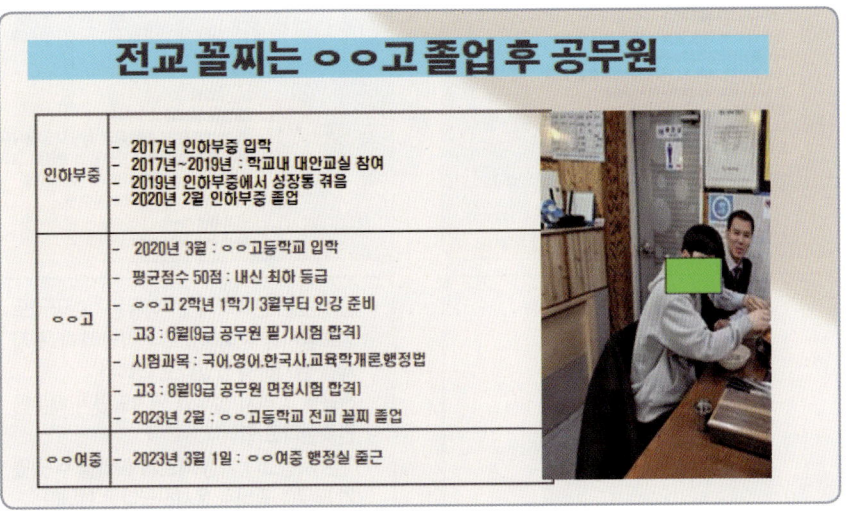

월급보다는 삶이 중요하다!

필자의 후배는 서울 소재 ㅇㅇ대학교 졸업 후 국내 굴지의 대기업에 취업했지만 2년 만에 퇴직하고 취업 재수하고 있다. 아침 8시 출근하여 저녁 11시까지 근무하는 날이 부지기수다. 집에 오면 12시, 최대한 버티다가 두손 두발 모두 들고 집으로 돌아와서 백수 생활하고 있다.

인천 ㅇㅇ여고 서울 ㅇㅇ대학교 졸업	인하대학교 공간정보학과
ㅇㅇㅇ그룹 합격 연봉 4,000만원	9급 군무원 합격 연봉 3,000만원
인천에서 오전 6시 출발 오전 8시 서울 본사 출근 오전 10시 - 오후 6시 매장 순회 오후 6시 - 오후 10시 본사 복귀 밤 12시 인천 본가 귀가 ㅇㅇㅇ그룹 퇴사 후 취업준비 중	오전 9시 출근 오후 6시 퇴근 [1년 연가 : 약 20일]

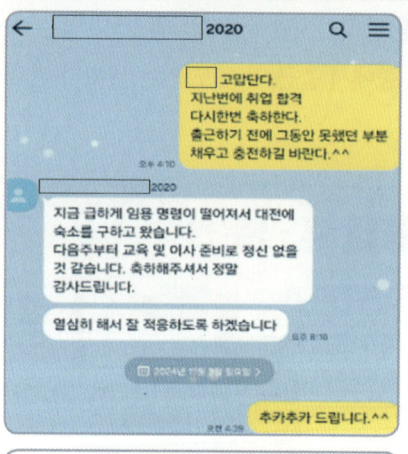

- 군무원을 선택하게 된 이유는? 한국국토정보공사를 준비하였으나 작년에 채용 자체를 실시하지 않았다고 합니다.
- 전공을 살려서 실무와 연계되었기 때문에 만족한다고 합니다.
- 다른 시험보다 가장 빠르게 취업할 수 있었기 때문에 곧바로 응시하였다고 합니다.

> 김창완 선배님 잘 지내십니까?
> 저는 아직 초임이라 정신없는 날들을
> 보내고 있습니다.
> 제가 군무원을 선택한 이유를 정리해서
> 답변드립니다.
>
> 1. 취업을 공기업과 공무원, 군무원 목표
> 2. LX(한국국토정보공사)를 준비했으나 24년도 채용 미실시, 사회의 전반적인 취업 불경기
> 3. 공기업 준비로 공무원 지원조건 동시 만족
> 4. 전공을 살린 취업, 실무 연계
> 5. 당시 가장 빠른 채용공고
> 6. 빠른 취업을 통한 호봉 인정을 고려한 임용
>
> 합격 후 임용을 결정하게 된 결정적인 이유는 경험입니다.
> → 어딜 가도 일이 잘 맞거나, 사람이 좋아야 한다고 생각합니다. 이는 직접 경험해보기 전까지 모르기 때문에 일단 임용하여 경험해보자 했습니다. 경력을 쌓아 경력직을 도전할 수 있는 기회도 생깁니다.
>
> 임용 후 느끼는 장점
> - px 이용
> - 생각보다 수평적인 문화
> - 워라밸(체력단련시간 등)
> - 수당 및 복지를 통한 금전적 불만족 일부 해소
> - 일반 공무원보다 많은 휴가일수

- 합격 후 군무원을 결정하게 된 결정적인 이유는? 우리 사회에서 경험을 쌓는 일이 중요하기 때문에 업무와 사람들을 먼저 겪어보는 게 나중에 도움이 될 것 같았다고 합니다.
- 장점1 : PX에서 면세품을 값싸게 구입할 수 있는 장점과 수당 및 복지가 생각보다 좋다고 합니다.
- 장점2 : 타 직종보다도 자기계발시간 및 휴가일수가 많아서 만족한다고 합니다.

무엇이 옳다 단정할 수는 없겠지만, 대기업과 공무원 사회를 놓고 보면 한 가지 분명한 것은 삶의 여유가 있고 없고 차이는 분명하다는 것이다.

필자의 대학교 후배는 2024년 10월 인하대학교 공간정보학과 4학년 재학 중에 국방부 소속 9급 군무원 시험에 합격했다고 연락이 왔다. 연봉이 3000만 원도 안 되지만 공무원의 길을 택한 이유는 삶의 질을 더 중요하게 생각했기 때문이라고 한다.

평균 80점도 행복한 대한민국!

필자는 2018년도에 인하부중 3학년 학생들에게 기술 교과를 지도한 바 있다. 3학년 학생들에게 진로는 참으로 중요한 만큼 교과수업 틈틈이 직업·진로를 강조하는 편이었다.

대부분의 학생들은 아무리 강조해도 허투로 흘려듣기가 십상인데 사랑스러운 제자 민수는 수업시간 내내 항상 귀를 쫑긋 세우고 경청을 하였다. 필자의 제자 민수는 중학교 시절 내내 평균 80점을 유지하다가 중3때 인문계 고등학교를 과감하게 포기하고 인천 ㅇㅇ특성화고에 진학했다.

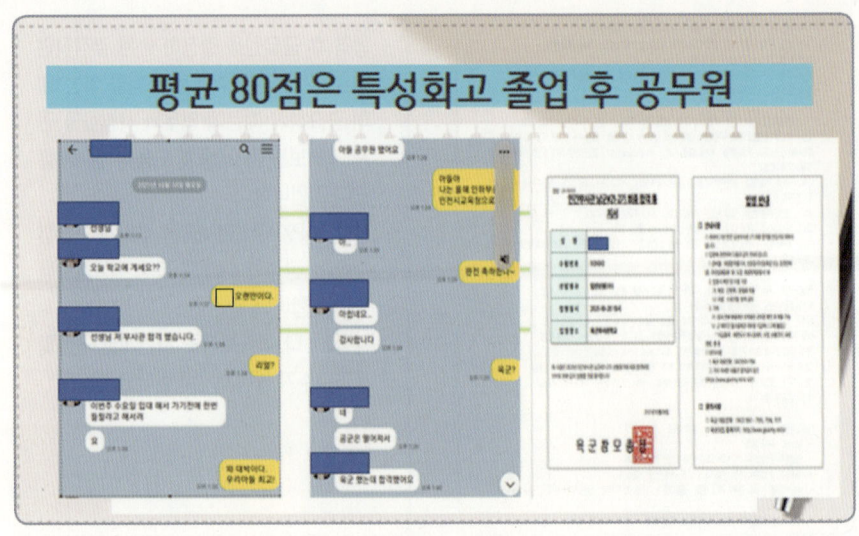

   민수에게 인문계고등학교를 포기하고 특성화고를 진학한 이유를 물어보니, 자신은 아무리 공부를 열심히 해도 최상위권으로 갈 수 없다는 것을 확실히 깨달았다고 담담하게 말하였다.

   인문고에 가서 공부 잘하는 친구들 밑에서 바닥 깔아주느니 차라리 특성화고에 가서 착실하게 진로를 준비하겠다고 하였다.

   그렇게 중3을 마친 민수가 인천○○특성화고등학교에 진학하면서 연락이 한동안 끊겼다가 고등학교 3학년에 재학중이던 어느 날, 민수로부터 카톡 1통이 온 것이었다.

   내용을 읽어보니 국방부 소속 육군 부사관 시험에 합격했다는 것이다.

   고3 졸업식도 하기 전에 2021년 10월 말경 훈련소에 입대한다면서 학교로 인사 오겠다고 한다. 스카이 졸업하고도 취업하기 힘든 세상에 민수는 자신에게 맞는 안정된 직업을 찾아서 떠났다. 스카이 합격한 제자들보다도 몇 배 더 자랑스러운 순간이다.

스카이(SKY) 졸업 후 9급 공무원

전교 1등이 서울대 졸업 후 공무원(?)	
고려대 공대	**경찰공무원 합격** (2018년 합격)
연세대 상경대	**9급 공무원 합격**
서울대 공대	**9급 공무원 합격** (2019년 합격)

서울대 공대를 나온 A(29)씨는 2019년에 서울시 9급 공무원 시험에 붙어 구청에서 근무하고 있다. 대학원을 다니다 뒤늦게 9급 공무원으로 진로를 바꿨다. A씨는 "대기업 다니는 친구들을 보면 스트레스를 너무 많이 받는 것 같았다."며 "고시를 준비하자니 실패했을 경우 대책이 없을 것 같아서, 안정적으로 살 수 있는 9급을 택한 것"이라고 했다.

고려대 공대를 졸업한 B씨도 경찰 공무원 시험에 응시, 말단 순경으로 민원실과 방범순찰대에서 근무하다 최근 경장으로 한 계급 승진했다. 주변에서는 "왜 일류대를, 그것도 공과대학을 졸업해 순경으로 왔느냐?"는 시선이 적지 않지만 그는 "아랑곳하지 않는다."고 말했다.

B씨는 "조기 퇴직할 가능성이 큰 기업에 가면 40~50대 이후의 삶이 암담할 것 같았다."며 "대학 간판이라는 것이 의미 없는 시대가 됐고, 인생에서 한 번 거쳐 가는 과정일 뿐이라고 생각한."고 했다.

'안정성'과 '여유'라는 두 마리 토끼를 다 잡을 수 있는 공무원의 장점 때문에 대기업까지 그만두고 9급 시험에 응시하는 사람도 많다.

C(32)씨는 4년간 다니던 대기업을 관두고 지난해 서울시 9급 공무원으로 임용

됐다. C씨는 "대기업에 처음 입사할 때만 해도 '나만 잘하면 오래 버틸 수 있다'는 믿음이 있었지만, 40대만 돼도 짐 쌀 준비를 하는 경우가 많더라."며 "나중에 육아휴직 쓰는 것도 불가능할 것 같은 분위기여서 뒤늦게 9급 시험 도전이라는 결단을 내렸다."고 했다.

A씨와 B씨의 '선배' 격으로 연세대 상경계열을 졸업해 광주 무등산 관리사무소에서 근무하는 이상호(43·7급) 씨는 "늦깎이로 9급부터 공직 생활을 시작하면서 새 출발을 다짐했다."며 "출발선은 다른 동문에 비해 조금 뒤처졌다는 생각도 들지만 하위직도 본인의 노력 여하에 따라 얼마든지 뜻을 펼칠 수 있다."고 조언하였다. 〈출처 : 조선일보, SBS〉

부사관은 국방부 소속 공무원!

부사관은 국방부 소속 공무원!

인천 해양과학고	• 인하부중 졸업 – 해양과학고 • 해군부사관(연봉 3,000만원)
인천 정보산업고	• 인하부중 졸업 – 인천정보산업고 • 육군부사관(연봉 3,000만원)
공군항공 과학고	• 인하부중 졸업 – 인하부고 1년자퇴–공군항공과학고 • 공군부사관(연봉 3,000만원)

〈군특성화 과정〉

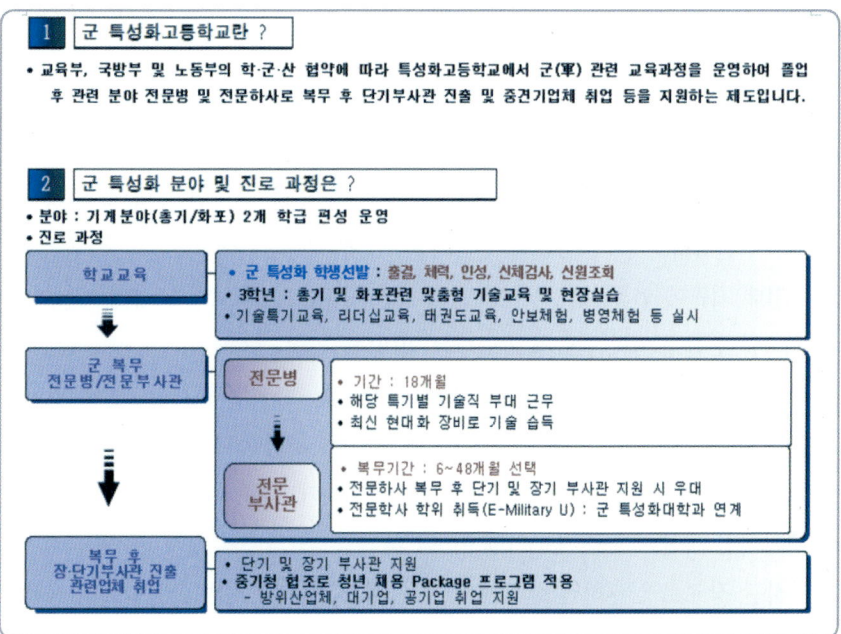

3	지원자 혜택은 ?

●학교 다니면서 장학금 받고, 군 복무하면서 목돈 마련하고, 부사관으로 근무하면서 대학을 졸업할 수 있는 기회

재학시	1. 실습지원비(피복비+실습수당) 지원	
	2. 리더십 교육 무료 실시	
	3. 각종 체험학습 실시	
	4. 기술특기교육, 정보화교육 실시	
	5. 태권도교육 실시 - 단증 취득	
군 복무시	1. EMU 대학진학 시 - 학비 지원+국가장학금 혜택, 노트북 제공 등	
	2. 국가공무원 대우 (연봉 3000만원 이상) - 하사 복무 시	
	3. 연금 지급 - 20년 이상 복무 시	
전역시	1. 전역예정자 취업교육	
	2. 전역자 취업지원-중견기업체	

　위에 적시한 내용은 고등학교 졸업과 동시에 육군 또는 해군에 입대하여 18개월 복무 후 부사관으로 근무하는 매우 훌륭한 제도인데, 안타깝게도 지원자가 미달되는 경우도 발생하고 있다.

워라벨 보장받는 직업군인

　사람들은 9급 공무원시험에 합격한 사람들만 공무원으로 생각하는 경향이 있다. 사실은 전혀 그렇지 않다는 것이다. 왜냐하면 공무원의 기준은 국가에서 채용하고 국가에서 급여를 지급하는지 여부가 공무원의 기준이 된다. 따라서 9급 공무원은 물론이고 경찰관, 부사관, 장교, 소방관, 군무원, 교도관 등의 직군들은 모두가 공무원이라고 할 수 있다.

　그런데 최근에 언론 보도에 따르면 부사관 및 ROTC 후보생 모집에 미달이 속출하는 등 모집에 어려움을 겪고 있다는 것이다.

　정부는 부사관 및 ROTC 장교 모집에 어려움을 겪자 부사관·장교들의 열악한 처우를 획기적으로 개선시키는 대책을 내 놓았다. 고등학교 졸업한 부사관의 급여를 4년제 대학교를 졸업한 교사 1호봉과 동일하게 연봉 3,000만 원(세전) 정도로 획기적인 개선 대책을 세우기에 이르렀다.

　부사관·장교로 임관하면 장점이 한 두 가지가 아니다. 직업 군인들에게 지급하

Q. 다음은 무엇일까요?

3,000만원	3,000만원	3,000만원	3,000만원
9급 공무원 1호봉	교원 1호봉	소위 1호봉	하사 1호봉
· 공무원 시험 · 1일 15~18시간 공부	· 4년제 대학 졸업 · 임용고사 합격	· 육군사관학교 또는 ROTC · 학사학위 취득 / 임관	· 군특성화 과정 이수 · 전문대 졸업후 임관

- 공무원 보수규정 (기본급 + 수당)
  - 수당 : 상여수당 (정근수당, 정근수당 가산금, 성과상여금)
    가계보전수당 (가족수당, 자녀학비보조수당, 육아휴직수당)
    특수지근무수당 (도서, 벽지, 접적지 근무자)
    특수근무수당 (위험근무수당, 특수업무수당)
    초과근무수당 (시간외 근무수당)
  - 실비보상 : 정액급식비, 명절휴가비, 연가보상비, 직급보조비

부사관 계급별 연봉 수준은

원사 22호봉 (34년차)

구 분	지급시기	지급액	연간액
연 봉	-	-	약 9,200만원
봉 급	매월	5,127,700	61,532,400
시간외수당(정액)	매월	123,460	1,481,520
정근수당	연2회	2,563,850	5,127,700
정근수당 가산금	매월	130,000	1,560,000
기술수당	매월	30,000	360,000
부사관 장려수당	매월	150,000	1,800,000
직급 보조비	매월	165,000	1,980,000
명절휴가비	년2회	3,076,620	6,153,240
정액 급식비	매월	140,000	1,680,000
시간외 수당(실적)	매월	345,680	4,148,160
연가보상비	연1회	1,616,000	1,616,000
성과상여금(100%)	연1회	4,649,000	4,649,000

♣ 가족수당, 학비보조수당 제외

는 군 면세품은 물론이고 부사관 및 장교 숙소 무료, 4대보험, 추석·설날 명절 상여금, 성과급 등을 합치면 어지간한 대기업 급여의 70% 정도까지는 될 듯 싶다. 거기에 더하여 의식주 비용이 전혀 들지 않기 때문에 본인만 절약한다면 급여의 90% 이상도 저축할 수 있다는 장점이 있다.

34년차 부사관의 1년 연봉을 살펴보면 절대로 나쁘지 않다는 것이다.

다만 부사관 초창기 시절에 다소 열악했던 부분을 2025년도부터 획기적으로 개선시켰기에 고등학교 졸업을 앞둔 학생들에게 적극 추천하는 바이다.

육해공군 장교가 되는 방법

육해공군 장교가 되는 방법은 각 군마다 조금씩 다르지만, 기본적인 절차는 비슷하다. 육군 · 해군 · 공군 장교는 아래와 같다.

1. 육군 장교

- 학군단 (ROTC): 대학에 다니며 학군단에 입단하여 군사 교육을 받습니다. 졸업 후 장교로 임관.
- 사관학교: 육군사관학교에 입학하여 4년간 군사 교육을 받고 졸업 후 장교로 임관.
- 학사장교: 대학을 졸업한 후 학사장교 과정에 지원하여 교육을 받은 후 장교로 임관.

2. 해군 장교

- 해군사관학교: 해군사관학교에 입학하여 4년간 교육을 받은 후 해군 장교로 임관.
- 해군 ROTC: 대학에서 ROTC에 참여하여 해군 장교로 임관할 수 있음.
- 학사장교: 해군 학사장교 과정에 지원하여, 일정 기간 교육을 받은 후 해군 장교로 임관할 수 있음.

3. 공군 장교

- 공군사관학교: 공군사관학교에 입학하여 4년간 군사 교육을 받고 졸업 후 공군 장교로 임관.
- 공군 ROTC: 대학에서 공군 ROTC에 참여하여 공군 장교로 임관할 수 있음.
- 학사장교: 공군의 학사장교 과정에 지원하여 장교로 임관할 수 있음.

공통사항:
- 신체검사: 각 군에 입대하기 위한 신체 조건이 요구되며, 이를 충족해야 함.

- **시험**: 사관학교 입학이나 ROTC, 학사장교 지원 시에는 필기시험과 면접, 체력시험 등이 있음.
- **복무**: 임관 후 일정 기간 동안 군에서 복무하게 됨.

4. 국군 간호사관학교(4년제)

위치	대전시 유성구	비고
학생 정원	여학생 76명, 남학생 14명으로 총 90명	
신체 조건	남자 : 161cm이상, 46kg 이상 여자 : 152~173cm, 44~70kg	
학교생활	등록금 전액 장학금 의식주 및 생필품, 학용품 일체 국비로 지원 노트북 1인당 1대씩 지원되며 매월 65~90만 원의 품위 유지비도 나온다. 3금(금주, 금연, 금혼) 제도가 존재	
졸업 후 혜택	소위 임관과 동시에 2급 보건교사 자격증	
졸업 후 진로	본인 희망에 따라서 육해공군 간호장교로 배치	

5. 군사학과가 설치된 대학교

	주관	초급 장교 양성과정
군사학과 설치된 대학교	육군	대전대, 경남대, 원광대, 조선대, 용인대, 청주대, 건양대, 영남대, 상명대, 서경대, 동양대, 충남대
	해군	충남대, 세종대, 단국대(해병대) 한양대(ERICA캠퍼스), 서경대
	공군	아주대, 상지대, 서경대
	국방부	고려대학교 사이버국방학과

6. 육군 제3사관학교(2년제)

위치	경상북도 영천시 고경면 창하리
모집 인원	220명 (남자 186명, 여자 34명)
수업연한	2년(대학 3~4학년 과정)
지원연령	• 2001. 3. 2.(금) ~ 2007. 3. 1.(목) 사이 출생한 대한민국 국적을 가진 미혼 남녀
지원요건	① 4년제 대학 1학년 재학 중인 자 *2026년 2월 2학년 수료예정자로 수료일 기준 재학 중인 대학의 2학년 수료학점을 취득한 자 ② 2년제 전문대학(전문대학 2년제 학과) 1학년 재학 중인 자 또는 3년제 전문대학(전문대학 3년제 학과) 2학년 재학 중인 자
특전	임관 후 70~80% 이상의 장기복무(취업)/고위 간부로 진출 임관과 동시 100% 취업(공무원 7급)/20년이상 근무시 평생 연금 수혜 - 2개의(일반학사+군사학사) 학사학위를 수여하는 특수목적 국립대학

특전	- 대학생활+사관학교 경험으로 군(軍)내에서 최고의 리더십을 발휘 지(知)·덕(德)·체(體)를 겸비한 우수한 장교로 평가
복지 혜택	생도과정 2년간 교육비 전액을 국비(장학금)로 지원
졸업 후 진로	육군 소위 임관

7. ROTC 모집

학군사관후보생(ROTC)은 대학 재학생 중에서 우수자를 선발, 2년간 군사교육을 실시하여 전공학문은 물론 군사지식을 갖춘 우수한 장교를 양성하는 과정

지원자격	학군단이 있는 4년제 대학에 1~2학년 재학중인 자(5년제학과, 2~3학년) 임관일 기준 만20세 이상 만27세 이하인 자
모집일정	※ 자세한 사항은 육/해/공군 모집요강 참고. 접수 : 매년 3월경 1차 합격자 발표(대학성적) : 매년 4월경 신체검사, 체력검사, 면접 : 매년 5월경 최종 합격자 발표 : 매년 8월경
임관	대학졸업 후 장교(소위)로 임관(3월1일자) 의무복무기간 : 육군(2년 4월), 해군 및 해병대(2년), 공군(3년) *공군 조종장교 : 고정익(13년), 회전익(10년)

- ROTC 설치된 대학교(4년제)

1) 해군

ROTC 설치된 대학교	비고
한국해양대, 부경대, 목포해양대, 제주대	해군·해병 모두 모집

2) 공군

ROTC 설치된 대학교	비고
항공대, 한서대, 교통대, 경상대, 서울과기대, 연세대	

3) 육군

지역	ROTC 설치된 대학교
서울(25개)	서울대, 연세대, 중앙대, 국민대. 동국대, 서강대, 홍익대, 숭실대, 한국외대, 한양대, 건국대, 경희대, 성균관대, 고려대, 이화여대, 숙명여대, 서경대, 상명대, 서울교대, 성신여대, 서울과기대, 한성대, 세종대, 서울시립대, 광운대
인천(2개)	인하대, 인천대
경기(18개)	성균관대(수원), 남서울대, 평택대, 백석대, 용인대, 수원대, 아주대, 단국대, 경기대, 중앙대(안성), 카톨릭대, 강남대, 경인교대, 명지대, 한양대(에리카), 경희대(국제), 가천대, 한경대
충청(21개)	우송대, 한밭대, 건양대, 배재대, 목원대, 우석대, 한남대, 공주대, 충남대, 선문대, 상명대(천안), 순천향대, 서원대, 호서대, 청주대, 교원대, 고려대(세종), 충북대, 홍익대(세종), 대전대, 단국대(천안)
대구(6개)	경북대, 영남대, 대구대, 대구가톨릭대, 계명대, 대구한의대
경북/울산(6개)	안동대, 금오공대, 동양대, 울산대, 동국대(경주), 경운대
부산/경남(12개)	부산대, 동아대, 동명대, 경남대, 경상대, 동의대, 경성대, 부경대, 창원대, 인제대, 부산교대, 부산외대,
호남(13개)	전남대, 전북대, 호남대, 목포대, 조선대, 원광대, 군산대, 순천대, 동신대, 광주대, 광주교대, 전남대(여수), 전주대
강원(10개)	연세대, 건국대, 강원대, 상지대, 경동대, 세명대, 대진대, 한림대, 강릉원주대, 가톨릭 관동대
총 113개 대학교	

6교시 훌륭한 교육청은 무엇이 다른가?

부적응학생을 위한 특단의 대책

소아우울증으로 힘들어하는 학생들
정서적 결핍으로 힘들어하는 학생들
보호자의 돌봄을 제대로 못 받는 학생들
인터넷게임 중독으로 힘들어하는 학생들
부모님 가정불화로 힘들어하는 학생들
학업에 대한 스트레스로 힘들어하는 학생들
학업에 대한 의욕상실로 힘들어하는 학생들

부적응학생을 위한 대책, 어디없나요?

일반 학생	부적응학생
AIDT 고교학점제 학생부종합전형 학생부교과전형, 논술전형, 특기자전형 일반전형, 특별전형	?

학교 현장에서 맞이하는 이른바 학교생활 부적응학생들은 지역에 따라 약간의 차이가 있기는 하지만 대부분의 학교는 학교생활에 어려움을 겪고 있는 학생들을 어렵지 않게 만날 수 있다.

그런데 이들 부적응학생들이 학교에 등교해서 나타나는 부적응의 형태가 사실 제각각이다. 어떤 학생들은 학교에 등교해서 급우들과 말 한마디 나누지 않는 은둔형이 있는가 하면, 어떤 학생들은 자신의 분노를 급우들에게 전가시키면서 학교폭력 형태로 나타내는 비행탈선형이 있다.

이들 부적응학생에 대한 교육청 차원의 조직적이고 체계적인 대책이 신속하게 마련되어야 한다. 학교생활에 흥미를 잃고 학교에 아예 등교를 하지 않고 결석일수를 채우다가 학교 밖으로 사라지는 학생들이 한 둘이 아니기 때문이다.

2024년 3월 본교 출신 학생들 8명은 인천 ㅇㅇ특성화고등학교에 진학했는데 지금 현재 1명 남고 나머지 7명은 퇴학당한 상태이다.

서이초, 대전관평초, 의정부 호원초 교감·교장들에게 혐의 없음 나왔듯이 인천 ㅇㅇ특성화고등학교 교감·교장에게도 책임을 물을 수가 없는 것은 당연하다. 이제 16세 안팎의 청소년들이 학교 밖으로 나간다면 그 아이들 인생은 도대체 어떻게 될까?

우리 교육이 상위권 10%를 위한 정책과 진로는 부지기수로 차고 넘치는데 반하여, 10%도 채 안 되는 부적응학생들을 위한 실효성 있는 정책이 절실하게 요망된다.

상위권10%는 특목고로(?)	부적응학생10%는 어디로(?)
일반 고등학교	게임 대안학교
국제 고등학교	웹툰 대안학교
외국어 고등학교	축구 대안학교
과학 고등학교	요리 대안학교
영재 고등학교	여행 대안학교
자율 고등학교	스포츠 대안학교
영재예술고등학교	캠쇼핑 대안학교
자립형사립 고등학교	홈쇼핑 대안학교
	중장비기술 대안학교
	피부미용기술 대안학교
	도배/싱판시공 대안학교

부적응학생들에게 대학 진학은 먼 나라 얘기나 다름없다. 지금 현재 그 아이들을 따뜻하게 지지해주고 지켜 줄 사람들이 필요하다. 학교에 와서 아무것도 하지 않고 하루종일 엎드려 있다가 귀가하는 학생들도 부지기수다.

학업에 대한 의욕을 잃은 학생들을 위한 가슴 뻥 뚫리는 듯한 획기적인 대책을 세워줘야 된다. 필자의 경험에 의하면 그 아이들의 슬럼프는 한순간이다. 사춘기 시절 누군가 조금만 관심주고 목표의식을 주게 되면 아이들은 봄날의 아지랑이처럼 다시 소생한다.

아이들이 하루종일 흠뻑 빠져서 미친 듯이 몰입할 수 있는 꺼리를 찾아주어야 한다.

이 대목에서 교실에서 정규수업 받는 학생들과 형평성 얘기하면 곤란하다. 부적응학생들은 학교 졸업에 대한 의욕 자체가 없는 학생들도 상당하다. 응급환자나 다름없는 학생들도 꽤 많다.

길을 잃은 학생들을 위한 정책을 가정에서 준비할까? 아니면 일선 학교 현장에 교사들이 준비할까?

전국적으로 학교생활에 적응하지 못하고 학교를 떠나는 전국의 학교 밖 청소년은 약 14만 6000명으로 추산된다. 이는 학령인구의 2.6%에 해당한다. 부적응학생들이 학교를 떠난 후에 이런저런 정책들을 만들면 뭐하는가? 그 학생들이 학교에 있을 때 획기적인 대안을 마련해주어야 한다.

□ **(학교를 그만둔 시기)** 고등학교 62.2%, 중학교 20.8%, 초등학교 17.0% 순
  - 그만둔 주요 이유는 심리·정신적인 문제(31.4%), 원하는 것을 배우려고(27.1%) 등
□ **(건강상태)** 신체활동 실천율 10.8%, '21년 대비 2.4%p 낮아짐
  - 현재흡연율 19.3%('21년 대비 8.8%p↓), 현재음주율 21.2%('21년 대비 7.5%p↓)
□ **(은둔 경험)** 6개월 이상 6.4%
  - 은둔계기 : 무기력하거나 우울한 기분이 들어서(28.6%), 아무것도 하고 싶지 않아서(24.9%), 무엇을 해야 할지 몰라서(13.7%) 등
  - 은둔에서 벗어나게 된 계기 : 학교밖청소년지원센터, 청소년상담복지센터 등 이용(27.3%), 더 이상 집에만 있으면 안되겠다는 생각(24.5%) 등
□ **(진로)** 학교를 그만 둘 당시 계획은 검정고시 69.5%, 대학진학 준비 29.6%
□ **(학교를 그만둔 후에 경험한 어려움)** 선입견·편견·무시(26.2%), 새로운 친구 만들기 어려움(25.0%), 의욕없음(24.2%), 진로찾기 어려움(23.2%) 등으로 응답
□ **(정책수요)** 교통비 지원, 청소년활동 바우처, 진학정보/검정고시 준비 지원, 진로탐색 체험, 직업교육·훈련 순으로 조사

〈2023년 여성가족부 : 학교밖청소년 실태조사〉

야외 체험활동 강화를 위한 교육청의 정책

학생들은 다양한 원인(학업, 정서적 문제, 가정 환경, 친구 관계 등)으로 인해 학교생활에 어려움을 겪는다. 이들을 위한 교육청의 대책은 체계적이고 다각적인 지원 체계를 기반으로 학생 개개인의 상황에 맞는 해결책을 제공하는 데 초점이 맞춰져야 한다.

야외 체험학습은 교육청이 이러한 체험학습을 정규 교육과정과 유기적으로 연결하고, 다양한 기회를 제공하여 학생들의 전인적 성장을 지원할 수 있다.

특히 학교생활에 부적응하는 학생들은 정서적 안정과 사회적 기술 습득, 그리고 자신감을 회복하기 위해 특별한 관심과 지원이 필요하다.

야외체험학습은 학생들에게 실질적인 학습 경험을 제공하며, 창의력, 문제 해결 능력, 사회적 소통 능력을 배양하는 데 중요한 역할을 한다. 이들에게 학교 밖에서 다양한 경험을 제공하여 심리적 안정과 학교 적응 능력을 높이는 데 효과적인 방법이 되길 기대한다.

학생 맞춤형 체험학습 프로그램 설계

부적응 원인에 따른 맞춤형 프로그램
- 정서적 불안 학생: 자연 속 명상, 생태 탐방, 동물 돌보기 프로그램.

- 사회적 기술 부족 학생: 팀 기반 활동(레크리에이션, 협동 게임).
- 학업 스트레스 학생: 창의적 야외 활동(예술 체험, 자연 관찰).

소규모·단계적 접근
- 학생들이 부담을 느끼지 않도록 소규모 그룹으로 체험학습을 진행하고, 점진적으로 활동 강도를 높임.
- 활동을 통해 학생의 긍정적 경험을 강화하여 학교생활 적응력을 향상시킴.

학생 선택권 부여
- 학생들이 자신의 흥미와 관심에 따라 체험활동을 선택할 수 있도록 다양한 옵션을 제공.

정서적 안정과 자신감 회복을 위한 야외활동

자연 치유 프로그램
- 숲 해설, 생태 공원 탐방, 숲 속 명상 등 자연 친화적 활동을 통해 심리적 안정감을 제공.
- 신체 활동과 자연 탐방을 결합하여 스트레스를 완화하고 긍정적 감정을 증진시킴.

동물매개치료 체험
- 동물과의 교감을 통해 정서적 안정과 긍정적 자아를 형성하도록 지원.
- 예: 승마 체험, 유기견 돌보기, 농촌 체험 등.

예술 및 창의적 체험
- 야외에서 미술, 사진 촬영, 음악 활동을 통해 자신의 감정을 표현하고 스트레스를 해소할 기회를 제공.

사회성 함양과 팀워크 강화 활동

협력 기반 체험학습
- 협동심을 요구하는 활동(예: 조별 미션 해결, 팀 스포츠)을 통해 사회성을 기르고 대인관계 능력을 강화.

야외 캠프 및 리더십 프로그램
- 야외 캠프를 통해 학생들이 협력과 소통의 중요성을 배우고, 리더십과 책임감을 기를 수 있도록 함.
- 예: 리더십 트레이닝 캠프, 야외 생존 캠프.

봉사활동 체험
- 지역사회와 연계한 환경 정화, 지역 축제 지원 등의 봉사활동을 통해 소속감과 자기 효능감을 높임.

학업 연계 체험활동

체험형 학습 활동
- 자연 속에서 과학 실험, 역사적 유적지 탐방, 지역사회 조사 등 학업과 연결된 야외 체험활동을 제공.
- 학업 부담이 큰 학생에게는 놀이와 학습을 결합한 활동으로 흥미를 유발.

STEAM 기반 야외 학습
- 과학, 기술, 공학, 예술, 수학을 융합한 야외 학습으로 창의적 문제 해결 능력을 개발.

- 예: 별자리 관측, 환경오염 측정, 야외 조형물 제작.

가족 및 지역사회와의 연계

가족 참여 프로그램
- 부모와 함께하는 야외 체험활동(예: 가족 캠프, 가족 스포츠 대회)을 통해 가정과의 유대감을 강화.
- 가족 간 소통을 촉진하여 학생의 정서적 안정에 도움을 줌.

지역사회 자원 활용
- 지역 공공기관(박물관, 도서관, 공원) 및 민간 단체와 협력하여 학생들에게 풍부한 체험 기회를 제공.
- 지역 농장, 체험관, 생태 공원을 활용한 활동을 운영.

안전하고 체계적인 활동 운영

안전 관리 및 사전 준비
- 체험학습 전 안전교육을 실시하고, 위험요소를 사전에 점검.
- 학생과 교사에게 체험활동 중 비상상황 대처법을 교육.

전문 인력 지원
- 전문 강사, 상담사, 체험학습 지도사를 배치하여 안전하고 효과적인 활동을 보장.

경제적 지원
- 저소득층 가정의 학생들이 체험학습에서 소외되지 않도록 활동비와 교통비를 지원.

성과 평가 및 지속적 개선

학생 만족도 조사
- 체험학습 후 설문조사를 통해 학생들의 만족도와 효과를 분석하여 프로그램을 개선.

지속 가능한 체험활동 정책
- 성공적인 체험학습 사례를 공유하고, 다양한 학교에서 활용할 수 있도록 프로그램 매뉴얼을 개발.

결론

학교생활 부적응 학생들을 위한 야외체험학습은 단순한 활동을 넘어, 이들의 정서적 안정과 사회적 소통 능력을 키우는 중요한 계기가 된다. 교육청은 학생들의 필요에 맞춘 맞춤형 프로그램과 안전 체계를 마련해, 이들이 자신감을 회복하고 학교생활에 긍정적으로 적응할 수 있도록 다각적인 노력을 기울여야 할 것이다.

멘탈 튼튼한 학생들을 기르자!

최근에 행안부 인사혁신처 '최근 10년간 일반공무원 퇴직 현황' 자료에 따르면, 2014년 538명이던 재직 기간 1년 미만 공무원의 일반 퇴직자 수는 지난해 3021명으로 급격히 늘었다. 연간 퇴직자 수가 9년 새 5.6배 규모로 급증한 것이다.

	2014년	2023년
1년 미만	538명	3,021명
1년 이상 ~ 3년 미만	2,348명	5,630명
3년 이상	2,410명	4,917명
	5,296	13,568

〈최근 10년 간 저연차 공무원 퇴직자 현황〉

젊은이들 사이에서 한때는 블루칩으로 평가 받던 공무원마저도 단 1년 만에 3,000명 이상이 자리를 박차고 나오는 현실이다.

공무원 시험에 합격하기 위해서 얼마나 많은 노력을 쏟아 부었을까(?) 어떤 사람은 지방에서 서울 노량진으로 올라와서 어렵게 공부한 끝에 합격하였지만 1년도 안 되는 시간에 사표를 내고 말았다.

초중고 12년, 대학교 4년, 군대생활 18개월까지 마치고 공무원 시험에 가까스로 합격하였는데 도저히 못 견디고 사표를 내는 원인은 무엇일까? 최근 들어 충청권 청년 공무원들의 조기 퇴직이 급증하면서, 대책마련이 시급하다는 지적이다. 낮은 임금·악성 민원·경직된 조직문화 등이 조기퇴직 원인으로 꼽히고 있다.

특히 사람을 상대하면서 발생하는 갈등 때문에 스트레스가 쌓여 그만 두는 공무원도 적지 않다. 옥이야 금이야 귀하게 길러낸 우리들의 젊은이들이 기성세대들에게 좌절하지 않도록 가정·학교·교육청·정부가 함께 힘을 합쳐야 한다.

초중고 시절 실내에서 줄곧 지내 온 우리의 젊은이들에게 햇볕을 마음껏 쬘 수 있도록 마당을 펼치자!

마음껏 축구하고, 마음껏 농구하고, 마음껏 갯벌에서 뛰어 놀 수 있도록 흥겨운 마당을 펼쳐주자!

학교 + 청소년 쉼터 + 교육청 같은 편 되기!

전국 각 시도에는 곳곳에 다양한 청소년 쉼터가 존재한다. 단기쉼터, 장기쉼터 등등 종류도 다양하다.

그런데 쉼터는 국가기관이 운영하는 곳은 드물다. 민간에서 뜻있는 개인이 사비를 출연하여 시작하면 해당 지자체(시군·구청) 등에서 운영비를 지원하는 구조다.

쉼터 현장에 가 본 사람들은 알겠지만, 시설적인 측면에서 대체로 많이 누추하고 열악한 상황이다.

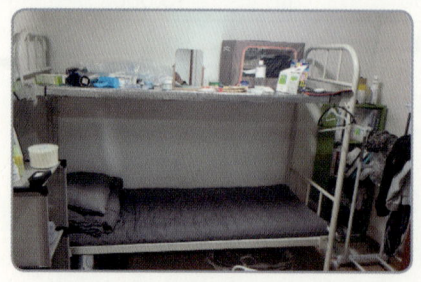 

그렇지만 당장 가출 후 오갈 데가 없는 아이들 입장에서는 찬밥 더운밥 가릴 형편이 못되니까 쉼터 문을 노크할 수밖에 없다.

그런데 아이들에게 있어서 넘어야 될 두 번째 관문은 쉼터의 엄격한 규율이다. 물론 어떤 조직이나 운영에 필요한 기본적인 규칙과 루틴이 있어야 운영할 수 있겠지만, 청소년 쉼터의 규칙은 결코 만만하지 않다. 특히 일단 귀가하면 오후 6시부터 휴대폰 반납하는 쉼터가 많다.

가출 청소년에게 휴대폰은 거의 생명보다 더 소중하게 여기는 것인데 그 귀중한 것을 눈앞에서 제압당하는 현실을 도저히 받아들일 수 없다는 것이다.

실제로 추위와 굶주림 때문에 쉼터로 입소했던 많은 청소년들이 휴대폰 규정 때문에 쉼터를 이탈하는 사례가 비일비재하다.

청소년 쉼터는 프로야구단 재활군 같은 곳이다. 청소년들은 각각의 사정과 사연들이 있어서 가출을 감행했다가 어렵게 용기를 내어 쉼터를 노크한 것이다. 이들에게 쉼터는 우리 사회 마지막 연결의 끈이고 생명줄이나 다름없다. 평소에는 아무것도 아닌 것 같았던 의식주가 막상 가출을 해보면 그보다 더 중요한 문제도 없다. 그 중요한 의식주를 아무런 조건 없이 해결해 주시는 곳이 청소년 쉼터이다. 우리는 이곳을 다시 새롭게 조명하고 새로운 관점에서 관계쉽을 맺어야 될 시기가 왔다.

가정과 학교가 못 해주는 부분을 청소년 쉼터가 대신해 주고 있다. 교육청이 뒷짐 져서는 절대로 안 된다. 청소년 쉼터에서 잘 적응한 아이들은 학교와 가정으로 안전하게 복귀하는 사례가 많기 때문이다.

필자는 이쯤에서 청소년 쉼터를 지자체 공무원들에게만 맡겨 놓아서는 곤란하다는 생각을 지울 수가 없다. 왜냐하면 지자체 공무원들은 교육 전문가가 아니기 때문이다. 사춘기 가출 청소년들은 매우 민감하고 예민하고 불안 초조 우울하고 복잡한 정서 상태를 안고 있다. 이렇게 힘든 아이들을 보듬고 안아주기 위해서는 교육 당국이 뒷짐 지고 있어서는 곤란하다.

이젠 각 시도교육청이 적극적으로 나서서 쉼터를 지원하고 케어하고 연계해야 마땅하다. 쉼터 역시도 기존에 경직된 운영 방식에서 벗어나서보다 유연하고 부드러운 쉼터 운영을 도모하면서 학생들의 쉼터 이탈을 최소한으로 막아야 한다.

각 시도교육청에는 유능한 사회복지사와 전문상담사님들을 확보하고 있다. 그 분들의 손길을 가장 절실하게 기다리는 곳이 청소년 쉼터이다. 하루 빨리 각시도교육청과 청소년 쉼터는 행정·경영·시설·인력지원 등을 연계하여야 한다.

청소년 쉼터와 교육청의 연계 방안

청소년 쉼터는 가정폭력·학대·가출·학교 부적응 등으로 어려움을 겪는 청소년들에게 안전한 환경과 다양한 지원을 제공하는 시설이다. 이를 교육청과 효과적으로 연계하면 청소년들의 문제 해결과 학교 복귀, 그리고 건강한 성장 환경 조성에 큰 도움을 줄 수 있다.

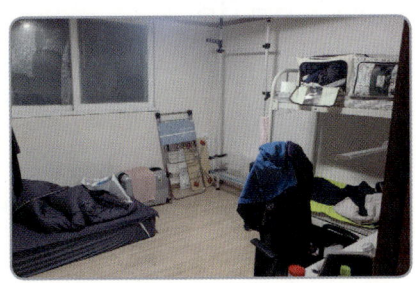

청소년 쉼터와 교육청 간의 협력 체계 구축

공식적인 협약 체결
- 교육청과 청소년 쉼터 간 **업무협약(MOU)**을 통해 협력 관계를 명확히 규정.
- 쉼터 운영 방향, 역할 분담, 정보 공유, 지원 절차 등 체계화.

전담부서 및 담당자 지정
- 교육청 내 청소년 쉼터와 연계된 전담부서를 지정해 협력과 조정을 담당.
- 학교 및 쉼터 간 긴밀한 연락망을 구축해 청소년 지원이 원활히 이루어지도록 함.

정기적인 협의체 운영
- 교육청, 쉼터 운영자, 학교 교사, 지역 복지기관이 참여하는 정기 협의회를 통해 사례 관리와 정책 개선 논의.
- 문제 해결을 위한 신속한 정보 교환과 공동 대응 체계를 마련.

쉼터 이용 청소년 지원 방안

쉼터 청소년의 학습 지원
- 학업 연속성 보장: 쉼터 청소년이 학교 수업을 지속적으로 받을 수 있도록 대안 교육 지원(방과후 학습, 원격 수업).
- 개별 학습 계획: 쉼터 청소년의 상황과 학업 수준을 고려한 맞춤형 교육 계획 수립.
- 학습 멘토링: 교사, 대학생 자원봉사자를 활용한 1:1 학습 지도.

정서 및 심리 상담
- 쉼터 청소년을 위한 전문 심리 상담 지원.
- 교육청 소속 전문 상담교사와 쉼터의 상담 인력이 협력해 지속적인 정서적 지원 제공.
- 트라우마 치료 및 자존감 회복 프로그램 운영.

학교 복귀 지원
- 쉼터 청소년이 다시 학교로 복귀할 수 있도록 교사 및 학생 간의 중재 프로그램 운영.
- 쉼터 청소년이 학교에서 배척당하지 않도록 교육청 차원에서 학교 구성원을 대상으로 인식 개선 교육 진행.

검정고시 및 대안 교육 연계
- 학교 복귀가 어려운 청소년을 위해 검정고시 지원 프로그램 제공.
- 대안학교, 특성화학교, 직업훈련기관과 연계해 학업 및 직업교육 기회를 확대.

쉼터와 학교 간 협력

쉼터 청소년 상담 및 사례 관리
- 쉼터 청소년에 대한 정보를 학교와 공유하여 학교 생활 적응 지원.
- 청소년의 가정·학교 상황에 따른 개별 사례 관리 진행.

위기 청소년 발굴 및 연계
- 학교에서 위기 상황(학대, 폭력, 가출 등)에 처한 청소년을 조기에 발견해 쉼터로 연계.
- 교사 대상 청소년 위기 징후 교육 및 대처 매뉴얼 제공.

학교 내 쉼터 소개 및 이용 안내
- 학교 상담실과 연계해 쉼터 이용 방법을 안내하고, 도움이 필요한 학생이 쉼터를 쉽게 이용할 수 있도록 정보 제공.

쉼터 내 교육 프로그램 지원

교육청 주관 학습 프로그램 제공
- 쉼터 청소년 대상 학업 능력 향상을 위한 방과 후 교실 운영.
- 원격 교육 플랫폼을 활용해 정규 수업과 동일한 수준의 학습 기회 제공.

체험형 교육 프로그램 지원
- 쉼터 청소년을 위한 예술, 체육, 진로 탐색 등 다양한 체험형 프로그램 운영.

- 자연 체험, 지역 봉사활동 등 야외활동 프로그램 지원으로 정서적 안정 도모.

직업교육 및 진로 지도
- 기술교육 및 직업훈련 프로그램을 지원하여 쉼터 청소년이 자립할 수 있는 기반 마련.
- 진로 상담을 통해 개별 진로 계획 수립 및 실행 지원.

부모와의 협력

부모 상담 및 교육
- 쉼터 청소년의 부모를 대상으로 상담 프로그램 운영, 자녀와의 관계 회복 지원.
- 가정 문제 해결을 위한 부모 교육과 가정 회복 프로그램 제공.

가정 복귀 지원
- 쉼터에서 생활하는 동안 부모와의 관계 회복을 지원하고, 가정 복귀를 위한 준비 단계 마련.
- 필요한 경우 가정 내 갈등 중재를 위한 전문 상담 서비스 제공.

지역사회와의 연계

복지 자원 연계
- 지역사회 복지기관과 협력하여 쉼터 청소년에게 추가적인 지원(주거, 의료, 상담)을 제공.
- 청소년 복지 서비스 통합 플랫폼 구축으로 쉼터와 학교, 지역사회 간의 긴밀한 연계 지원.

후원 및 자원봉사 활성화
- 쉼터 청소년을 위한 지역 기업, 단체의 후원을 독려하고, 자원봉사자를 모집해 학습·심리 지원 강화.

청소년 쉼터와 교육청 연계 평가 및 개선

성과 평가 체계 구축
- 쉼터와 교육청 간 협력 사업의 효과를 정기적으로 평가하여 개선 방안을 마련.
- 청소년과 쉼터 직원, 교사의 피드백을 통해 프로그램 운영의 실효성을 높임.

정책 개선 및 확대
- 성공 사례를 중심으로 쉼터 지원 정책을 확대하고, 전국적으로 적용 가능한 모델 개발.

결론

청소년 쉼터와 교육청의 연계는 위기 청소년에게 안전한 환경과 지속적인 학습·정서 지원을 제공하는 데 필수적이다. 이를 통해 청소년이 학교로 복귀하거나 자립할 수 있는 발판을 마련할 수 있으며, 지역사회와의 협력을 통해 더욱 촘촘한 보호망을 구축해야 한다.

교육청 인프라를 활용하자!

2024년에는 대통령까지 나서서 학교폭력전담조사관 제도라는 것을 도입하였지만 특별히 나아진 것은 없다. 근본적으로 학교폭력이 발생되는 원인을 배제하고 결과에만 행정력을 투입했기 때문이다.

어린 학생들이 천방지축 나대고 좌충우돌하는 근본적인 원인이 있는데도, 그것을 무식하고 학교폭력이 발생한 이후 사후 처리에만 중점을 두어서는 학교폭력을 예방할 수가 없다.

필자는 스마트폰이 본격적으로 확산된 2010년 이후, 자신의 처지를 비관하고 길을 잃은 학생들에게 급한 대로 온갖 방법들을 동원하여 대처한 바 있다.

힘든 아이들에게 가장 시급한 것은?

- 농어촌 폐교론
- 기숙형 학교로(?)
- 힘든 아이들
- 먹여주고
- 맘편히 재워주고
- 학교내 대안교실 활성화
- 하루종일 탁구하고
- 하루종일 게임하고
- 하루종일 축구하고
- 하루종일 노래하고
- 하루종일 유튜브하고

- 사제동행 인천 문학산 등산
- 사제동행 서대문형무소 견학
- 서울역지하도 봉사활동
- 사제동행 보육원 방문
- 학익동 어르신 돌봄센터 봉사활동
- 사제동행 어르신 요양병원 위문공연
- 사제동행 인천 삼산동 농산물 도매시장 봉사활동
- 점심시간 버스킹 공연
- 점심시간 교내 스포츠리그

　이제부터는 이른바 부적응학생들의 방황에 대해서 학교 현장에 계신 선생님들의 무거운 짐을 덜어드릴 획기적인 대책이 나와야 한다. 전국 각 시도교육청이 획기적인 대책을 준비해서 실효성 있게 학교 현장을 지원해 줘야 한다.
　초등학생들과 달리 중학생들은 체격적으로도 부쩍 성장해서 교실내 분위기를 순식간에 장악한다. 수업방해·교권침해·교실 이탈 등이 일상화된 학생들이 수시로 출몰하고 있다. 마음 여리신 선생님들은 학생들 완력에 눌려서 벌점도 제대로

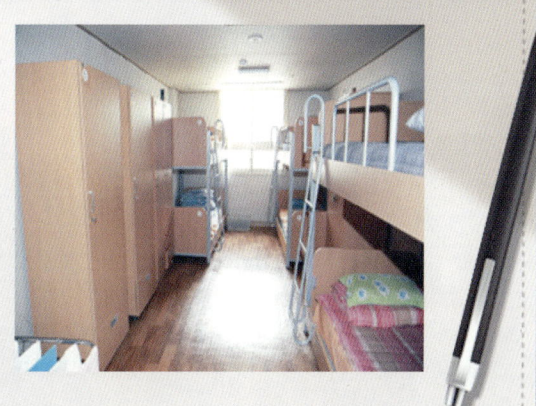

못 주고 눈치보기에 급급하다.

물론 1차적으로는 해당학교 학년부장·학생부장·교감·교장의 역할이 중요하지만, 이제부터는 시도교육청의 적극적인 정책과 대처가 절실하게 필요한 때이다. 현재도 각 시도교육청이 지닌 엄청난 시설과 예산·인력 등이 효과적으로 쓰여지지 않고 있다. 참으로 안타까운 현실이 아닐 수가 없다.

강화도에 지상천국이 있었네!

우리 인천시교육청 직속기관 중에서 강화도에 학생교육원이라는 곳이 있다. 학생교육원 산하에는 4개 교육시설이 존재하는데, 현장에 가 본 사람들은 알겠지만 정말로 훌륭한 시설을 갖추고 있다. 인천시내에 재학 중인 학생들을 위한 수련시설인데, 주변 자연 경관과 잘 어울려 천혜의 시설이라고 할 수 있다.

그런데 이게 어찌된 일인지 학생들은 좀처럼 보이질 않고, 수련 시설에 종사하는 기관 요원들만 가끔 한두 명씩 눈에 띌 뿐이다.

그래서 2024년 인천시교육청 학생교육원 활용도를 집계해 봤더니 결과는 충격적이다. 한 달에 학생들을 받는 날짜가 불과 5일~10일 남짓이다. 내 눈을 의심하고 두 번 세 번 확인했지만, 결과는 마찬가지다.

코로나가 종료되었는데 도대체 이게 말이 될 소린가(?)

인천시교육청 학생교육원 운영 현황

2024년 12월 31일 기준(단위:일)

	해양환경 체험장	국화리 학생야영장	흥왕 체험장	서사 체험학습장	합계
1월					
2월					
3월					
4월	4일	3일	8일	3일	18
5월	11일	11일	11일	11일	44
6월	9일	6일	7일	8일	30
7월	6일	5일	0일	5일	16
8월	5일	5일	3일	2일	15
9월	7일	7일	8일	7일	29
10월	5일	12일	13일	12일	42
11월	8일	11일	8일	11일	38
12월					
합계	55일	60일	58일	59일	232

위의 표를 보면 1월~3월까지는 단 한 번도 학생들을 받았다는 기록이 없다. 앞에서 살펴본 바와 같이 가정에서 제대로 돌봄을 못 받는 학생들은 학교에 등교하지 않는 방학 때 거의 무방비 상태이다. 12월 역시도 계절적으로 매우 중요한 시기임에도 단 하루도 실적이 없다. 중3 학생들과 고3 학생들에게는 학기말고사도 끝났고 수능시험도 끝났기 때문에 학교 현장에서는 UCC를 틀어주는 등 파행적인 수업이 진행되고 있는 게 현실이다. 이렇게 한가한 시기에 게임중독·정서적 결핍 등으로 자존감을 잃은 학생들을 강화도 학생수련원으로 초대하여 강화도가 지닌 다양한 콘텐츠를 안겨주면 많은 힘을 얻게 될 것이다. 기왕에 잘 갖추어진 시설, 사회적으로 소외된 학생들을 위해서 활용한다면 이것보다 더 좋은 교육은 없을 것이다.

강화도에는 자연 풍광도 훌륭하지만 역사적으로도 매우 유서 깊은 고장이다. 역사·문화·문학이 골고루 어우러진 강화도에서 우리 학생들을 잘 교육하여 세상으로 보내자.

교육청의 시간

전국 17개 시도교육청
체험학습장에서 길을 찾자!

1 체험학습장을 재활 캠프로 전환시키자!

  체험 학습은 기존 입시경쟁 교육을 벗어나 자율적이고 창의적 교육과정을 통해 학생들을 자발적 배움의 주체로 서게 함과 동시에 미래 사회의 변화를 주도할 수 있는 창의적 진로개척 역량과 사회속에서 함께 살아가는 자율적 시민의식을 함양한다.

  체험 학습은 획일적인 교과 지식 중심의 교육과정 틀에서 벗어나 자유로운 사고와 체험 기회를 제공하는 공교육의 다양한 혁신 모델일 수 있다.

  그동안 교실에서 존재감 없이 무미건조한 나날들을 보냈던 학생들을 더이상 방치하지 말고 전국 시도교육청이 적극적으로 나서서 우리 아이들에게 자신감과 긍정적인 희망을 심어주자!

  상위권 1%를 위한 교육으로는 더 이상 안 된다. 나머지 99% 학생들이 일시적으로 길을 잃고 방황할 때 손잡아주고 의지하고 재충전 시킬 수 있는 재활 캠프를 가동시키자! 그 답이 체험 학습이다.

❚ 재활(힐링)캠프 추진 프로젝트

▶ 새롭게 거듭나는 학생교육원

- 각 시도교육청 산하 학생교육원의 기능과 역할 다변화
- 타시도와 차별화된 역사의 현장과 함께하는 학생수련원
- 코로나19를 계기로 학생수련원 활용도를 확장하는 계기 확보
- 각 수련원 내 프로그램 변화 시도
- 책임자(소장) 1명을 제외하고 전원 청소년 지도사로 교체해서 실용적인 조직으로 전환이 불가피함
- 학교와 가정에서 충분한 돌봄을 받지 못하는 학생들에게 마음을 다잡고 충전할 수 있는 정서적 재충전소 공간으로의 전환이 불가피함

▶ 200년을 앞서 간 덴마크 에프터 스콜레 벤치 마킹

- 에프터 스콜레는 덴마크 고유한 형태의 기숙학교
  약 20%의 덴마크 청소년이 참여하고 있음
- 14~18세 학생들은 고등 수준의 교육을 진행하기 전에 1~2년의 중등학교 교육을 자발적으로 받음
- 현재 전국에서 2만 8천 명의 학생들을 유치하며 총 245개의 학교가 있음
- 에프터 스콜레의 규모는 35명에서 500명으로 평균 100~120명
- 대부분 학교는 시골 지역이나 지방 도시 근처에 위치함

▶ 서울시교육청 오디세이학교의 장점만 참고하자!

- 오디세이학교는 덴마크 에프터 스콜레를 참고한 통학형 학교임.
  (기숙형 불가)
- 오디세이학교는 고등학교 1학년 학생들에게 성찰과 체험 등 창의적이고 자율적인 교육과정을 통해 스스로 삶의 의미와 방향을 찾고 삶과 배움을 일치

시키는 **1년의 전환학년 (Transition Year)** 과정을 운영하는 학교임.(덴마크 에프터 스콜레 방식)
- 오디세이학교는 학생이 제출한 서류(자기소개서 및 중학교 생활기록부)를 바탕으로 면접을 통해 적격자를 선발하고 있음. (인천은 학생이 제출한 서류가 아닌 **담임교사가 제출한 서류를 참조**하는 방향으로 가는 것이 학생들 참여를 이끌어 낼 것으로 예상됨.)
- 학생의 중학교 성적은 보지 않으나 출결은 참고함.
- 보호자 면접으로 오디세이학교에 대한 이해와 협력 의지를 확인
- 오디세이학교를 통해 삶의 의미와 방향을 찾고자 하는 분명한 의지와 오디세이학교에 대한 정확한 이해를 가지고 있는지 확인
- 오디세이학교는 출결 면접 자기소개소 등의 까다로운 절차로 인해 **학교생활 부적응 학생이 접근하는데 한계**를 보임

▶ 1명의 아이들도 포기하지 않는 교육

- 입시와 성적 압박에 대한 두려움을 해소할 수 있는 공간 마련
- 가정폭력 및 아동학대로 고통받는 학생들에게 피난처 제공
- 정신적·심리적으로 우울감을 지닌 학생들에게 쉬었다 갈 수 있는 정서적 휴

식처 제공
- 진로·진학에 대한 압박을 받는 학생들에게 공간 마련
- "난 뭘 하면 좋을까? 어떻게 살면 행복할까?"를 고민하는 학생들에게 휴식처 제공
- 대학 진학만을 위한 공부보다 자신과 세상을 알아가는 공부를 하고 싶은 학생들에게 정서적 휴식처 제공
- 다양한 사람들과 색다른 경험을 하고 싶은 학생들에게 만남의 장소 제공
- 스스로 생각을 키우고 당당하게 말하고 싶은 학생들에게 자존감 배양처 제공
- 자신의 삶을 스스로 개척하고 싶은 학생들에게 준비할 수 있는 전진기지 제공

III 선발 개요

- 교육 기간은 1주일 단위로 하되 연장 가능함.
  (최소 1주일에서 최대 1개월까지)
- 교사는 학생 스스로 체험학습을 선택할 수 있도록 친절하게 안내함.
- 학생 선발 업무는 학생교육원 본부에서 총괄함.
- 학생 선발은 성적·출석·품행 등을 고려하지 않고 단순하게 **선착순으로 선발함.**
- 희망자가 넘치는 경우에는 담임교사 소견서 참고하여 선발함.
- 체험학습 신청은 **학생과 학부모 동의**를 받는 것을 원칙으로 하되, 경우에 따라서 **담임교사의 의견을 최우선**적으로 고려함.
- 각 시도 학생수련원 소속 4개 체험학습장은 덴마크 에프터스콜레와 서울시교육청 소속 오디세이학교의 장·단점을 고려한 새로운 형태의 혁신 프로그램이다.
- 학습에 대한 부담을 덜어주고 기숙형으로 운영하면서 공부 말고도 얼마든지 자신의 재능과 적성을 발휘할 수 있다는 **자신감을 고양**시켜주는 교육과정임.

Ⅳ 추진 개요

▶ 추진 목적

- 기숙형 체험학습장 프로젝트를 통해 각 고장의 역사와 문화를 이해하고 호연지기를 함양
- 다양한 체험활동으로 스트레스 해소 및 팀원들 간의 협동을 통해 친밀감과 유대감을 높여 학교생활 적응을 도와 학업 중단 예방에 기여

▶ 추진방향

- 초중고 학교 현장 행정부담 완화
- 초중고 부적응학생 학교생활 스트레스 완화
- 초중고 학생과 교사 간 마찰 완화
- 학생의 안전 위생과 관련하여 세심한 체크와 예방 교육 실시
- 강화도의 역사적 의미를 이해
- 안정적인 학교생활을 할 수 있도록 동기부여
- 자아 존중감 및 자신감 고취
- 공부보다는 마음 회복에 중점을 두는 교육

▶ 추진대상

- 초중고 재학생 중 학교생활 부적응 학생
- 초중고 재학생 중 왕따 피해 학생
- 초중고 재학생 중 도박·게임·흡연 등 중독 학생
- 초중고 재학생 중 가정불화로 인한 정서적 불안정 학생
- 초중고 재학생 중 성적에 대한 압박과 우울감을 호소하는 학생
- 초중고 재학생 중 진로·진학에 대한 스트레스를 호소하는 학생
- 학교폭력 관련 학생(사회봉사, 특수교육이수 대체 프로그램)

Ⅴ 추진 시범

연번	추진 주체	소재지	소속 인원
1	인천시교육청 학생교육원 본부	인천광역시 강화군 화도면 해안남로 2463	1명
		교학과	4명
		관리과	7명
2	해양체험학습장	인천광역시 강화군 화도면 해안남로 2463	4명
3	서사체험학습장	인천광역시 강화군 양사면 서사길 159	4명
4	흥왕체험학습장	인천광역시 강화군 화도면 해안남로 1854	4명
5	국화리 학생야영장	인천광역시 강화군 강화읍 고비고개로282번길 48	4명

Ⅵ 한국형 에프터스콜레 제안서

1 · 해양체험학습장을 초등학생 전담 재활캠프로 전환

입소 대상	1학기 강화도 체험학습 세부 내용			
	시설 현황	수용 가능(명)	교육일정	차후 주재원
초등학생	운동장1/다목적강당1/학생숙소4/교사숙소2/야외식당1/보건실1/샤워실2/대회의실/소회의실/화장실6	40~60	4박 5일 (월 ~ 금)	소장 1명 상담사 1명 청소년 지도사 10명 필요함.

▶ 체험학습 프로그램 일정

날짜	지도	시간	프로그램 내용	비고
1일차(월)	청소년	오전	소속학교 출발	초등학생 전담 힐링 캠프 프로그램 개발
	지도사	오후	적응교육/오리엔테이션	
2일차(화)	청소년	오전	요가/명상/자유시간	
	지도사	오후	스포츠활동/원예활동/자유시간	
3일차(수)	청소년	오전	요가/명상/자유시간	
	지도사	오후	등산활동/유적답사/자유시간	
4일차(목)	청소년	오전	요가/명상/자유시간	
	지도사	오후	요리교실/미술활동/자유시간	
5일차(금)	청소년	오전	요가/명상/자유시간	
	지도사	오후	제과제빵교실/문예활동/자유시간	

2 · 서사체험학습장을 여학생 전담 재활캠프로 전환

입소 대상	1학기 강화도 체험학습 세부 내용			
	시설 현황	수용 가능(명)	교육일정	차후 주재원
초중고 여학생	운동장1/다목적강당1/학생숙소6/교사숙소2/생활실/조리실1/야외식당(60석)1/화장실2	40~60	4박 5일 (월 ~ 금)	소장 1명 상담사 1명 청소년 지도사 10명 필요함.

▶ 체험학습 프로그램 일정

날짜	지도	시간	프로그램 내용	비고
1일차(월)	청소년	오전	소속학교 출발	여학생 전담 힐링 캠프 프로그램 개발
	지도사	오후	적응교육/오리엔테이션	
2일차(화)	청소년	오전	요가/명상/자유시간	
	지도사	오후	스포츠활동/원예활동/자유시간	
3일차(수)	청소년	오전	요가/명상/자유시간	
	지도사	오후	등산활동/유적답사/자유시간	
4일차(목)	청소년	오전	요가/명상/자유시간	
	지도사	오후	요리교실/미술활동/자유시간	
5일차(금)	청소년	오전	요가/명상/자유시간	
	지도사	오후	제과제빵교실/문예활동/자유시간	
6일차(토)			재 정비 및 청소 세탁	
7일차(일)				

3 · 흥왕체험학습장을 중학생 전담 재활캠프로 전환

입소 대상	1학기 강화도 체험학습 세부 내용			
	시설 현황	수용 가능(명)	교육일정	차후 주재원
중학생	운동장1/다목적실1/학생숙소4/교사숙소2/실내식당1/야외식당1/세면장2/화장실2	40~60	4박 5일 (월 ~ 금)	소장 1명 상담사 1명 청소년 지도사 10명 필요함.

▶ **체험학습 프로그램 일정**

날짜	지도	시간	프로그램 내용	비고
1일차(월)	청소년	오전	소속학교 출발	고등학생 전담 힐링 캠프 프로그램 개발
	지도사	오후	적응교육/오리엔테이션	
2일차(화)	청소년	오전	요가/명상/자유시간	
	지도사	오후	스포츠활동/원예활동/자유시간	
3일차(수)	청소년	오전	요가/명상/자유시간	
	지도사	오후	등산활동/유적답사/자유시간	
4일차(목)	청소년	오전	요가/명상/자유시간	
	지도사	오후	요리교실/미술활동/자유시간	
5일차(금)	청소년	오전	요가/명상/자유시간	
	지도사	오후	제과제빵교실/문예활동/자유시간	
6일차(토)			재 정비 및 청소 세탁	
7일차(일)				

4 ▪ 국화리체험학습장을 고등학생 전담 재활캠프로 전환

입소 대상	1학기 강화도 체험학습 세부 내용			
	시설 현황	수용 가능(명)	교육일정	차후 주재원
고등학생	운동장1/강당1/텐트10동/교사숙소2/분임실4/샤워실2/휴게실1	40~60	4박 5일 (월 ~ 금)	소장 1명 상담사 1명 청소년 지도사 10명 필요함.

▶ 체험학습 프로그램 일정

날짜	지도	시간	프로그램 내용	비고
1일차(월)	청소년	오전	소속학교 출발	고등학생 전담 힐링 캠프 프로그램 개발
	지도사	오후	적응교육/오리엔테이션	
2일차(화)	청소년	오전	요가/명상/자유시간	
	지도사	오후	스포츠활동/원예활동/자유시간	
3일차(수)	청소년	오전	요가/명상/자유시간	
	지도사	오후	등산활동/유적답사/자유시간	
4일차(목)	청소년	오전	요가/명상/자유시간	
	지도사	오후	요리교실/미술활동/자유시간	
5일차(금)	청소년	오전	요가/명상/자유시간	
	지도사	오후	제과제빵교실/문예활동/자유시간	
6일차(토)			재 정비 및 청소 세탁	
7일차(일)				

VII 세부 계획

▶ 추진 방침

- 강화도 프로젝트의 모든 진행은 각 초중고등학교의 담임교사와 학생수련원 본부가 수시로 협의하여 운영
- 강화도 프로젝트 전 과정은 안전에 최대 역점을 두어 학생들의 사고 예방에 힘쓰도록 하며 체험학습 코스 및 여행지에 대한 사전 교육 실시
- 전교생이 언제든지 참여할 수 있도록 하며, 담임교사의 적극적 참여와 성실한 사제동행 정신의 실현으로 체험학습 목적 달성에 성과를 두도록 함
- 본 계획은 인천시교육청 산하 모든 초중고등학교에 근무하는 교직원들이 상호 공감하고 상호 유기적인 협의 및 소통하여 추진

▶ 청소년지도사 역할

기획 및 진행	• 체험학습에 관한 제반 사항 점검	비고
사전준비 1	• 가정통신문 제작 및 배부 • 희망서 취합 및 희망자 파악 • 사전 안전교육 실시	
학생 생활 지도	• 각종 지시 전달 사항이 있을 시 집합 및 해산 • 수시 인원 파악 및 즉시 결과 보고 • 비상시 응급 대처 및 차량 승하차 안전 지도 • 각종 학생 생활 관련 업무 외	
견학 인솔 및 질서유지	• 체험학습 안내 및 질서유지	
승하차 지도	• 승하차 시 질서유지 및 인원 파악	매주 월요일 입소 매주 금요일 퇴소
식사 지도	• 질서 및 청결 지도	
회계	• 입장권 구입 등	

VIII 기대효과

- 호국의 섬 강화도 방문을 통해 역사의식 고취와 강화의 문화유산에 대한 이해도 함양
- 다채로운 체험활동을 통한 공교육에 대한 교사·학생·학부모 만족도 향상
- 포기하지 않는 열정과 끈기로 목표를 향해 도전하여 **미래의 청사진 설계**할 수 있음
- 학습에 대한 압박감에서 벗어나 새로운 **세상에 대한 상상력**을 키워줌
- 불우한 환경에서 자존감 없이 지내던 학생들에게 **소중한 자신을 발견**할 수 있는 계기를 마련해줌
- 하루하루 무기력하게 일상을 소비하던 학생들에게 **미래에 대한 도전**을 할 수 있는 계기를 마련해 줌

책을 마무리 하면서

학교 공동체가 부적응 학생·결핍 가정 자녀·게임 중독 학생·악성 민원 등의 문제에 직면할 때 그 역할과 사명은 더욱 중요하다. 이런 학생들은 사회적 적응과 정서적 어려움을 겪고 있기 때문에, 학교는 그들을 지원하고 보호하는 중심적 역할을 해야 한다. 이때 학교의 역할은 단순히 교육적 지원을 넘어서, 학생들이 건강한 정서적 성장과 사회 제도에 적응을 할 수 있도록 돕는 복합적인 기능을 수행해야 한다.

1. 부적응 학생 지원

부적응 학생은 학교생활에서 정서적 불안과 사회 구조에 적응이라는 어려움을 겪고 있는 경우가 많다. 이 학생들을 돕기 위한 학교 공동체의 역할은 다음과 같다.

정서적 지원: 학생들이 감정적으로 안정될 수 있도록 지원하고, 학교 상담 서비스나 심리적 지원을 제공하여 학생들이 어려움을 편안하게 표현할 수 있는 안전한 공간을 만든다.

개별 맞춤형 교육: 학습에 어려움을 겪고 있는 학생들에게는 개별 맞춤형 학습 방법을 제공하여 그들의 능력에 맞는 교육을 제공한다. 교육의 차별화와 유연성을 통해 학업적 자신감을 회복할 수 있도록 돕는다.

학교 문화 개선: 부적응 학생이 느낄 수 있는 소외감을 줄이기 위해, 학교 공동체는 포용적이고 긍정적인 문화를 만들어야 한다. 이를 위해 학생 간의 소통과 협력을 촉진하는 활동을 강화할 수 있다.

2. 결핍 가정 자녀 지원

결핍 가정 자녀는 경제적, 정서적 지원이 부족하고 결핍된 환경에서 자라기 때문에 학교에서의 지원이 매우 중요하다.

경제적 지원: 학교는 학생들에게 교육적 자원(교재·급식·학교 외 활동 등)을 제공하여 경제적 부담을 덜어줘야 한다. 또한 외부 지원 기관과 연계하여 추가적인

지원을 받을 수 있도록 도와야 한다.

멘토링 및 상담: 결핍 가정의 학생들에게는 안정적이고 신뢰할 수 있는 멘토나 상담자가 필요하다. 학교는 이를 통해 학생들이 가정 내 문제를 학교 내에서 안전하게 이야기할 수 있는 환경을 만들어야 한다.

심리적 안정: 결핍 가정 자녀는 자아 존중감이 낮거나 정서적으로 불안정할 수 있기 때문에, 학교는 정서적 지지와 긍정적인 관계 형성의 중요성을 강조해야 한다.

3. 게임 중독 학생 지원

게임 중독은 현대 사회에서 점점 더 큰 문제로 떠오르고 있다. 게임 중독 학생들을 위한 학교의 역할은 다음과 같다.

건강한 놀이와 여가 활동 제공: 학생들이 게임 이외에도 다양한 취미 활동이나 스포츠에 참여하도록 유도하여 균형 잡힌 여가 생활을 할 수 있도록 안내하고 도와야 한다.

중독 예방 교육: 게임 중독에 대한 교육을 제공하여 학생들이 건강한 디지털 환경을 인식하고 스스로 관리할 수 있는 방법을 배울 수 있도록 해야 한다.

전문가와의 연계: 게임 중독이 심각한 경우, 학교는 전문가(심리 상담사, 중독 치료 전문가 등)와 연계하여 학생에게 적절한 치료와 상담을 제공해야 한다.

4. 악성 민원 문제

학교에서 악성 민원에 직면할 때, 학교 공동체의 사명은 공정하고 신속하게 문제를 해결하고, 모두에게 상호 존중을 기반으로 한 대응을 하는 것이다.

소통의 창구 마련: 학부모와의 원활한 소통을 위한 방법을 마련하고, 문제가 발생했을 때 신속하게 대응할 수 있는 시스템을 구축해야 한다. 민원 해결 과정에서의 투명성도 중요하다.

갈등 해결: 갈등을 해소하는 방법에 대한 교육을 제공하고, 문제의 해결을 위해 학부모와 학교 간의 협력을 촉진한다. 문제를 해결하려는 노력과 개방적인 자세

가 중요하다.

학교의 보호 역할: 학교는 학생과 교사의 권리를 보호하는 역할을 해야 한다. 악성 민원이 학생이나 교사에게 영향을 미치지 않도록 조치를 취해야 한다.

5. 학교 공동체의 종합적 역할

학교 공동체는 모든 학생이 존중받고, 지원받으며, 건강한 환경에서 성장할 수 있도록 해야 한다. 학생들이 겪고 있는 문제는 단기적인 해결로 끝나는 것이 아니라 지속적이고 체계적인 지원이 필요하다. 따라서 학교 공동체는 지속적으로 서로 협력하며, 교육적·사회적·정서적 지원을 통해 학생들이 어려움을 극복할 수 있도록 돕는 것이 중요하다.

학교는 그 자체로 학생들의 삶에 큰 영향을 미칠 수 있는 중요한 장소이며, 각종 어려움을 겪고 있는 학생들을 위해 적극적으로 역할을 수행해야 한다. 이러한 역할을 충실히 이행함으로써, 학교는 학생들에게 희망과 안정감을 제공하고, 사회적으로 더 건강한 성인으로 성장할 수 있도록 지원하는 공간이 되어야 한다.

6. 김창완 미래교육연구소

길을 모르면 물어보면 되고
길을 잘 못 들어왔으면 다시 수정하면 된다.
누구나 실수할 수 있고 시행착오를 겪을 수 있다.
한 두 번의 실수와 실패에 마치 인생이 끝난 것처럼 한탄하지 말자!
중요한 것은 지금 부터라도 새로 시작하면 된다는 마인드와 관점이 중요합니다.
처음부터 잘하는 사람이 어디 있겠는가?
바닷가 조약돌이 유선형으로 예쁘게 다듬어 지기까지 헤아릴 수 없이 많은 밀물과 썰물의 도움이 있었기에 가능했다.
더 이상 학교에서 벌어지는 일 때문에 극단적 행동을 하는 사례가 재발되어서는 안된다.
자신이 겪어보지 못했던 상황이 벌어지면 '마치 이 세상이 끝날 것 같은 지독한 괴로움이 밀려오게 된다'는데 실제로는 시간이 지나가면 별것도 아닌게 99% 이상이다.

이 책과 인연이 된 학생·학부모·교사 누가 됐던 학교생활 중 낯선 상황을 맞이하게 되다면 절대로 혼자 고민하지 마시고 필자에게 연락주시면 성실하게 조언 드리겠습니다. 세상은 혼자가 아닙니다!

이메일 : kcwinha@naver.com

참고자료 :
조선일보, 연합뉴스, 오마이뉴스, SBS방송, MBC뉴스, 채널A, GH-TV, 한국교육신문, MBC PD수첩, tvN